U0947881

王万珍 ◎ 著

# 耕耘

人民日报出版社

图书在版编目（CIP）数据

耕耘 / 王万珍著. —北京：人民日报出版社，2018. 1
ISBN 978-7-5115-5308-9

Ⅰ. ①耕… Ⅱ. ①王… Ⅲ. ①诗集—中国—当代②散文集—中国—当代③随笔—作品集—中国—当代 Ⅳ. ①I217.2

中国版本图书馆CIP数据核字（2018）第020247号

书　　名：耕　耘
作　　者：王万珍

出 版 人：董　伟
责任编辑：袁兆英
封面设计：中尚图

出版发行：人民日报出版社
社　　址：北京金台西路2号
邮政编码：100733
发行热线：（010）65369527　65369512　65369509　65369510
邮购热线：（010）65369530
编辑热线：（010）65363105
网　　址：www.peopledailypress.com
经　　销：新华书店
印　　刷：北京盛彩捷印刷有限公司

开　　本：710mm × 1000mm　1/16
字　　数：300千字
印　　张：22
印　　次：2018年3月第1版　2018年3月第1次印刷

书　　号：ISBN 978-7-5115-5308-9

定　　价：59.00元

# 序

父亲摇着破船，搬着一条小河，搬着母亲、大哥，从陕北庙沟门郝家畔塔启程，踏着坎坷崎岖的路径，逆流而上。蹒蹒跚跚地行驶到鄂尔多斯杭锦旗塔然高勒格德尔盖小村停泊了。经过风雨的洗礼冲刷，小河逐渐拓展成一条大河，狂涛巨澜，荡淘着贫穷落后与陈旧腐朽。所以，这条河就被命名为——王姓大河。

父亲所处的虽然不是结绳记事的年代，但他偶尔看到方方正正的中国文字，两眼摸黑。只听到当时一些私塾学堂里的先生、学生及他们读书识字的故事；只看到秀才们挥毫泼墨在白麻纸上为自己写下的买地契约；只知道秀才们写下横撇竖捺的黑体方块儿，是自己汗水换来的土地凭据，将来留给子孙后代……

看着这些横七竖八线条组成的字，他有说不尽的心酸与苦恼。可惜繁重的体力劳动和昏乱的社会环境，使他无暇顾及读书识字。但不识字，不等于没文化。在那昏黄战乱的年代，他遇到了很多的人和事，讲理的、不讲理的；善良的、险恶的；大自然的风雨雷电，月亮的阴晴圆缺……他精心梳理，在矛盾与昏暗的混杂中，逐步理出了公道善良，牢牢记在心里，他便成了一位“知情达理”的人。父亲精通农事，精通生活，精通时世。他除了与土地打交道之外，为方圆十里八乡的亲戚、村邻说大事，了小事，摆平了许多家庭纠纷，调停了许多应由官说的村邻矛盾。你看，父亲心灵深处的文化底蕴是多么深厚啊！父亲把藏在心底的文化，用勤劳与智慧耕耘在泥土里，期盼着发芽开花。

大哥是生活在穷家里的一个“富儿”。父母从不舍得让他吃苦，更舍不得让他下地劳动，他是穷困潦倒的家庭里第一个走进私塾读书的人。三字经、弟子规、名贤集、百家姓……大哥从小接受中国传统文化的熏陶，在传统礼仪中成长。短短几年，他比父亲的文化多了一个词叫“知书达理”。远近乡里人都说王家有了一个识字的人。写家信的、写地约的、写春联的……成了茅庵房里的常客。母亲忙着为这些亲邻让座上茶，父亲眉开眼笑地鼓励大哥为人家写好字。抬头看看窗户的柔光，一缕细细的清风吹进小屋，文字的墨香温暖着父母干涸的心。

二哥从小精明伶俐，勤学好进。父母见他是家庭的又一个好苗苗，1953年就让他丢下放牛棍，到塔拉高勒的几所小学一口气读了五年半的书，第六年，也就是小学毕业的最后一学期，因家庭生活困窘才被迫退了学。1958年秋，一道闪电为他在迷茫中划开了仕途路径。黄河以北的巴彦淖尔盟农牧学校面向全自治区招生，二哥以优异的成绩夺取了中专的一把交椅。两年中专毕业后，学校保送他到巴盟师专上大学。1962年秋，他欣喜地拿到了大专毕业证书。

天有不测风云。就在此时，上帝给他安排了一场病的折磨。所幸，好人有好报，磨难很快过去，他坐着大卡车取道包头、东胜，到泊江海子投宿到了一个小旅店。大哥领着我，赶着牛车把二哥接回家。二哥虽然经历了病痛的折磨，消瘦了许多，但那双浓眉大眼仍然炯炯有神。他坐到老家的土炕上谈笑风生，与父母、兄弟姐妹团聚了，全家人心花怒放。

二哥回家了。这一次不再是一缕细细的清风吹进小屋，而是小屋里的一盏明灯照亮了家庭，照亮了一个荒凉与落后的地区。大哥领着我用牛车搬回来的不仅是骨肉之亲，而是我们家族的大文化人，远村近邻的大文化人。二哥的归来，圆了父母送儿子读书上学的梦，也结束了祖辈先人寒碜的文盲历史。

儿时的我，看着二哥写字的神韵，听着二哥抑扬顿挫的读书声，痴痴地坐

在一旁，像是看表演，又像听故事。二哥的动作多么优美，声音多么好听啊！

1962年冬，二哥走上工作岗位。可能是出于理解父母缺乏文化的屈辱，为给家族争光，或是为用文化打开人们的心灵，他选择了教育事业，为社会培养人才做贡献。而且在公职岗位上不离不弃，一鼓作气干了三十六年，把青春与梦想刻印在孩子们的心灵上，工工整整地写下了自己的人生履历，无怨无悔地用自己的光和热为教育事业增光添彩。

写到这里，我很感慨：二哥即使在青春年华绽放的旺季，也没有抛弃教育事业，盲目地追赶潮流，急功近利地适应社会；即使在迷茫的大海中，始终向着一个航向开拓奋进。多么真诚、多么高尚的人格啊！卡耐基说得好：“立下远大志向是踏入事业的大门，勤于工作是登堂入室的旅程。这旅程的尽头就有成功在等待着你。”二哥有志气，二哥成功了，因为他把“志”和“气”结合得很好，用百胜的信心追求一个目标的高峰。因此，他用教育的梦想照亮了人生之路，光芒四射。

这样写序似乎有些离题，但这也是通往正题的必经之路。

在时间长河的这头遥望那头，二哥成了我们家族的风景。时间连接着过去与现在，稍纵即逝，转眼之间已是几十年。此时的二哥与彼时的二哥已有很大不同。这就是历史。他经历的烟云，渺如烟海。可是二哥总是通过种种途径穿越岁月的重障迷雾，去与背影对话，感受那段已走过的风云雷电。我知道，他是一位从小励志进取之人，永远要自立一个目标，孜孜不倦地去追求。

记得，他退休之后，正逢中国大地上波澜涌动的商海大潮冲刷着历史的贫穷。从事多年教育工作的他不甘落后，决意要办一个与他职业有关的文印产业。路障面前，他接二连三催促我尽快为他办理企业登记审批手续。那种急切与渴望是他追求与进取精神的写照。他要在商海中搏击一番。企业办成功了。留在他人生履历里的是风雨洗刷容貌的记录，是大街小巷自行车左拐右转的痕辙，是灯光下随机鸣响的忙碌身影……

就在如此繁忙之际，他挤时间写下了悼念父母的长篇佳作，以一颗虔诚的孝子之心寄托哀思，启迪后人。从此，他一面经营企业，一面和二嫂关照子孙，还顶着星星，铺开灯光，写下了今天摆在我面前的这本文集。

他的文集囊括了散文、诗歌、小说、评论和教学研究五大部分，可谓文体多样，内容丰富，是一朵五颜六色的人生之花。

一般人在写散文时往往追求一种行云流水的叙事方式，而忽略了对内涵的思考。他的开篇之作《夕阳赞》把夕阳与老教授、老将军、老专家……的“老”紧密联系在一起。在他笔下，这些“有奋斗激情，永葆青春，旺盛生命，用动人的歌喉、无限的关爱歌唱伟大的时代、火红的生活、美好的人生……”恰恰是这种随感式的文字造就了夕阳的奇突深入和灵魂的触及，使人对时光产生了强烈的感悟和联想，引导读者随时摆脱幽暗、朦胧的人生阴影，追求美，追求闪光的大美!

二哥的骨密度是由乡土文化压缩而成的。他的文集里，不论散文、小说都散发着浓浓的乡土味。他的小说《荷荷》《青春的陷阱》等代表作都将复杂的现实思考溶入极具特色的表达之中，表现出强烈的现实关照和人文情怀。特别是《青春的陷阱》，他以细腻的文笔回望了一个农村姑娘和一个农村出身、上了大学，还未走向社会的青年学生的爱情选择，以真实、细腻而不断变化的认知与情感触及城乡断裂的社会问题。可惜，不知是那位男青年思想短视，还是肉体近视，他远未看到今天的城乡关系已发生了翻天覆地的变化，农村迎来的是史无前例的重大变革，乡村社会的文明牵动着整个城乡的变化，以乡村文化为核心，已是中国城市有别于西方城市文明背后隐藏着的一个重大秘密。那个诚实善良、进取执着的姑娘，今天可能是农村天地里的一帧靓丽风景；那位清高的大学生很可能是被某企业解雇了的下岗职工。此时，姑娘的视野里还容得下当年那个没有血性的势利白面书生吗?

文集的第二辑为律诗。我一直认为：一个好的诗人，如果写小说、散文大都会出手不凡，但一个优秀的小说家则未必能写出好诗。这样的判断是基于诗人在文字上的砥砺和语感敏悟上的信任。二哥既写散文、小说，又写诗，可见，他是一位全能的作家。他的律诗充满了爱，装满了情。这种爱与情在他笔下找到了最好的契合点——国家情怀，国家之爱；亲人情怀，亲人之爱，在他的诗篇里得到最好的倾诉和表达。如果说这些诗篇的文字很美，那是因为二哥的情怀很美；如果说文字特别有情，那是因为二哥从小就有一颗善良的悲悯之心；如果说字里行间都闪烁着爱的强光，那就是泥土培育成就的醇香！所以二哥的诗，每一个字都是骨髓里的深情。

关于文集里的文学评论和教学研究部分，我认为是融为一体的。正因他研究文学作品的功夫之深，视野才能通达四海。他可以解析古今名人的大作，对那些普通的小作品做一些透视、解析都是顺手拈来的小事了。所以，不再多叙。

我始终认为，文学应该具备一种启迪功能，让人读后心灵为之震撼。读这本文集时，那些在我看来似乎无话可说的事物和体裁，到了二哥的笔下却显得苍劲有力，熠熠生辉。他的这本文集是我们人生过程中都应该不断回望、不断再认识的真实事物，寓意着深刻的哲理。他从极普通的生活细节中，捕捉到灵思敏悟，洞思某种深层次的生活真谛，这正是各种文体作品中极为可贵的精华和极为艰深的启迪与追求。

从这些作品中，我似乎领悟到对事物和现象，除必须多视角观察和呈现之外，一个特别值得探究的特点，即想象力的发挥是至关重要的。然而，丰富的想象力完全仰仗广阔的书本知识和宏厚的生活积累。正是由于这部作品独具想象力，它被赋予了可穿透历史的生命力，犹如将千万恩怨化作轻轻一笑的绚丽之花——明快向上！

此时，手捧着二哥的书稿，觉得沉甸甸的，很有分量——历史从来是厚重的，人生从来是美好的！这本书是与生活的对话，也是哲学的叩问，是通过时间叩问生命的意义！

此时，一条王姓的大河在我眼前，浩浩荡荡，一往无前。闪闪的浪花银光万丈，伴随着青杨翠柳，飞向遥远……

不能再啰唆了，还是把更多的空间留给读者，让他们发掘出更多的生命哲学与艺术之花吧！

王万里

2017年10月15日

# 目录

## 第一辑　流年

## 第二辑 低吟

## 第三辑　故事

## 第四辑　品味

## 第五辑　探微

# 第一辑　流年

星汉灿烂，山岳巍峨，
岩松翠花，川流涌荡，
面对迷人的世界，
凭着勤奋的笔，
传神的字，痴情的文，
留住历史匆忙的脚步，
留住宇宙飞逝的时光，
留住刻骨铭心的点滴生活。

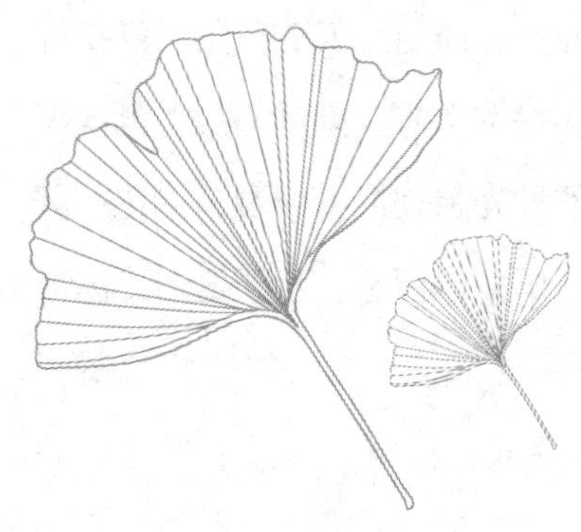

# 夕阳赞

柔和的夕阳衔着粗黑色的远山，留下了绝妙的彩霞：壮阔、亮丽、多彩、迷幻，拽住人惊叹的目光，久久不肯放松。

大自然是调色的高手：不需研墨，不需调色，不需构思，不需尺幅，情之所动，兴之所起，就在浩浩西天，连绵峰顶，任性作画：或浓或淡，或深或浅，彩绘西天，那是怎样的震撼与惊叹啊！

此时的太阳很特别：纯净、清亮、温暖、柔和，含情脉脉地斜射在大地上。是清净的和谐，美妙的宁静，温暖的关爱，是一种超级的精神享受！

山头静静的，默默的，逶迤苍茫，伸向远方；数不清的坡坡洼洼，沟沟岔岔，碎石泥土，野草小花，都沐浴在明丽的夕照中，那是恬淡中醉人的和谐，那是大自然精选的佳作，敞亮着天工的匠心与神韵！太阳依山的两侧，喷涌着飘带似的云锦：深深浅浅，浓浓淡淡，极有层次，极有魅力，极具美感；贴着山峰的云层，厚厚的，重重的，略呈暗紫色，像大雁的翅膀，任意伸展，一直伸到很远的地方；中间是艳艳喷涌的红光，如强风暴初起，似怒海涛卷浪，放射着深红的光波，极具仰天呐喊的力量，呵护着一轮血色染就的夕阳：红得纯粹，红得鲜亮，红得令人心头战栗！再看云锦彩绘的上方，渐远渐淡，渐淡渐白，像白梅织就的细纱：轻柔、淡雅、荡漾。各种光源交汇、爆裂、幻化、释放，似乎想托住那快速下沉的太阳：多停留些，再多停留些，不要撞击冷冰冰的大山，不要过早地收起余光，不要沉入那没有光热的地方！彩带掠过的山峰，幻化出流金闪烁的亮点：喷光吐艳，气势夺人，似洞、似波、似金、似

火，留给人稍纵即逝的惋惜！

此时的大地，宁静得像天国一样，人们享受着宁静中的大美，宁静中的清爽，宁静中的和谐，夕照中的画廊。

山头牧放着羊群的老爷爷，像一尊静默的雕像：慈眉善目，平静恬淡，手持放羊铲，硬朗的身子伫立在山头，成了画廊的一景：一半沐浴着彩绘的夕照，一半静对着翳翳的清凉。羊群漫撒在夕照的山坡上，像满山滚动的金豆子，又像夕照中不疾不徐的海浪。

山下的村落，已经降下了淡淡的清凉，鸡不鸣，鸟不叫，黄土筑就的土屋，暗色渐起，等待着油灯明灭、勤劳和睦的田间农人；山间凉风飘来，热汗已消退，疲劳与饥渴顿时消失，借着将退的夕阳，锄头将把天地弥合。

夕阳是一个浅浅的门槛，易逝的拐点，过程的告别！在这个交汇处释放的是：明与暗的选择，生与死的变异，无可挽回的结果！是诉述不尽的深情，是满山遍野的明亮，是无限惜别的牵挂。这就是夕阳。

夕阳这个永恒的短暂，是时间链条上的金环，是新一轮朝阳的孕育者：她以壮阔的气势，多彩的明丽，金子般的亮点，告别了西方的地平线，在周而复始的法则中，又迎来喷薄的朝霞，鲜亮的红日，东方的大美；生命在新的高度上展示起点：延续着寒来暑往，花开草长，大地锦绣，春秋代谢；就这点来说，生命的一次性尤显得珍贵：人死不能复生，谁能破此定律？因此，人在有生之年，应抓住时光，爱惜青春：不空耗、不虚度、不浪费！把每天的日出日落当成生命的计时器，把每一个昼与夜，当成生命的新站点，在这样的站点上，只能添煤加水，充能充电，让生命永葆生气，永葆青春，永葆奉献！把自身的光与热，能与量，留在温暖的人间，汇聚成历史天空中闪烁的星星，永远伴陪着贴近西山的夕阳。

据说，生活在祖国温暖大家庭中六十岁以上的老人在两亿以上。他们儿孙绕膝，老来无忧，家庭幸福；然而，有多少老专家、老教授、老院士、老将军，惜时如金，惜时如命，惜时成性！点点滴滴不敢疏漏，分分秒秒不敢放松，奉献的热情一路高涨，生命的发条紧了又紧；他们的头发白了，力气衰了，皮肤皱了，却永葆着旺盛的进取精神，夜以继日，孜孜以求，攀登在高、精、深、新的科学前沿，一路无悔地前行，身后是仰视的丰碑像金子一样光亮：他们的生命是国家的骄傲，他们的生命是时代的光点，他们的生命是母亲的血液！还有那些分布在城乡数也数不清的夕阳红演唱队员：她们银发飘飘，年事已高，都是“奶奶”“姥姥”“姥爷”一级的辈分，耄耋老人，本该安享晚年，可她们有奋斗的激情，永葆的青春，旺盛的生命，用动人的歌喉，无限的关爱，歌唱我们伟大的时代、红火的生活、美好的人生；她们的歌，是夕阳下吹来的春风，伴随着人们的学习、生活、工作，伴随着战士捍卫祖国的安宁，伴随着难遇的历史进程。还有全国知名的窦珍老人，年逾八旬，人退休了，精神依然在岗：不需国家安排，不需办公场所，自由择业，排班上岗，打扫桥面，擦拭栏杆，按时上班，风雨无阻。直至生命终结在桥上！这就是夕阳的精彩！

夕阳启程于朝阳，朝阳承继着夕阳；回看来日的早晨，生动、壮美的东方天空，朝阳更红、更圆、更美、更亮！

# 落叶的沉思

西伯利亚的寒流带着呼啸的尖厉，横扫了鄂尔多斯高原：一夜工夫，草黄了，花谢了，流水结冰了；各种树木：杨树、柳树、桦树、桃李树的叶子，像跳伞运动员似的，纷纷从树冠的最高处跌落下来，一片片、一层层、一堆堆，或伫立草丛、或委身低洼，或落于沟渠，或卷在风中，一副落难飘零、萎靡不振的样子。多稚嫩的生命呀，早早地结束了一生！叶凄楚地流下了泪水。那皱褶的叶片，无言地褪去了生命的鲜绿：或暗淡、或青紫、或灰白，一任风驱使与蹂躏；只是在连着母体的叶柄上，还散淡着浅浅的血色！

地位与处境的巨变，让叶震撼不已、伤感不已！只不过是一夜的短暂，它经历了很多，变化了很多，委屈了很多，懂得了很多，也沉思了很多，很多！它悔恨自己的经历，悔恨自己的命运，悔恨自己的无知！

它生长在温暖的春天里，明亮的阳光下，优雅的环境里，随意的风雨中；当自己刚刚从母亲入时的襁褓中露出小脸的一角，生命还没有主动意识的时候，就迎来百花的翘首、蜜蜂的问候、春雨的滋润、轻风的晃悠。阳光和月亮争相关爱：一个说“太热”，一个说“太冷”，吵得脸色红一阵白一阵，整日没有个终结；只有风最会揣摩叶的脾性：只要你高兴，她就会晃悠，在晃悠中送走日月、送走青春、送走时光、迎来严冬！

叶瑟瑟地、颤颤地、猛地从高高的树梢上飘落下来，恰好落于裸露在地表粗壮扭曲的树根上：是那么靠实、那么温暖、那么亲近！这里才是长辈，这里才是靠山，这里才有亲情！叶凄楚地哭了：它悔恨，在自己的良知中，从来就没有看得起根！看自己活得多潇洒，多随意，多荣耀！阳光亲着，月光抚着，风儿护着，细雨润着，轻松自在，享受着岁月的甘甜！这叫享受生活！哪里像根，整天起来，不顾地位，不顾形象，不惜力气，胡子拉碴一身土，从早到晚就知道一个劲地钻、钻、钻！遇到沙土它钻，遇到黏土它钻，遇到沙石层它钻，遇到青石盘它也钻，活得多累呀！不仅自己钻，还带着自己的小辈们一起钻！多可怕的恐怖！甚至还有理论：生命就在于进取，生命就在于运动，生命就在于奋斗！奋斗不止才是青春永恒的亮点！这不是自己和自己过不去吗？根静静地进取着，奔放着生命的活力，抚慰着瑟瑟的叶。叶在饮泣。

大树根的四周，长满了密密的小草，它们坚韧、乐观、向上，即使草叶上挂了一层霜，还是没有改变本来的模样，把落叶紧紧地抱在怀里。战栗的叶感受到了家庭的温暖、亲情的关爱、真情的呵护。它看着微微摆动的小草磕磕绊绊地说：草姐姐，你的心地真善良，你的胸怀真宽广，你的救助真及时！你自己的处境这样艰难，却向我坦开了温暖的胸怀，伸出了有力的援手，是真正的雪中送炭！唉，怎么说呢？我在自我欣赏、自我陶醉、自鸣得意的时刻，是多么轻视你，贱视你，鄙视你。看不起你地位的低下、形象的普通、处事的低调、交友的低俗、性格的宽容：牛羊可以啃食你，行人可以践踏你，山洪可以冲刷你，暴雨可以惩罚你，你却只是一味地忍！忍！忍！那时，我以为你只有一身奴骨，却没有一寸傲骨，只知道沉默地忍。原来，你顽强的生命力，不可战胜的韧性是那么可敬，足以让生命为之自豪，大地为之增色！叶感慨着。

一阵风劲峭地吹来，吹得叶跌跌碰碰，跳跃着在地上翻筋斗。风在凄厉，叶在流泪：风啊风，我在高位，你温柔，你轻快，你上心，吹得我舒舒坦坦，晕晕乎乎，荒废了青春；我落难了，你狂暴，你凶狠，你无情！吹残了我的身体，吹灭了我的灵魂，吹得我时时不得安宁！这究竟是为什么？叶深深地沉思着。

# 哨音的联想

初冬的夜，寒气硬邦邦地充塞在街头，冷风驱赶着落叶躲贼似的到处乱窜；喧嚣的城市依然没有放缓紧绷的节奏，人流穿行，车流涌动，各自追逐着既定的目标，不肯稍作停留；路口交汇处的红绿灯戏剧性地出了毛病。霎时，秩序混乱，人心浮动，不确定的隐患在暗增，纷乱的人与车辆犹犹豫豫，逡巡难进。

就在此时，路口响起了哨音：那清脆的哨音，彩色的指挥棒，准确的手势，构成了街头交通示意图，人与车辆有序、安全、高效地通过十字路口，行进在街灯明亮的夜色中。

哨音吹得很响。随着人流的变化，车流的缓急，或长或短，或高或低，带着昂扬、清脆、庄重、关爱的旋律，一直在鸣响。这哨音穿过夜空，飘进高楼，有节奏地回响在我心灵的回音壁上。催生着我的崇敬与遐想。老伴侧着身子，斜躺在沙发上看电视，不紧不慢地说："该吃饭了！"话语间饱含着关切。是的，他们确实该吃饭了，或者说，也该下班了，和我们一样，安排属于自己的时间：看电视，享清福。但是，社会的责任感、崇高的使命感、行人的安全感，需要哨音。哨音代表国家发出庄严的信号，许下保卫生命的承诺，落实在年轻的交警身上，在夜色的街头，发出或急或徐的声响，清晰在我的心上，我喜爱这哨音。

对哨音的喜爱并非从今日始，是由来已久的事了。坎坷的生命降生在贫穷闭塞的农村，从懂事起，就不知生活中还会有专门的玩具。当时最时尚的玩具也不过是用羊毛线缠一个并不硬实的圆球，和小伙伴们传来传去玩耍取乐罢了。

从春天开始，父母总是两不见太阳忙碌在田间，留在家里比我大三岁的大姐，既是我的保姆，也是我的老师，又是我的伙伴。在孤独、困惑的折磨中，我们无奈地在沙丘上刨土窑窑、捉放羊牛牛，摇晃在破土墙上骑马马。童年的生活比门前的小流水还清淡。

哥哥是一个很精细的人，常常鼓捣出一些想都想不到的小玩具，逗得我们兴致高昂，乐趣无穷，神魂颠倒。一次，哥哥从外边回来，笑模笑样地握着拳头让我们猜。我们知道哥哥手里总是握着新鲜玩具，哪里能猜得到呢！就摆出笑脸，央求着哥哥拿出来，让我们见识见识。哥哥的手放开了，原来是只精巧的小哨子，青铜质地，制作简单，大小以寸计算，价值也很低廉；但含在口中，马上会发出清亮、昂扬、奋发、欢畅的谐音，乐得我们眉开眼笑，心花怒放。黄土茅屋中神奇的哨音，是我童年最具亮点的记忆，小哨子是我心目中永不消失的圣品。

不顾生活的艰难与紧逼，父亲送我上学了。他说："念书上学是孔圣人家的大事！"我朦胧中感受到上学的神圣与崇高。父亲的这句话改变了我的命运，改变了我的人生，改变了我的生活走向，引导我在贫困中走上念书成才的道路。

到了学校，环境的清冷让人惊异：不高的黄土院墙坑坑洼洼的，没有上大门，空朗朗的；院子里静静的，没有一点声音，过分的寂静让人沉重。黄土夯就的门面墙，孤零零地超脱，东、西、北三面墙是就地修整好的土崖，不协调的格局让人心里憋屈。唯有滴水檐的片状木条，灰白灰白地排成一线，显出一种别致的落寞。房子里，东西走向的一盘土坑上，摆着五六张带抽屉的小书桌，孩子们一个个木木地坐在那里，脸上闪着惊惧的神色；热炕头放着一张小方桌，坐着一位从眼镜边看人的老者，他就是我们的先生。学校里没有专门的

教室，也没有专门的食堂或宿舍，更没有图书、阅览、活动场所，所有活动：吃饭、睡觉、上课等，都在这个房间里完成。小小的屋子，整日烟雾蒸腾，死气沉沉，压抑得人喘不过气来。教学的进程中，既没有统一的教材，也没有规范的教学大纲，教师也不开讲，每日起来就是背书、写字、认生字。书桌像个小笼子，娃娃们整天就囚禁在这无形的小笼子里，不敢稍有逾越。唯有那作息的信号小哨子响起，清脆、亮丽、昂扬、神秘，犹如云层里射出了阳光，严冬里吹起了暖风，困乏中口含了冰糖，浑身有说不尽的爽快。头脑清醒了，身板活泛了，双腿自由了，哨音依然响在脑后，小腿已经轻跑在院中。小哨子啊小哨子，是你伴我度过了那段清冷、枯燥、烦闷的岁月，最终让我离开那低矮的黄土屋，走进了高楼林立的城市，扭转了人生的走向。

还是上小学的时候，学校像一个无人光顾的小岛，日子过得很平静，生活的节奏很单调，少有新鲜活力。一日，乡里的通讯员兴冲冲地来到学校，通知我们去看电影。这可高兴坏了我们这些无知的孩子。长期钻在山沟里，与枯燥为伴，与寂寞为伍，现在要看神奇的电影，那该有多高兴啊！我们相随着兴冲冲穿行在山道上，恨不得长上翅膀飞到乡政府所在地。两位老师的情绪也很高昂，连一向不苟言笑的女老师脸上，也绽开了温暖的春花。

乡政府所在地的空场上，像赶集似的聚下了数不清的人，黑压压的，吵吵嚷嚷，热闹非凡。幕布挂在中间一块宽阔的场地上，清清净净的，也没有什么特别，但据说就在这看似单薄的银幕上，能演绎出枪炮轰鸣、千军万马、厮杀格斗的宏伟场面。我们迫不及待地等待着。

电影开始了。银幕上出现了中国百姓的黄泥巴村落、房屋，炊烟袅袅，鸡鸣狗叫，也并没有什么特别。突然，爆炸声震撼着远方，硝烟直冲长空，百姓惊慌逃命，妇女、老人、小孩纷纷倒在枪炮声中，血与火错乱着混杂在地面。灵魂在呐喊，热血在沸腾、仇恨在燃烧。只见鬼子兵打着太阳旗，扇着大耳朵，迈着罗圈腿，端着带血的刺刀，带着魔鬼的狰狞走过来，见人就杀，见物就砸，见房就烧，宁静的村子霎时变成屠场、火海、人间地狱。仇恨在奔发，怒火在燃烧。突然，在另一处村落里，响起了三声清脆的哨子声，急促，昂扬，让人热血沸腾。哨音传递着情报，哨音点燃了怒火，哨音凝聚了力量。只见年轻、精干，身穿灰军装，左手提枪，背上背着大刀的战士，齐刷刷集合起来，向着鬼子撤退的山路掩杀过去。那哨音凝聚了人们的心，报告了敌人的可恨，燃起了杀敌的怒火，“打倒日本帝国主义”的口号响彻山村夜空。即便在后来，一想起那三声哨音，我的内心仍旧热血沸腾。

时间的公正与无情让人惊叹不已。七十年的光阴像水一样悄然流逝，我和老伴都已退休。城市变绿了，街道变宽了，楼房变高了，生活变好了。日子过得幸福而充实。我们看护着可爱的小孙女。

这是个释放着灵气的小生命：长得可爱、笑得可爱、语言动作更可爱，是欢乐氛围的传播者。她生在美好的时代，长在幸福的家庭，从来到这个世间上起，就得到最妥帖的照应、最精心的关爱、最周到的呵护，取名为“豆豆”。期望她成为我们家一颗充实、饱满、活力旺盛，茁壮成长的好苗苗！此时的豆豆，正是七十年前我爱哨子的年龄，当时一个小哨子，爱得我着了魔似的痴迷，至今想起它，心里依然是暖暖的。如果给豆豆一个哨子，她会是一种什么样的情感呢？

豆豆手里有很多玩具：会唱歌的布娃娃、会鸣笛的小火车、会奔跑的汽车。听见牛叫她凝神，听见羊叫她高兴，听见鸡叫她起舞，如果听到我小时候所钟爱的哨音呢？她听到的是时代的落差，还是前程的呼唤？

# 情系后大套

## 一

后套，百姓口中一个普通的地理名词；后套，我童年心中的太阳。她晶莹光洁、明澈透亮，终生照耀着我的事业、我的前程，催生着我的理想，不论时光怎样变换，不论生命置于何种境地，只要头脑中闪出这个字眼，生活的情趣便油然而生，生活的味道就格外甜蜜，生活的节奏就骤然高昂，生活的韵律就无限温馨。即使到了白发满头的垂暮之年，精力渐衰的晚岁时光，依然焕发着激情，焕发着青春，涌动着深深的回味与无尽的追寻。

黄河，这条养育了中华民族的圣河，当她告别西天昆仑，一路冲崖裂岸，挟雷怒吼，冲决一切羁绊，狂躁奔涌向东的行程中，终于来到冒着油星的肥田沃土、八百里粮仓——后大套。那平展展的土地，带着神性的活力，孕育了遍地鲜嫩的生命，如情似梦的景色，简直就是神灵的天然后花园，令人无尽痴迷。一路躁动高调的黄河邂逅这片大平原，动了情，情不自禁地轻歌曼舞，一唱三叹，多情地在后大套的边缘张开强弓，以阴山为弦，凭借自然的神力拉了个满圆，造就了荟萃生命的天下粮仓——后大套。后套，我童年遥远的梦想；后套，我羡慕不已的天堂；后套，我人生道路上的金桥；后套，我心中永远闪光的太阳！

孩童时，从妈妈那紧闭的嘴里，得知了后套的神秘。妈妈说得也是隐隐约约，不甚分明，却如情似梦地萦绕在我的心上，磁铁般吸引着我，阳光般温暖着我，母亲般召唤着我。那里土地肥沃，黄水灌溉，旱涝保收，居民过着烧红柳、吃白面的生活，简直就是天大的诱惑。人的一生，舍此还要怎样？白面，那是何等金贵、何等紧缺、何等的可望而不可即！逢年过节，蒸成白胖白胖的馒头，专供神灵享用，怎能天天放在家人的饭碗上？怀着半饥半饱的困苦，送走了我的童年时光。

历史的大潮把我卷到后套这块神圣的土地上，亲历了她的神秘，并最后确定了我的生命亮度、人生道路、生活走向。可以毫不夸张地说：后套，雕琢了我的灵魂；后套，成就了我的梦想；后套，是我生命远航中的深水母港！

二十世纪五十年代末，是一个产生梦想、产生热情、产生干劲的年代。翻身做主人后，人们心里憧憬着国家的富强、人民的幸福、生活的改善。每个人心里都憋足了劲，随时都愿为此抛家舍业、走南闯北，奉献激情、奉献理想、奉献青春，成就光彩的梦想，实现人生的价值。在这样的大背景下，通过正式考试，我被当时的巴盟农校录取，按时来到后套这块梦魂萦绕的土地上。

初到后套，顿感此处景致别样、耳目一新：悠悠的蓝天下，满眼无遮无拦的河套大平原；那份辽远、那份坦荡、那份海海漫漫的气势，让人满心洋溢着惊叹；高高低低的五谷充斥着人们的视野，似宣告这里是生命的天堂；裸开胸膛的大平原上，城市连着乡村，乡村连着田野，空气里弥漫着庄稼醉人的清香，火车喷云吐雾，汽车往来穿梭，人民安居乐业，说不尽的轻松、说不尽的惬意、说不尽的便捷，是黄河水养育了富足一方的米粮仓。

从临河乘坐公汽到当时的巴盟农校所在地三道桥。汽车在坦荡如砥的平原上匀速滑翔，没有颠簸，没有不适，没有晕眩。沿途的小麦虽已收割，但如林的玉米、似海的水稻、如珠似玉的瓜果，把公路两旁打扮得五光十色，清香四溢。好一副醉人的天国景象！最让我难忘的，是生长在田头地畔的甜菜，根部露出地面的部分，又长、又高、又壮，像个天然的拴马桩子，霸道地向世人宣告：此地舍我其谁？这是怎样的土地，怎样的水分，怎样的生命，怎样的丰收啊！后大套的丰饶，让我的惊叹排起了队。

## 二

在当年那个人心思变、人心思富、人心追求奉献的年代，创办农校，尤其是把农校创办在天下粮仓的后大套，是有深意、有底蕴、有厚度的创举。它掐准了时代的脉搏，应和着民众的心声，脚踩着历史的鼓点，彰显了高层决策者的慧心独具和巴盟农校领导层高效、内行、专业与深谋远虑。以李文魁校长、董然韬副校长等老前辈组成的领导层及广大教职工，对国家、对民族、对时代做出了难以估量的贡献。历史将永远铭记他们的功绩。

这是个推动时代车轮高速前进的历史性举动。把中等农牧学校建在盛产粮食的后套，借上套川丰厚的粮食产量和先进的农业技术，很有说服力地向伊盟、乌蒙、包头等地辐射，在西部农村广阔的田野上，加强科技投入，增加科技含量，提高生产水平，改善人民生活，增强综合实力，巩固年轻的共和国，这在当时无疑是一件利国利民、蕴意深远的壮举。对这样的举动，无论怎么评估都难以穷尽其全部的意义。而且，在这个设想确定后半年的时间内，就要面向社会招生上课了。一所规模巨大的中等专业技术学校，就要在大干快上的旋律中正常启动了。这是怎样的决心、怎样的干劲、怎样的热情奔放、怎样的夜以继日！这一切，只有当年那些决策者和亲历者，才体会得最真切。这从开学后的校容校貌、设施配套中得到了最好的印证。

当时的三道桥，一条车流稀少的公路，把校园整齐地分为南北两半。路南教学区，是师生们活动的主体舞台。近千人的教学点，就排列在这片让人崇敬的土地上。穿过高大的门楼进入校园，迎面矗立的是千人大礼堂。它像建筑群中的兄长，亲切、大度、包容，庄重地站在校门的对面，每逢开会、演出等重大活动，我们就整整齐齐汇集于此，进行情趣专注的活动，排除了外界的干扰，免除了风雨的侵袭。那是梦寐中的理想，那是真实生活的甜蜜，那是人生经历中不曾感受过的惬意，为此，我常常感到自豪与幸福。大礼堂的西侧是一排排棱角分明、排列有序的标准化教室，连桌凳都是刚从工人师傅手中出来的。我们这些来自三盟一市的毛头青年，就新奇地汇聚在这里，紧跟着领导、老师，日夜勤勉，相互砥砺，开启了崭新的生活：时间在不断地流逝，知识在不断地积累，能力在不断地提高。

路的北面是生活区，男女同学分区住在这里。院子很清净，很整洁。一条青砖铺就的甬道，从大门口一直铺到宿舍。朴素、方便、耐用，即使穿得是母亲制作的手工鞋，走在青砖路面上，仍能清晰地发出“嘎嘎嘎”的敲击声，好像一个精准的计算器，步步计算着我们生活的质量，留给人无尽的遐想。在离开农校后的几十年里，心里总想着那微微隆起的青砖小路，甚至在夜深人静之时，竟能神经质地断续听到“嘎嘎嘎”的敲击声。

如果说学校的硬件是指雄厚的财力、物力，是学校须臾不可离开的根基，那么，具备软件同样不是一件轻而易举的事。就说学校的教师队伍吧！那么多的班级同时开学，光是登讲台的教学人员，就成百的数额。有谁为农校准备好这样门类齐全、专业对口、条件合格的教师队伍？无奈中，当时的学校领导一头扎进扎兰屯农校，把成建制的应届毕业生，原封不动地领回来，鼓足勇气，当我们的老师。就在时不我待的氛围中，农校上马了。行业虽然对口，职业并不算专一，教学中存在着不少困难，好在那个激情如火的年代，鼓舞了人们赶超的精神、追梦的热望、圆梦的动力，困难都留给了飞逝的时光。昨天的学生，今天的老师，生龙活虎地活跃在三尺讲台上。农校留给我的甜蜜与梦想，都熔铸在后大套滚烫的泥土中，温暖的校园里，熟悉的马路上。

学校，是人才的孵化器；学校，是人才的储备所。学校培养成就的各类人才，应当是严寒中的青松，而不是随风摆动的小草；应当是搏击风云的雄鹰，而不是学舌的鹦鹉；应当是独当一面的实干家，而不是中看不中用的花架子。这点，农校的领导是心知肚明、一以贯之的，这从他们对人员的安排上，就能

找到清楚的答案。

正当这个带着时代印记的青春群体，以蓬勃的朝气活跃在后套这片热土上，正当刚出校门的年轻老师们倾情地教，探求新生活的学子们着迷地学，正当书声、歌声、竞赛场上的哨子声如波如涛地交汇时，学校居然把当时河套地区著名的土专家董树林和吴二科请来任助教，这真是天大的喜事！这二位确实有经验，确实有知识，他们的知识是后大套水土、气候、天地、寒暑的结晶，他们的知识是从泥土中辨出来，从黄水中捞出来，从天地中品出来的，具有真实性、可靠性、适用性。把这样的人请进学校，增加了教学力量的厚度，增加了学校牌子的亮度，增强了探究科技的深度，激发了同学们学农、学牧、学科学的热情。

学校越办越红火，条件越来越成熟，步子越迈越稳当，大面积的丰收，新生农技干部的上岗，祖国更大规模的发展，只是时间问题。在这样的形势下，由当地政府出面，把附近上百亩良田划归农校，作为实习基地。农校、农校，就是一个“农”字。在当时的条件下，农业、农村、农民，就是我们年轻共和国的根基，我们学土壤、学栽培、学施肥、学灌溉，学种子、学除草、学病虫防治，哪一样能离得开土地呢？这实习基地就是我们理论联系实际的桥梁，就是我们成才路上的磨刀石，就是我们奋力腾飞的踏板。有了这样的踏板，我们将整体性走向成熟，走向成功，走向新亮点。这亮点的坐标就是九曲黄河眷恋的后大套。

千百年来，我们的古人有一句很经典的名言：福无双至。这句话在农校的发展历程中，却遇到了真正的难堪。在那个满怀热望的年代，农校喜事连连，好事不断。其后不久，学校又以更宏大的气魄、更宽广的视野，更贴近实际的举动，把当时杭锦后旗的永胜公社结为我们的实习基地：领导的精心筹划，社会的大力支持，后大套温暖的热土，为我们走向成熟，走向生活，走好人生路，做出了最实际、最完美、最充分的奉献。后大套，我终生眷恋的热土！

面对社会日益关注的目光，农校展现的是一副全新的面貌：每次走向农村，贴近农民，走向生产第一线时，我们总是队伍整齐，彩旗飘扬，精神饱满；我们的领导或老师，情绪高昂地走在我们中间。这就是我们在后大套学校的门口，走向社会、走向生活的前夜。

## 三

时光的流逝总让人惊叹不已，越是回忆往事，就越是惊叹。往事如影相随，不离左右，真真切切熔铸在历史的苍茫中，再也无缘聚首。在几十年的社会活动中，作为一名语言文字工作者，作为一名中学语文教师，我无数次领着那些风华正茂的中学生探索生活，探索未来，探索人生新里程。这样的工作，既有益于别人，也有益于自己。但我清楚地知道：我的职业是在后大套铸定的，我职业的起跑线就在后大套，我生命力旺盛的根就扎在后大套。后大套成了我确定职业的地方、起步的地方、为之奋斗一生的地方。不论岁月中的风霜雨雪，不论地域上的天涯海角，不论自己在顺境中扬帆，抑或逆境中拼搏，我总是以感恩的心态深深眷恋着后大套。

说回巴盟农校。就在学校顺风顺水的发展中，决策者们审慎地规划着新起点上的未来。他们要在现有的基础上，建一所规模更大、设备更好、条件更优越的学校。在那个村村点火、处处冒烟的年代，所有物资都很紧缺，但最紧缺的还是人力资源，还是教师，尤其是合格的教师。

在重大社会变革中磨炼出来的农校领导者，是有谋略、有决断、有眼光的时代精英，他们果断地决定：在现有的毕业生中，选一部分人才，培养为合格的教师，迎接学校更大的发展。我就是在这种背景下，留校后转入巴盟师专语文科学习的。其后，国家经济困难，学校下马，我则在鄂尔多斯高原上以中学语文教师为职，一步步走向退休。往事如烟，往事如诗，往事如画，心中的那份后套情，总伴着我生命的历程，滋润着我欣慰的退休生活。

# 游羊场河头

## 一

黄河，带着天然的自信、大山的磅礴、惊雷的气势，自西天昆仑倾泻而下，穿峡谷、过沙漠、越高原，一路高歌向前，终于来到了八百里米粮川后大套。在这块生命荟萃的沃土上，她收起了昂扬，放缓了步伐，克制了野性，沉积了泥沙，在日积月累的连续中，竟然在黄河南岸西起马头湾，东至分水闸，造就了一块近百平方公里的肥田沃土——羊场河头。

出吉尔嘎朗图镇，顺着二级沙石公路，逆黄河水流而上，穿过密密实实庄稼框设定的走廊，向西行十五公里，再穿过两道愣愣实实的拦河坝，眼前就是近乎原始地貌的羊场河头：蓝天悠悠，暖风吹拂，红日高悬，气温闷热；大自然留下的景观，是无边的苍茫和孤独压抑的寂寥：这块枕着黄水睡眠的土地，遍地都是成熟待收的豆类植物，茫茫荡荡，荡荡茫茫，以她的富有和单调，让我的心里储满了难以消退的惊叹，怎么也无以排解。那广阔的泥土，密密的结构，匀称的团粒，不变的颜色，相同的高度，嵌满清一色的豆类：青青的植株、浅浅的淡绿、弯弯的豆角、海海漫漫的气势，着实让人惊愕得哑然无语，只能傻傻地远距离眺望。此时的眼前，反复演绎着昂扬的大动作：黄河的雄浑、阴山的逶迤、河套平原的壮美、河对岸飞驰的火车、脚下的羊场河头放眼望去，东西不见边，南北任人看，偌大的土地上，没有房舍，没有炊烟，没有鸡鸣狗叫，没有牛羊往来，没有树木庇荫，没有花草悦目，更没有杂草相伴，有的只是看不完的豆类顺着黄河水，铺成了天然的秀色锦缎，苍茫无际，天地相连，怎不叫人浩然兴叹呢？羊场河头就是一个天然的粮仓，羊场河头就是一个赞叹的奇迹，羊场河头就是大自然赐予的百宝箱！我爱这壮阔的羊场河头！

## 二

那是1983年的夏天，在我离开沿河的前夕，找机会畅游了羊场河头。

七月的沿河，是生命的黄金时段：在一马平川的大地上，不论是田间、牧场、渠背、路旁，甚至犄角旮旯，凡有泥土的地方，都是旺盛生命的竞技场：不同的植物、不同的植株、不同高度的生命体，油绿浓亮、光彩悦目、成串的鲜果炫耀着季节的轮回，成片的丰收彰显着沿河的特色！放眼望去，大地是那么娇情，那么富有，那么迷幻，虽说正常的花期已成为过去，但晚开的百花依然诱惑得蜜蜂多情地唱着赞歌，从早到晚，嗡嗡嘤嘤，情歌不绝。

清晨，东方嫩红嫩红的彩霞把天地装点得神采飞扬，清爽敞亮。新一天追求的生活，就从这清爽中开始。我骑了一辆半新的永久牌自行车，奔跑在庄稼翠叶掩映的公路上。说是公路，其实是由不同植物排成的迷宫组成了连续的画廊，身入高粱、玉米林立的路段，路被一节狭小、暗淡、凉飕飕的狭窄所主宰，两旁宽大的玉米叶片，带着亮晶晶的露珠斜伸过来，透明、精致、极富有神韵，只要触动了玉米叶，如珠似玉的露珠就快速滚动，凉飕飕地扑打一身，清爽得叫人畏惧。行走在这样的路段上，没有光照，没有伴侣，没有声音，有的只是暗淡的路面，寂静的清冷，无限的延长，给人一种切盼透亮的想望。

太阳的金光终于照亮远处的前方，视野顿觉开阔，精神为之一振，但见紧连着玉米林的麦海苍苍，如波似浪，横竖不见边际，在清风的波动下，麦浪起伏，潇洒涌动。涌过来，一个惊叹；涌过去，一份幸福。沿河，又迎来新一年

的希望。先前的压抑顿觉消散，周身的神经有说不尽的爽快，我陶醉在这连续丰收的麦浪中。骑车行进，真有点信马由缰的惬意，有一下，没一下，几乎是自然的节奏主宰着行程。我徜徉在丰收的陶醉中。

远处的公路似乎热闹起来，混合的杂音，以急促的旋律、剧增的音频杂沓而来。嘈杂声越来越大。远处的公路上，隐隐约约、连续不断的黑点连成线，由线成丘，原来是羊场河头返回的拉豆子车：二圪蛋、拖拉机、骡马车、手扶车，如山似浪排了一路，马达轰鸣，车轮滚动，热热闹闹向东驶来，那阵势、那气派，看得人体细胞都麻酥酥的。

我的自行车离了公路，向北一拐，越过两条小丘似的防洪坝，羊场河头以宏大的气魄展现在我的眼前：静卧在黄河臂弯里的千古河头，让不同种类的豆子密密实实装点打扮，一苗挨着一苗，一片连着一片，一直连到云朵的深处，那些蜿蜒在公路上西进的车辆，一进了河头，像雨点落在黄河里，消失得无影无踪。

## 三

在空前的寂寞中，我碰到在河头拉豆子的王五。天气热得要命，红日高悬，天宇晴朗，河头的空气潮湿闷热，置身其间，浑身很快就汗水淋漓。王五穿着一件白背心，戴着遮凉大草帽，手持四股钢叉，发了疯似的挑豆装车，那明晃晃的四股叉，在王五的手里，像是演员手里的道具，舞动得又准又快，横竖都是娴熟自由。像卧了一条牛的豆蔓堆，只见他一叉下去，挑得枝蔓不留，每一叉都是如此干净利落，简直是神了。装到车上的看似随意性很强，恰是平平整整，那么合理，那么到位。王五装豆子，简直就像是摆积木，三摆两摆，一车豆子就装得如丘在地，连大骡子也只留下抖动的耳朵还能看得清楚。

我们相随着坐在豆子车的阴凉处，王五抽起了青城烟，兴奋地说：“这羊场河头是块天生的宝地，只要春天滴籽，夏秋就有收获，其间不需锄草、不需施肥、不需浇水，年年丰收。”“你的河头地能收多少豆子？”我试探地问。王五含笑说：“种河头，我算个中等，但你要知道一个数字，我们公社每年要向国家交售一千万斤粮食，羊场河头就承担着很大的份额。”我不无忧虑地问：“种河头地保险吗？”王五的脸色凝重起来，只见他猛抽了几口烟，回味地说：“确实不那么保险，就说近年吧，六四年，黄河发过一次大水，那个凶险，急人哪！河水一夜上涨四十公分，河面宽了近两倍，遍滩都是水，河头泡在洪水里。眼看到口的豆类要打了水漂，谁人不是心里着了一把火？此时的公社党委变成抗洪指挥部，大喇叭上一天报几次水情；公社号召全民动员，抢险死守，沿河坝上人山人海，白天红旗招展，夜里灯火如龙；在抗洪最紧张的时刻，军队也上来了。内蒙军区的刘昌司令员，带着官兵和咱们一起上，军民的意志和力量，终于战胜了洪水，保住了丰收。”此时的王五情绪轻松了许多，脸上露出了淡淡的笑容。他停顿了一会继续说：“最危险的还是八一年那一次。洪水说涨涨就涨，但见黄河两岸一片汪洋，离河头一二里的地方就听到水声咆哮，急人哪！危机时刻，党委把全公社的人，分在三条战线作战：青壮年为第一线，由党员干部带领，人守一米堤坝，死保死守，人在阵地在；妇女为第二战线，抢收抢拉，和洪水争夺粮食，保卫丰收成果；第三线为年老体弱，组织起来打场，保证颗粒归仓。在危险面前，全公社的人，组成一个战斗的集体，在公社党委的带领下，像一列高效能的机车，甩脱了危险，保住了丰收，走向新境界，迎来了新里程。”就在此时，包兰线上一列火车，喷云吐雾，车轮飞转，高速前进，震动得羊场河头都轰轰作响。

我想：这不是历史前进的最强音吗？

# 良良

儿时的事，记忆最清晰，情节最分明，友情最珍贵，是人生履历中长盛不衰的甜蜜和无穷的精神财富。当年与良良短暂的友谊，就是在1947年一段艰辛、难忘的小牛倌经历中结成的，在我的心头记忆了一辈子，回味了一辈子，感慨了一辈子。

这年，是梁外地区一个骇人听闻的大灾年。故乡那低矮的山头、裸露的沟岔、缓缓的盆地、并不肥沃的沙质土层，从春到秋，光刮风，不下雨，整日起来，热风、黄风、怪风，一股一股卷过来，再一股一股卷过去，天地间赤红一片，四野见不到绿苗苗，人们都在绝望中煎熬。旧日的储备粮消耗殆尽，地里能吃的野草、野菜吃光了，树皮草根剥完了，绝望中的人们带着无尽的恐慌，挣扎在不测的生死线上。

我就是在这样的时刻认识了良良。相处不过百日，却在我的头脑中留下了终生难忘的记忆。

六岁的我，为了自救，也为救家人，当起了小牛倌，妄图以微薄的牛工钱，解救一家人的燃眉之急，不管最终结果怎么样，彼时，我应该舍出身子狠博一把，成败自是无须多想的事了；如果不行动，眼巴巴坐着让饥饿夺走性命，即使想后悔，连个机会都没有，我当然是不甘心了。

虽然当时个小体弱，身子还没放牛棒高，又被长期的饥饿折磨得皮包骨头；经风雨侵蚀的皮肤，粗糙不堪，浑身布满了暗红色的太阳斑；消瘦的脸上，只转动着一对大眼睛，成了肌体最典型的生命特征。

那些刚从牧区赶回来的牛，个个身高体壮，野性十足，一对白眼球总是释放着机警和敌意，游走敏捷，随时做好脱群逃走的准备，牛群中潜藏着捉摸不定的爆炸性气息。面对恐怖的现实，我的心中很紧张，生怕不仅赚不到牛工钱，连牛也丢失了，叫我去哪里找呢！越是害怕就越是下死力气控制牛群，不给它们哪怕一丝的放松机会，和牛的关系很紧张。我怕牛逃跑，严加管束；牛怕我的放牛棒，总是提心吊胆。我也想，这样的从业经历，也许会改变人的性格，久而久之，我很可能会变得神经麻木、头脑简单、语言粗疏。每日起来，满脑子想的都是牛的表现，以及我的手段，除此之外，别无他求。如果真的变成了这样一个人，那该是多可怕的事啊！

良良是我生命中及时出现的贵人，虽然我们放牛相交的时间不长，却因他的出现和存在，使我出奇地完成了艰难时期的牛倌使命，度过了那段骇人听闻的夺命岁月。

良良当时是放着自家两头牛的小牛倌，我们在草场上见了面。良良和我同岁，属小龙，生月长于我。他的生日是八月二十三，我是九月初六，相差不到半个月。但良良对这半个月的时差看得十分珍贵，十分重要。在我们村子里，人们的相互交往很讲究尊卑长幼，以礼相呼，按照乡规民俗，我应该叫良良“哥”，良良应视我为“弟”。良良对这种关系看得很认真，很在乎当哥的身份，也很在乎弟的地位，即使只有我们两人单独交往玩耍时，他从精神气质、言谈举止上，也总是按哥弟的界线来规范我们的行为。这样的人事关系，让我长期以来紧绷的神经得到了放松，长期以来的疲劳得到了恢复，这对我来说，真是太难得的及时雨了。

就说我们聚在一起的说话吧！良良说起话来，口无遮拦，无所顾忌，心里想的事就是嘴上要讲的话。记得妈妈经常告诫我们：家丑不可外敞扬！良良对这些毫无顾忌，三个姐姐的私事在人前照样直言不讳，因此常常招来父母的责骂。但良良就是良良，照旧直言不讳，照旧我行我素。良良的纯真、直率，引

来我越来越多的敬意。

良良家住在一个水草丰美的大草原上，是放牛的理想场所；他家的东北方向，有一座起起伏伏、庄重、厚实的土山，由东南向西北依次低落，山脊下，是广阔的平原；就在这山与平原之间，荡漾着一个内陆海，海水深沉、水面宽广、水质甘甜、水色清冽，是当地的自然景观。神秘的海招来无数各种形体、各种毛色的水鸟，整日在湖面上翱翔、嬉戏、欢叫、游荡，十分热闹。和海水相连的是水草混杂的沼泽地，长满了各式各样的鲜草，如林如织的水蒲、潇潇洒洒的枳机、蓬蓬松松的盐蒿、就地成锦的白草、马鬃式的寸草，夹杂着盛开的野花和漫漫的清流，真是天然的牧场，牛群的福地！

在这样的草场上放牛，时间变得很宽裕，精力感到很轻松，心里觉得很自在。良良家的对面有三颗突出地面的小山包，缓缓的，圆圆的，登上小山包，天高地阔，四野敞亮，漫漫草场，尽收眼底：漫游在草丛里的牛，都很惬意、很平静，出没在绿草、鲜花和清流之间，贪婪地觅食鲜草，偶有微风吹过，便如一阵窸窸窣窣的碎语，很是神秘和谐与宁静。良良穿一件褪了色的白色小背心，我则裸露着身子，肌肉粗糙、肌体瘦弱，浑身不挂一条线。两人说笑着站在小山顶上，注视着牛群，构成了一幅神话般的《饥童牧牛图》。

轻松带来了闲适，闲适孕育着无聊。我和良良在山头上玩耍起来。大地上有的是玩耍材料：精致彩色的小石子、滚圆滚圆的羊粪珠珠、硬硬实实的柴草节杆，甚至手中的放牛棒，都可以成为玩具。我们在山坡上走五路、下四方、追兔兔、点坑坑、赶野猪、翻鞋跟、摔跤等不一而足。此刻，牛吃得美滋滋的，我们玩得兴冲冲的，时间就在这样的循环中，把生活变成了回忆。

天有不测风云，一切常态都是运动中的常态，而不是恒久不变的常态。时光刚到了半前晌，微风悄悄地隐藏了起来，气温变得滚烫而烦躁。突然，草场上发生了骇人的异变：所有的牛，大牛小牛发了疯似的炸开了，一个个低着头、瞪着眼、尾巴挺直、放开四蹄，没有方向、没有目标、没有起点、没有终点，疯狂地奔跑，简直就是一发而不可收。原来是草丛中隐伏着一种小黄蜂，天气渐热，温度升高，小黄蜂难以忍受，又无处躲藏，于是，就成群结队地往牛的耳朵、鼻孔里钻，一旦潜入其中，叮咬得牛疼痛难忍，昼夜不宁。为了躲避灾祸，牛就纷纷逃走。

良良见此情景，霎时乱了方寸，只见他脸色煞白，泪流满面，软瘫在地上，不知所措，一个劲地向我求援："二哥，快拦住我的牛！快拦住我的牛！我的牛就要看不见了！"一向以"哥"自居的良良，此时却大呼我为"哥"了。直到后来，每想到这一幕，心里还觉得好笑：不知我们的哥、弟定义是怎样下的。

此时的我，倒显得有主见、有魄力、有谋划，要想尽一切办法控制局面，免得造成难以挽回的后果。我观察形势，制定方案，付诸行动，以我的放牛棒为武器，惩戒挑头的、警告起哄的、抚慰一般的，甩开放牛棒，照着骨干分子的细腿上，狠狠地砸过去。局面得到控制，牛群平静下来，和初始一般和谐。

此时的良良想起放牛生涯中持续的一项活动：吃小晌午饭。作为家里连生三个姐姐之后偶得的独生子地位，良良简直就是父母掌上的明珠、心头的宝贝、老命的根芽，真是放在胸口怕冷着，衔在口里怕化了，灾荒年份，虽然也叫良良当了小牛倌，但只放着自己的两头牛。父母除了保证良良每天吃饱之外，半前晌要特别留一块精糜子窝窝头，免得良良受饿。须知，在当时当地，这是可望而不可即的奢侈品了。良良每一次吃窝窝头，总要分给我一半。

此时，不知良良是对我的奖励，还是对我的回报；是出于对我的关爱，还是对我们友情的珍重。似乎都是，又似乎都不是，很难说得清楚。然而，我们两人共同吃窝窝的事，早已让他的几个姐姐知道了，尤其是他的三姐，曾无数次当面警告过良良，已经是一种忍无可忍的愤怒了。

又要吃窝窝头了。精明的良良首先登上对面的小山头，以看牛为掩护，把周围草深、草密的隐蔽点仔仔细细看了一遍，确信一切正常之后，才低下身、猫

着腰，选择隐蔽的路线，放开小腿，飞一样向家里跑去，取上妈妈放在锅里的窝头，脱下背心包好，双手抱在怀里，飞一样地返回，脸上带着胜利的甜笑。

我们躲在低洼处，良良把窝头一分为二，分享这时代留下的珍品。窝窝刚放到嘴里，良良的三姐如从天而降，突然出现在我们面前。她愤怒了，脸红了，泪水涟涟，责骂不止，简直是风雨交加，雷鸣电闪。此时，我和良良则谁也不说话，只是集中精力，赶快把窝窝头吃在了肚子里。

几十年过去了，儿时的往事依然清晰地留在我的记忆里。

# 沿河的记忆

记忆，尤其是儿时的记忆，是甜蜜的、真切的、长久的，在其后的历练中，是一种近似宗教式的痴情与执着，规范着人的行为、思绪、生活、情趣。长久以来，在我的头脑中，对沿河这块旱涝保收的土地，就活跃着这样的情思。

我出生在梁外的丘陵地带。那里是贫瘠、干旱、沙尘暴盛行的地方，生存的环境让人窒息。然而，我要感谢梁外，就是这样一块物产奇缺的薄田瘦地，尽管整日离不了小米土豆、草籽野菜，却以困苦的形式养育了我的生命，使我从儿时起，就一步步走向成熟、走向成功、走向情随志满的人生理想境界。但这并不是说，我对儿时的经历感到满足的——不！那时我心里真实的天堂就是沿河，就是那被二黄河水灌溉、烧红柳、吃白面的地方。早年，每当我渴求的眼光眺望着沿河的方向时，满目都是山高水远、黄沙弥漫，心里总是怀着失落和无奈，因为从懂事起，妈妈就告诉我：那里土地肥沃，旱涝保收，人们过着不愁吃穿的生活，居民头顶着厚厚的白面烙饼遮阴凉，边走边吃，那样的人生多潇洒！住在这干梁外地区，即使是风调雨顺的丰年，依然是山药米汤，苦菜灯香，人们的生活常态是糠窝窝、苦菜汤，不吃丢在锅盖上。遇到灾年，连草根树皮都剥得精光，人命像牛牛格虫一样轻贱，随时有就地倒毙的危险，还能去哪里寻找扔在锅盖上的糠窝窝呢？每当生命遇到难坎厄运时，我心里就常想：父亲为什么不领着我们去沿河谋生呢？去了沿河，不愁吃穿，哪用受此罪！又听人说：去沿河的途中，隔着一段张果老丢失的神沙，那沙漠茫茫荡

荡、迷迷漫漫，外人身入其中，常常找不到出路，不少人就困死在沙漠，永世葬身沙海。听了这样的话，我的后背心直冒冷汗。

我曾无数次对着沿河的方向定定地痴望，但见蓝天悠悠，大地悠悠，山梁、沟岔明明灭灭，黄沙起伏苍凉，横亘在其间不可逾越。沿河，成了我儿时做不完的梦。这个梦化为期待、化为追求、化为我走进沿河不竭的动力。

时间对命运的安排出人意料地契合。那神奇的效应，不需打广告、不需做宣传、不需上媒体，一切都自自然然地生成。当我在人生的道路上摔打了一段时光，在二十五岁的光景，以人民教师的身份顺理成章地来到沿河，圆了我儿时的梦。这样的巧合，既是生活的历程，也是命运的必然。当我最终得到去沿河教书的消息时，很自然地和儿时的梦想融为一个甜蜜的境界，亲切、充实、强劲地诱惑着我，使我以最快的速度、最虔诚的心情，投入沿河的怀抱，感受梦幻般的生活。此时，遥望沿河，映入眼帘的还是那条莽莽苍苍的阴山，突兀、苍劲、连绵起伏，像个放大了的“一”字，雄浑地逶迤在黄河北面，顽强地阻挡着西伯利亚的寒流，亿万年如一日，守护着沿河这一方烧红柳、吃白面的粮仓宝地。

车轮在鄂尔多斯高原上洒脱地旋转着，我踏上驶向沿河大地的里程，从此以后，将与沿河同步迎接春、夏、秋、冬的交替与寒来暑往的变迁，未来的机遇和挑战，正等待着我去实践。

汽车过了磴口，向东一拐，纵情地飞驰在乡间二级沙石公路上，沿河的壮美依次展现在眼前，而感受最深切的还是那条惊诧了李白豪迈诗情的黄河。面对着那翻滚的波涛、雄厚的气势、前进的勇气、无阻的神力，惊得李白纵情大呼：君不见，黄河之水天上来，奔流到海不复回！这豪情也深深感染着我，就在飞驰的行程中，眼前惊叹着黄河的涛惊浪急，南干渠的波涌浪翻，沿河大地上多如牛毛的干、支、斗、农、毛配套的渠系，渠口的上一头连着黄河，下一头连着五谷茂密的田口，这样多的渠道分布在大地上，犹如周身的血管涌动着新鲜血液，催生得沿河活了，富了，美了。

黄河水的壮美天性是通过生命荟萃的沿河大地展现出来的。六月的沿河，晴空万里，阳光灿烂。散落在空气中的水分子，密集清纯，每一次呼吸，都是神经的陶醉、肺活力的升华、情绪的高昂。那彩绘地毯式的大地强烈地吸引着我，怀着深情的希望，一路走来，只见绿油油、翠森森、齐刷刷、晃悠悠、吐穗扬花的小麦，连成麦海，卷成麦浪，卷过来，是丰收的前奏，卷过去，是最美的艺术，叫人陶醉不已。这些年，沿河通用的麦种是甘肃96号。这种小麦植株高、秸秆硬、籽粒浑圆、出面率高，很受沿河百姓的青睐。

就在麦海的浩荡中，不时展现着令人耳目一新的景象：突兀在麦海中的玉米林，带着青春、带着朝气、带着黄河水的灵性，高大粗壮，威风凛凛地定格在麦海中，大红大绿，粗壮朴实。如果说，麦海是沿河农民在大地上精心绘就的淡雅水墨画，那么硬朗壮实的玉米林，就是让人遐想无尽的青纱帐，看了格外亲切，更不要说火红的高粱引领着海海漫漫的五谷杂粮了。

大地苍茫，天宇晴朗。公路旁是一片静默的西瓜地，一眼望不到边，如珠似玉的西瓜摆了一地，一个五十岁左右的老者看我们走过来，随手摘了几个，让我们解渴。就在吃完瓜要走的时候，才看清瓜地的西边，是色彩斑斓的蔬菜基地：大紫大红的茄子、肉满个大的西红柿、一身艳红的辣椒、清香四溢的虎皮瓜、鲜嫩如玉的白菜，密密实实摆了一地，沿河是美丽的、富饶的、多彩的。我爱这五谷茂盛的沿河大地。

如果说，白天的沿河大地明媚、厚实、生机涌动，那么，夜色中的沿河则是另一番景象。当密集的水分子把长空擦拭得一尘不染，但见圆圆的月亮清辉四溢，精灵的星星闪烁互动的时候，沿河大平原则笼罩在神秘、梦幻、朦胧的氛围中：远远近近的大地上，星星点点的灯光，明明灭灭、闪闪烁烁，这里一点，那里一点，连成夜色中的追求、富裕生活的梦幻，那是无数的男女在浇麦。他们提一盏小码灯、拿一张西锹、穿一领大皮袄，整夜整夜地巡查在渠背

上，守候在田口旁、管控着渠水的流量，直至满天的星星尽落在麦田里。

后来才知道，浇麦是一项风险等级极高的劳动。平静中潜藏着不测，宁静中孕育着变故。星空下、田口旁，四野寂静无声，渠水顺顺当当，谁能想到就在此时，水位急速下降，已经泡在麦田里带着化肥的水，抽身倒流，急速退去，霎时跑得无影无踪，汇聚成狂势的流水，放纵地向低洼地带冲去。那里的农田转瞬间遭了水灾，在沿河浇麦，谁敢掉以轻心呢！为此，那些守护在田口浇麦的人，尤其是那些上了年纪的长者，夜深人静，困乏不堪，瞌睡虫一波一波袭来，难以抵挡，此时，他们就拿出旱烟袋，点燃老杜叶子，一口接一口地猛抽起来，以便提神驱困，集中精力，监控水情。他们掌控水情的方法是一看、二听、三巡背：一看，就是在平静的浇麦中，不论什么时候，只要看到水位降了，就是跑水了，须赶快组织抢险，否则，后果不堪设想；二听，是指浇麦者不论走到什么地方，只要听到有水声响，就是决口的讯号；三巡背，是要不怕疲劳，不怕困乏，以战士的警觉、战士的责任巡守在堤坝上。

身入沿河才知道，这生命荟萃的诱人、吃喝无忧的福气，是沿河农民用汗水换来的。就以这黄河水浇地来说吧，开发平原，草创之初，这里遍布着枳机、白茨、红柳，霸道的植物挡住了飞越的尘沙，形成了难以撼动的白茨圪旦、枳机圪旦、红柳圪旦。人们引黄灌溉，只能浇灌低洼处，在原始的土地上收获五谷。这样的耕种还不到三年的时光，地表就亮起白花花的盐碱层；随着时光流逝，风吹日晒，盐碱层结成浅黑色的锅巴片，脚踩上去，发出清脆的断裂声，大片变成小碎片，再经黄河水一泡，立马变成黑红色的盐碱水，什么植物都无法生存，土地变成寸草不生的不毛之地，人们守着聚宝盆，重新拉起讨吃棍。生存与发展的愿望，逼得人们大规模地兴修水利、改良盐碱地，建设基本田。就以新中国成立后来说吧，政府及时领导人民开通了二黄河，开挖了南干渠，大规模修建渠道，平整土地，建设基本农田，成了沿河农民年年冬季的必修课。

天寒地冻，滴水成冰，老北风卷着雪花任性地飞舞，沿河的百姓不分男女老少，组成兵团式的会战场面，奋斗在三九天，汗流在三九天，一年接着一年干，其中流传着数不清的故事和佳话。在沿河，我认识了很多农民，其中，有一个姑娘，叫叶叶。叶叶当时十八岁，如花的青春，美妙的年龄，通身的力气，在一腔豪情的指引下，和姐妹们组成“铁姑娘战斗队”，与男青年摽起来：男青年早出晚归，叶叶她们也早出晚归；男青年一担半方土，叶叶她们也是一担半方土，男青年怎样干，叶叶她们也怎样干。那决心，那气势，就是一腔“谁说女子不如男”的英雄气。

我在雪飞地冻的沿河大地上，无数人的会战中，见到了叶叶，只见她脸色粗红，一身尘土，鼻孔眉毛挂满了霜粒，一副扁担一张锹，不停脚，不息肩，在老北风中一趟接着一趟担。这是她在冬天的生活缩影。我的思绪翻腾了，深深感悟到：黄河是美的，沿河是美的，但沿河劳动人民才是美得核心，美得本质，美得灵魂！这样的想法，强烈地拽着我的心。时间过了几十年，沿河的这些人与事依然清晰在我的头脑中。

# 保洁工

走进高楼林立的现代化都市，就是走进了生活的万花筒，总有情感的新高度、视野的新亮点。纵横坦荡的街道、休闲宜人的广场、喷泉吐翠的花园；绿树如盖，鲜花如锦，飞流如练；人潮涌动，车水马龙，彩牌如虹。一切都是那么爽心悦目，一切都是那么梦幻迷人。黑色的油路像回环往复的游龙，盘过来，绕过去，激活了城市的功能。呵护着都市青春的梦幻，就是那些不张扬、不显摆、不抢镜头，被人流视而不见的保洁工。

保洁工，城市的第一道风景。不论季节变换、酷暑严冬，喜庆节假日，他们起得比太阳还早，却下城市最晚的一班岗；心和市容贴得最近，人和街面连得最紧，成年累月，对街面的呵护一往情深。当东方曙色未露，大地笼罩着淡青色，静默的街道还在沉睡中，他们像城市的灵魂，穿一身亮黄色的工装，前后都打着双十字背带，亮着闪烁的小圆灯，不远不近，一个一个，活跃在晨昏月下的街头。一把大扫帚、一个垃圾兜，唰唰的扫把音，就是昂扬的音符，连续反复的节奏，终年奉献的爱心。情无尽，歌无限！街面的洁净就是心态的平衡，街面的洁净就是时光的留影。

保洁工，城市的面容，保洁工，城市的形象，保洁工，城市的青春；在时光的流逝中，依靠执着的爱心、坚毅的韧性，养护着城市的个性、城市的肌肤、城市的姿容。这就是财富，这就是知名度，这就是市民的幸福指数。凭着心灵的精巧、情感的细腻、工作的到位，护卫着城市的方方面面：舒展的街面需要清净，芬芳的花园需要清净，商铺的门前需要清净，树池街角也需要清净。保洁工，以母亲对婴儿的关爱，教师对学生的精细，兢兢业业，不息不停，辛劳着每一天。冬天一身寒，夏天一身汗，不变的着装、忙碌的身影，组成动态中最美的风景线。

保洁工，与定准的时间为伍。他们重时间，轻条件，不管气候多恶劣，照常按时上班。春天，是万物生长的季节，生长绿树，生长鲜花，也生长沙尘暴。每当风暴在遥远的天际生成，昏黄暗淡，气势狂躁，一路跌跌撞撞，翻卷滚动，把垃圾杂物，地表沙尘，裹挟在风暴中，疯狂、厚实地压过来，以十足的傲慢发出尖厉的呼啸，那阵势简直就是一场灾难。飘浮的垃圾遇到城市高楼的阻击，便失去了狂飞的动力，纷纷坠落在街面上，构成从天而降的垃圾雨。保洁工总是以最大的热忱、最富有的韧性、最有效的方式，清除杂物，点亮市容。

夏天的烈日，似乎一年比一年凶。悬挂在头顶的红日，总是喷吐着滚烫的热浪，像流动的火苗，呼呼作响；黑色的路面贮存了足够的热量，行走在马路上，脚心都热得发痒。保洁工在热浪中穿梭，像鱼游在池水中一样，游过来，一身汗，游过去，一身热，杂物要清除，马路要清净，城市要整洁。保洁工的心，也是热能无比的小太阳，照射出城市的文明、城市的繁荣、城市的爽洁。

落叶是秋的信使。在飒飒的秋风中，几场晨霜过后，往日青翠的嫩叶迅速枯黄，悄然脱离母体，跳伞运动员似的飘然而落。那份一去不归的情态、那份急迫无奈的模样，让人好生伤怀。是落叶归根才显得如此着急？但此时此刻，归不归根，并不是叶的追求，而是凭风的驱使。那落了地的叶片，薄薄的，瘦瘦的，皱褶暗淡，一片片，一层层，散落在地上。无风它安静，风起它就飞，狂风一起，更是乱了方寸，跌跌撞撞，乱跑乱窜，飞扬滚动。马路上，市区里，到处都是落叶在流浪。此时忙坏了保洁工，扫把扫，袋子装，脚手不停，成堆的袋子排在路边，街面的落叶还在飘零。

冬的严寒，对人的承受力是最直接、最现实的挑战。清晨上工，门一打

开，迎面袭来的就是猛蜇肌肤的西北风。随着压抑的气流从鼻孔呼出，迅速汇集成飘荡的雾气，凝聚为厚重的霜粒，纷纷降落在上唇、眼角、眉梢，妆出了冬时别具的姿容。此时的保洁员关系着交通的安全、社会的安宁、行人的生命。随着料峭的西北风，持续的雪花如粉如沙，悄然降落，把城市装扮成银白色的世界：释放着寒冷，释放着滑脱，释放着险情，给出行预设了不确定的隐患。融化的积雪很快结成厚厚的冰层，这样的路面，不要说老、弱、病、残，就是对年轻力壮者、滚动的车轮，也是隐患重重。此刻，最忙碌、最上心的就是保洁工。这些连续奋战在冰雪严寒中的普通工人，以超强的忍耐、必胜的信念，顽强奋斗，用扫把扫，推板推，铁锹铲。他们在严冬的黎明，叮叮当当地击打严寒、破除冰层，还市民安全，还市民便捷，还城市繁荣。此时的他们，虽不是紧握钢枪巡守在边防线的战士，虽不是攻坚克难、苦战在科研第一线的知识精英，也不是温馨产房里呼唤新生命的白衣天使，但人生能奉献，就是最大的光荣。他们的人品同样高尚，他们是这个天堂般的时代中最可爱的人。

我认识一位保洁工，叫范青青，瘦瘦的身子、单薄的体态，显得很普通；一身橘黄色的工作服，一张带笑的小圆脸，不擦油，不着粉，脸上挂着风尘的粗糙和太阳斑的暗红。她的为人和她的名字一样阳光、青春；说话办事干脆利落，生就一副说一不二的秉性。今年四十六岁，在这座城市已经做了十八年的保洁工。

我问她为什么会来到这座城市。青青的情绪一下子凝重了，庄重而认真地说：“为了让儿子上城里的学校，以后考大学！”多么美好的理想，多么现实的追求！在那个农民工纷纷进城打工的年代，青青来到这座似乎建在金山银山上梦幻般的城市，做了一名保洁工。如今，儿子如愿以偿地上了大学，青青以保洁工的收入培养着宝塔尖上的儿子。一颗爱心充溢着甜蜜，工作起来天天精神，不论季节，不论风雨，街头的青青一样青春。

看着她的派头，我试探地问：“现在最大的希望是什么？”青青不加思索地说："希望人们能理解保洁工，尊重保洁工的人格，尊重保洁工的劳动！"她顿了顿继续说，"街面上的任何杂物，都是保洁工管控、清理的对象，这是保洁工的责任；繁华的街面上，难免有小商小贩、瓜果蔬菜、烧烤啤酒等摊位。这些地方是环境的重度污染区。我们不厌其烦地清扫，他们不厌其烦地污染！"青青说得很动情，"有时说上三言两语，有人竟然恶语伤害，甚至挥拳泄愤，保洁工的地位着实让人寒心。"她缓了口气继续说："尤其是交通枢纽、红绿灯处、十字街头，有的人在车内随意丢弃杂物，这就像渔人投下的毒饵。在保洁工清扫追寻中，常常受害于闯红灯的车辆。这样的事，让我们痛心不已。保洁工最大的心愿，就是盼望城市的文明！"言语间，青青一对渴求的目光，望着街道，望着车辆，望着行人。

# 高原上的老人们

这是高原上一个普通的街心公园，这是公园里一些普通的老人，这是老人们每天普通的生活。四围的楼房层层比亮比高，相邻的街头人头攒动，车水马龙，优雅的公园闹中取静，在时光飞逝中，留下了令人怦然心动的人生画面，在如意的生活中，留下了时代的剪影。

季节虽是深秋，金风送爽，落叶飘零，气温转向寒冷；在街心公园的老年人们依然歌舞相伴，情韵别致，伴着艺术的氛围娱乐健身。

清晨，东方的天幕淡去了浓重的底色，亮出凝脂般的鱼肚白，轻纱似的云朵，变换着俏丽的色彩，把天空装扮得妙不可言。未露面的朝阳以掩饰不住的激情，把爱到处抛洒，给这里涂一缕嫩红，给那里抹少许艳色，离离陆陆，舒舒密密，把天空打扮得朴素、幻美、飘逸、神秘。恰如高原上老人们的心情，敞亮、温暖、轻松，伴着迷人的曙色，活动在街心公园。

这里是树的海洋，歌的天堂。季节虽然送走了百花的艳丽，停息了喷泉的凉爽，树木却依然是婆婆娑娑，它们错落有致、闹而不喧、静而不冷，把黑色的路面、奔驰的车流、匆匆的步履，挡在喧嚣的一侧，绽放着宜人的温情。威武的大杨树，根深体壮，挺拔向上，一株连着一株，把边缘围起来，守护着公园的温馨。有着同样活力的平头松，恰似一帮喜好相同的小兄弟，不显高，不显矮，壮壮实实，青青翠翠，构成生命的围墙，使偌大的公园阔而不疏，密而不挤，随情适性，尽如人意。其间也夹杂着沉默的槐树、文静的塔松、渲染着秋色的海棠，伴随耄耋老人强身健体，安享晚年。

走近公园，送入耳际的，是带着浓郁草原气息的抒情曲：不高不低，不疾不徐，韵腔流畅，婉转悠扬，那舒心的享受，让人怦然心动。别提德德玛，别提拉苏荣，别提腾格尔，草原上人人都有好歌喉，人人都是歌唱家，本地的歌手多得是。或是二少爷招兵，或是上房瞭一瞭，或是黑缎子砍肩，都是一流的绝活儿，让人心驰神移，夕阳不晚，老人不老。

在花草树木的掩映中，是隐现的人海。不同服饰、不同色彩、不同年龄段的男男女女，往来如织，其间不时闪现着银白色的卷发或板寸，轻盈、飘逸，犹如海面上泛涌的浪花，从视野中飘然而过。他们步履轻捷，神态轻松，纯白的头发并没有阻遏高昂的兴致，她们那份活力旺盛的神采令人惊叹。

公园内，纵横着不少水泥石子铺就的小路，本色，自然，凸凸凹凹，高下不平。小石子有的圆润，有的扁平，有的略带棱角，一脚下去，脚掌顿感麻森森的挤压与触痛，给行走带来一定的难度。那些高龄的大爷大娘们，谁也不畏惧，谁也不却步，脚掌似抹了油，脚下如生了风，一伙紧接着一伙，噌噌噌地走过去：起伏着海浪，连续着人流！我真有点看傻了，不知其奥妙所在，仔细探询，终于明白了：原来是人的脚掌上分布着好多按摩穴位，直通脏腑、大脑、经络，走在不同形状的石子上，不同的穴位就接受了自然的按摩，活络胫骨，强健身体，益寿延年。多到位的理念，多精巧的思考，多周详的设置！看似普通的小石子，却凝聚着对生命的护佑、百姓的关爱，这是多么圣洁的灵魂，多么高尚的品位！

在公园的西南，树叶掩映的浓荫中，一队老人，个个脸色红润，目光有神，气色极佳。他们穿着清一色嫩白绸黄条拱边的衣裤，裤腿紧扎，构成一种兜风美，在那里聚精会神地打太极拳，一招一式，一起一落，都蕴含着特有的气度与厚重。只见他们转臂如游龙摆尾，动足似虎啸松山，好一派慑人的气魄！震动的是五腹六脏的功能、毛细血管的通行、末梢神经的灵敏，强健了身体，旺盛了精神。

公园的东南角，是纯情的艺术境界。酥心的乐曲似心灵的润滑剂，柔和地滑过心的湖面，激荡起纹细层密的涟漪，颤动着向四外扩散。掩映的树叶也在不同层面，以不同的亮度，陷入沉思。健身的老人们却别有情趣，他们排着整齐的四路纵队，在轻松的乐曲声中款款向前，个个身体健壮，精神矍铄，身着上红下白健身衫，活动起来，特秀气、特亲切，仿佛是红白牡丹，缓缓移来，整齐地做着健身操。他们或提腿，或踢脚，或伸臂，或扭腰，都是那么轻捷、灵敏、富有艺术性，既是表演，也是健身，以独特的方式，增加一份热量，奉献一份和谐与温馨。

也有年老体弱、腿脚不便的，提个小板凳，或拿块小垫子，坐在楼下的台阶晒太阳。同住在一个小区，邻里熟悉，情感融洽，在一起海阔天空地神聊：千朝古代、诸子百家、生老病死、邻里关系，想到哪里就聊到哪里，其间不时发出开怀大笑，直至该吃饭了，方才告一段落。

在时代大潮的激励下，老人们以旺盛的热情、高昂的斗志、骄人的成果，投身于创业的潮流，或歌或舞，或诗或画，或书法，或摄影，他们热情不减，干劲依旧，成果辉煌。有几位影响出众的老人，需要特别说一说：

高原名城，生活着一位年事已高、享誉海内外的人民艺术家，近八十岁了，精神依然矍铄。他以炽热的情怀感悟生活，把那些看似寻常、含金量却很高的生活升华成精美的艺术品，感染读者，净化心灵，其功效难以估量。在他的艺术活动中，不是一花独放，而是唤醒百花，提携后人，推动时代，共写春秋。像这样的老人，不是一个，而是社会的群体，生活主流的一部分。同样是高原上，人民用宽广的胸怀、诚实的品格，培育了一位年过七旬的全国劳动模范。模范，人民心中的亮点！他在自己的历程中，总是以及时的行动、厚实的奉献，关爱世人。他的心里装着数不清的普通百姓：山区孩子的上学他操心；城乡百姓的就医他操心；贫困户、五保户的生活他操心；灾区人民的冷暖他也操心，往往一出手就是上千万。他是高原的骄傲，是历史车轮的推动者，是人民心里永恒的高峰!

还有一位年近七旬的创业者，从贫困中走来，在奋斗中成长，余热中创业，取得了难能可贵的辉煌。他从正处级的岗位退下来后，领军自办实体，时间对他来说，绝对是紧俏的物资，总处在供不应求的窘境中。但他那颗热爱生活、热爱事业、热爱生命的心，催促着他紧迫地做出令人吃惊的抉择：在六十三岁的年龄段，涉足文学创作，开始写诗。一时间，国内的大小报刊，陆陆续续刊登他的诗作，犹如喷涌的诗潮，形成特殊的景观，给人以强烈的冲击。四年的时间，他连续出版了数量和质量均属上乘的三本诗集：《松风万里》和《高原青枫》《北方的时光》。2014年，他被吸收为中国作家协会的高龄会员。这就是高原上的老人，这就是他们的人生。他们是高原上千秋亮丽的恒星!

# 父亲的往事

## 一

父亲辞世即将三十个年头，在这些沉重而失落的岁月里，我常常想起他生前的音容笑貌、风霜劳碌；感念着他的为人处世及对后代的影响，思绪总是起伏不能自已，长久难以平静。是他，在极端艰难的环境中，独自扛住压力，给儿子们创造了最宽松的环境，抓住机会，不顾穷困，培养儿子上学念书。不懈的奋斗是有成效的，他终于在特困中，把一家人领进了时代的快车道，后代的好日子如芝麻开花节节高。然而，他却于二十世纪九十年代初，在毫无征兆的平静中，出人意料地离开了人世，留给我们无尽的痛惜与怀念。至今想起来，依然如鲠在喉，难以下咽。

那一年春节刚过，村子里弥漫着恬淡和谐的氛围：社会安定、民心舒畅、生活轻松，百姓享受着平静中的喜悦。父亲也摆脱了旧病的纠缠，身体日见康复，往来行走自由，生活也能自理，家庭和睦，儿孙顺心，该是享一段清福了。就在这样的情调中，他却突然发病，不省人事，而且是清晨发病，深夜就辞世，留给我们的仅有几个小时的时间，这叫我们如何回过神来呢！

看故土，山依旧、沟依旧、沙土小路依旧、黄泥土屋依旧，一切都在时光的进程中延续着温馨，唯有父亲那高大的身躯、沉稳的步伐、厚重的咳嗽声，永远地消失了；再也看不到他从山头的转角处现身，或赶车、或步行，一步一步向家走来；再也看不到他顶风冒雪，步行千里，回府谷看奶奶，只是在小路上，残留着他模糊的脚印、无数的汗水。仙逝前的肖像，永恒地出现在我的记忆中，这是一份独特的思念之苦。

我曾苦苦地想：七十八岁的父亲，一生没有脱离劳动，忍饥挨饿、出力流汗、拼死拼活的事情多得数不清，能不能从中找到一件代表他生命的遗物？想急了，拿出来仔细观察、思索、回味，进而缓解痛彻之情？难啊，能找到什么呢？人们珍爱的元宝、银圆、纸币，父亲是没有的，他这个从小在穷困中闯荡过来的人，怎会有这些东西呢？房产、地产没有，字画文物也没有。刚到了玩耍的年龄，就挑起了生活的重担，再加上天灾人祸、兵匪盘剥，一日三餐都没有着落，去哪里寻找这些宝贝呢？

## 二

奇迹还是出现了。我终于找到一件最能代表父亲人生的物品——一只白铁皮包就的小水桶。它很小、很旧，也很普通，锈迹斑斑，色彩暗淡，高约四十公分，直径约三十公分，周身罩满了时间的灰尘，静静地隐放在小凉房的一角，一副与世无争的神态。看到它那熟悉的身影、久违的形象，我的心陡然一惊，眼前一亮——啊，这不是连续几年和父亲朝夕相伴的小水桶吗？它怎会无声无息地零落在这墙角下呢？多么亲切的形象、多么熟悉的身影、多么难忘的往事、多么深刻的记忆！我的情思如飞泉喷涌。

父亲终生辛劳的故土格德尔盖，是西北高原上丘陵起伏、沟壑纵横的梁外地区，出门便是硬邦邦的山头，带着冥顽不化的冷落，在蓝天下错综起伏，绵延缠绕，一副千古传承的冷漠、谁奈我何的傲慢；更有西南的毛乌素、西北的库布其，虎视眈眈夹击着故土，抬头便是悠远的蓝天，扭曲的山梁，狂躁的沙山、沙海、沙丘、沙原，生活在这样的环境中，看老天爷的脸色吃饭便是自然

定律，老祖宗一代代就是这样过来的，我们又能有什么新招数！

那是一段刻骨铭心的往事，那是生命力超常发挥的年代。就在父亲接近耳顺之年时，西北高原的自然环境越发恶劣：连年的干旱，寸草不生；连年的风沙，寸草不生；持续的沙尘暴，让人寸步难行。正如著名诗人周雨明笔下的景象："鄂尔多斯沙原上，风不清，月不白，黄风卷黄沙，天地一齐盖，对面闻声不见人，白天屋里点登台。"（《黄河水流进沙漠来》）当时，居民的生活很困难，尽管人民政府不停发放供应粮、救济粮，在交通不便的条件下，火车上、汽车下、胶车接、驴驮肩扛，把南方农民打下的粮食放在故土百姓的米缸里，但遍地不见绿苗苗的格德尔盖百姓总不能连年不吃菜吧！面对持续的困难，父亲坐不住了。新中国成立以来，他就是村级基层干部，面对乡亲们的窘境，满心焦虑，满脸愧色。作为生产粮食的农民，不仅不能向国家交粮，还要吃国家的供应粮，还成天喊着缺菜，这叫个什么事呢！

格德尔盖那纵横交错的荒山沟，皱皱巴巴的，像一张百岁老人从不洗的脸，这张脸不知面对了多少春夏秋冬，运转到了当代。就在那山石的缝隙中，流淌着纯洁的山泉水，有史以来就是这样，清清冽冽地来，清清冽冽地去，不知流淌了多少年。面对此景，父亲满心喜欢，满脑通亮。他要开荒种菜，变废为宝，解决乡亲们的吃菜问题了。

就在这一年春天，父亲花了三元钱，从供销社买回这只小水桶。从那时开始，他一头扎进荒山沟里，晴天一身土，雨天一身泥，饥饿困乏，辛苦劳碌，起五更，睡半夜，冷寒受冻，为的就是种好蔬菜，方便乡亲，缓解困难，改善生活。这是他的追求、他的愿望，是当时他生命中最核心的担当。

## 三

要在陈年山沟种菜，把这草莽荒渠变成村民的菜园子地，是济世的惠举，还是心血来潮？是人生的担当，还是慈善的情怀？是超脱的理想，还是空洒的汗水？民语相传：杭盖梁的沙蒿培根深了。这不是信口的语言，而是经验的总结，在现实的荒渠中，培深了根的，不仅是沙蒿，而是簇生在这片荒原上所有的植物：野柳、柠条、梭梭、狼毒，以及大地上千奇百怪的杂草。从开天辟地以来，这些植物就任性地生长到如今，那是真正意义上的根深蒂固、盘根错节，无数的老根、嫩根、毛根，与沙石泥土结合成独霸一方的整体。开这样的荒地，真是寸土难移！如果说，地下的根系是繁密的，难以移动，那么，生长在地上的高杆、灌木、草丛、槐刺，相互勾勾连连、绵绵密密、遮遮掩掩，更是难以下手；加之山沟里水源充足，土地肥沃，各种植物都后劲十足，相互杂生，密不透风，成了山鸡野兔、狐狸等禽兽的天然巢穴，开荒的艰难是显而易见的。当时的机械化程度很低，即使有先进的农业机械，在这样的山沟里，又怎么施展呢？要开荒，最现实的动力就是父亲的一根扁担、一张锹；土地平整后，主要的工具就是那只小水桶。

父亲开垦荒沟的艰难，自然让人联想到列子的《愚公移山》，虽然两人困难的大小不成比例，但都取得了巨大的成功，为百姓造了福，缓解了困难，赢得了百姓的尊重。但愚公移山，尚有子孙相助，神仙施威；而父亲开荒，始终是一个人奋斗，唱独角戏，终于变废为宝，改造了山沟，开辟了菜园，缓解了困难，渡过了难关。如今，一看到小铁桶，我就思绪翻涌，格外动情，似乎又看到父亲开荒的日日夜夜，早起晚睡，忍饥挨饿，出力流汗，不曾停歇过一天，晨昏夕照，往来行走在故乡的山坡上，久而久之，踩出了一条硬硬的小路。想来，那条小路现在还挂在故土的山坡上吧！

## 四

故土山头的沟岔，横横竖竖、深深浅浅、密密麻麻，延续着亿万年的荒凉

与原始的零乱：任性的无序、单调的色彩、低劣的价值，聚成了无人问津的冷落。尽管日月交替，寒暑易节，经历了难以计数的春秋，却从未在人们心头留下有价值的记忆，最好的效果，也不过是游荡在山间的牛倌或羊倌，偶尔在荒草乱石间，捡到几颗鹌鹑蛋或石鸡蛋，此外的意义实在很难想到。

父亲只身入山沟，除了是受到时代的驱使，还背负一份厚重的心愿：村民们认定父亲是个有谋略、有作为、有行动、有效果的人，他的出动必定会给山沟带来新模样，给生活带来好结果。人们盼星星、盼月亮，时刻都盯着变化的山沟呢！

荒山沟有序地变化着。父亲开采了成堆的青石片，选择、聚拢、砌高，一片片，一层层，相互砌稳，以细沙灌缝，磊成圆圆的、深深的石板清泉井；在水井旁，安了一副打水的杠杆，在杠杆的前端固定好小水桶，这就是半机械化的动力打水装置。父亲以最简单的工具，把荒地依次辟为三级梯田，外以青石板包边，填实泥土，施足肥料，拨园成畦，浇水下种，一个半永久性大菜园就在困难的年代建成了。

终于盼来了开园的日子，这是乡亲们长久的期盼，可喜的盛事。在当时那个艰难的年月里，村子里哪个不是期盼能吃饱肚子不挨饿？现在要开园了，要吃上自产的蔬菜了，虽不能说吃好，但离吃饱的目标是接近了，人们怎能不高兴呢？但见村里大人娃娃、男男女女，提着筐，拿着篮，有说有笑，满脸高兴，满心喜欢。娃娃们跑着跳着，像过节一样轻松，就连上了年纪的老奶奶，也扭动着一双小脚不甘落后呢！

在菜园不远处，渠畔的掩映中，清晰地看到田头地畔鲜嫩深绿的玉米叶，带子似的飘摇摆动，拉成一条翠森森的绿线，像是生命的旗帜，宣示着琳琅满目的丰收。

进了山沟，简直是个彩绘的神话世界：逐级升高的梯田里，沟口是密密实实的蔓生瓜菜；面葫芦、西葫芦等各色瓜类蔓生了一地，在肥大的叶腋间，喇叭状的纯黄花美得让人心动，诱惑着黄绵蜂嗡嗡嘤嘤，歌唱不止；色彩亮丽的果实，肥大、厚实、诱人，顿时拽住人们的视线，拽住人们的心，让人们在欣喜中发出啧啧的称赞；挨着瓜菜的是颀长而壮实的各样萝卜，白萝卜、胡萝卜、水萝卜，红皮绿叶，一丛丛、一片片，绿得纯粹、绿得新鲜、绿得醉人，彰显了菜园的魅力，流淌着园田的神韵，简直就是一幅神清韵远的水墨画；挨着萝卜的是水淋鲜嫩的大白菜，秀秀颀颀，高高大大，本色而耐人品味，朴素而暗蕴神采，好一种农家的主打菜，那长势、那气派，看了让人心醉。它的个性是既独立、又合群，多种吃法，荤素皆宜。看着这满山沟的美景，我想，如果能请个艺术家，如实来彩绘一下，那该多好啊！由此以往，直至沟掌，艳艳的西红柿、硕大的茄子、爬满高架的豆角，丰满稠密，色彩斑斓，说不尽物质与精神的满足。

人们在忙碌中采摘各自需求的蔬菜。此时的园子中间，一眼清泉井、一副打水杆，父亲双腿分开，稳稳站定，和小水桶形成一个三角形，双手不停地起落，一桶一桶，持续不断地浇灌着村民们的希望。如今，他留下了这挂满时代风尘的小铁桶，抚慰着我思念的痛苦。

# 浇麦

沿河生活了十八个春秋，留下了一段浓重的沿河情节。那里有肥沃、广袤的田野，勤劳、阳光的乡亲，朴实、温暖的土屋，如火如荼的生活，在我心里闪动着终生的牵挂。我长久热忆着这块土地，不断回味这里的温暖与充实，其中，最牵念的盛事还是年复一年的浇麦。

这是一项寄托厚重的农事活动，尤其是春回大地的第一水浇麦，简直就是农民精心备办的节日，家家忙碌，事事周到，倾情安排，融注着厚实的期盼、生活的改善、社会的进步。往日烧红柳、吃白面的骄傲与甜蜜，仅仅是人类历史进程中浅浅的脚印，怎敢故步自封呢！

回想先人草创之初，引黄灌溉那宏远的举动是无数代人的梦想，是惊天动地的大事，人们怎能不欣喜若狂？但当初的灌溉，力量不足，条件粗疏，规模不大，很难尽如人意；只是在遍地枳机、红柳、白刺割据的间隙处，以原始的粗放引来断续的黄河水，绕过林立的荒野圪旦，深浅不定地引黄浇麦，能保住青苗，旱涝保收，落个不丰不欠，亩产一二百斤，维持粗浅的温饱。眼看着敬神圣的白面蒸馒头、擀面条成了家常便饭，这样的生活谁敢想？真是祖上修来的福分。乐得先民们以极大的热忱面对浇麦，浇麦成了农耕活动中经久不衰的盛事。尽管时光悠悠，岁月交替，但对浇麦的虔诚却一代接一代地流传下来，延续至今。

每年初夏之时，五月刚到，沿河麦秀成锦的大平原上，是一幅不同凡响的动人景象：在无边的原野上，设置到位的渠系把沿河的农田规划成不同规格的方框形、网络状、渠水配套系统，密密麻麻，四通八达，连接着每一块麦田；带着灵性的黄河水顺随人意，连着广袤的土地，浇灌着每一块春麦，那气魄、那模样，恰如人周身的血管，连着生命的肌体，滋润着每一根神经，没有断路，没有短路，没有阻塞，保证着家家户户年年岁岁的大丰收。其间，设置准确的信号和专职的跑渠人员，时节一到，引领着那琼浆玉液般的黄河水，以生命的活力、喷涌的气势、滚滚的激情，顺着渠道，舞动在大平原上，盘过来，绕过去，曲曲折折，如金蛇舒腰，似黄龙摆尾，应和着动听的流水声，歌唱着农时的进行曲，演奏着浇麦的主旋律。田头地畔，男男女女、老老少少，家家欢喜，人人忙碌，一脸阳光，一脸喜气，一脸期待；施化肥的、看田口的，相互帮忙，协同浇麦。黄河两岸，上演着浇麦畅想曲，人人都期待着麦浪飘香，多打粮食，日子红火。

一路奔波的黄河水终于赶到数以千万计的田口。大地上的麦苗一片片、一块块，新绿初绽，成垄成行，在峭劲的小南风中起起伏伏，连成目力难尽的生命美，展示着新一茬的希望，随着季节的变换，惊叹伴随着麦苗在成长。

眼前的麦苗带着时序的青春，披着岁月的鲜嫩，植株不高，颜色不翠，麦秆不硬，精神不振，有的根部还存留着残雪的粉尘，足以显示生命力的坚韧与顽强，像一个没有梳洗打扮的小姑娘，朴实无华；待浇了第一水，那份生命的秀美灵气，便脱颖而出，说不尽的陶醉——那是甘霖的神力、生命的宣示、青春的彩绘！黄河水是绝佳的助动饮料，提升着麦苗的精气神。吸足了地层水分的根毛，催生着麦苗的活性体细胞快速裂变，本来稚嫩的麦秆一个劲地拔高、粗壮，植株日夜猛长。杆硬了，色嫩了，肚大了，抽穗了，灌浆了，成熟了，丰收了。农民们虽然并不十分清楚它们的微妙变化，但经验告诉他们：麦浇第一水后，一天一变样，三天大变样；有人甚至说：在那样的时刻，走进麦田或蹲在田埂上，能清楚地听到小麦蹭蹭的拔节声。人们怎能不欣喜若狂呢？

太阳收起最后一缕彩霞，沉没在西天黝黑的山后，夜色由浅入深，弥合

了天地。空气里饱含着湿漉漉的水分子，纯洁、清爽、滋润，每一口呼吸，都让人心肺清爽，思维敏捷，头脑清醒，说不尽的畅快与舒心。高远而广阔的长空，瓦蓝瓦蓝的纯净，似一块硕大的哈达，神秘地展开，挂成天体的帐幔，无边无际，让人心旷神怡。晶亮的星星像刚从水里打捞出来似的，水淋淋、光灿灿，明明灭灭，闪闪烁烁，仿佛天使的密码，相互发送着甜甜的信息。

夜色暗了，四野静了，天气冷了。浇麦的人，一人一领大皮袄、一盏小码灯、一张闪光的西锹，在渠水顺畅的平静中，坐在田埂上吸一支烟，暖一暖身，随着性子拉闲话。放眼沿河，那是一个灯火闪烁的壮美与孤独弥漫的世界。

田口的闲话琐琐碎碎地总是集中在刘秃子身上，似乎在沿河这块中心地带上，人们可以忘掉某一届乡长或某一任书记，但绝不会忘掉刘秃子。而且，闲话一旦沾在他身上，总是带着赞赏、满意与兴奋，有些竟成了具有一定格式的版本，到处流传。

刘秃子，当时五十多岁，已显苍老，两鬓的白发直往出钻，个高、腿长、大眼睛、大嗓门，走起路来，风风火火的。在队里，他连个生产组长也不曾担任，却被任命为专职跑渠员。对这项任命，秃子是尽心尽力，认真负责，一管到底：洗渠由他分段，打堰由他规划，放水由他通知，扯背由他组织修复。浇麦浇田，都由他管，久而久之，成了黄水的总管。他为人干练，办事清廉，一心为乡亲，让他赢得了信任，赢得了权威，赢得了尊重。他跑渠的故事被田头地畔的浇麦者广泛传诵。

明月清辉，星汉灿烂，黄水浇麦，星映麦田。爽朗如歌，激情如诗，美妙如画。天、地、人自然统一，构成了神性的和谐。

夜深了，大地一片宁静。唯有小马灯似朦胧中的睡眼，深情地关注着浇麦。人们累了、困了、乏了，上下眼皮沉重地合拢。就在此时，哗哗的渠水里传来青蛙咕咕的鸣唱声，激昂、高亢、悠扬，让人的神情为之一振。青蛙是极具灵性的动物，看似憨直，却有着神奇的特异功能。在秋霜渐重、大地封冻之前，它们影子般纷纷从地表消失，潜伏在足以越冬的深处，不吃不喝，不走不动，半睡半醒，等待时机。待到浇麦时节，它们又纷纷神秘地泡在渠水里，伸展四肢，仰卧水面，神情悠闲，任冲、任泡、任洗，在洗去一个秋冬的麻木与沉重后，即开始了求偶、欢唱、取乐，唱出新春第一声。这是领唱，随着音频的震荡，是此起彼伏的回应，形成了浇麦中的青蛙大联唱。那气派、那声势，如鼓如浪，如诗如唱，绵延千里，响彻四方。听到蛙声，人们有说不出的畅快：谁不知道青蛙是专食害虫的能手，庄家成长的卫士？

突然，渠水倒流了。这是决口的铁证，危险的警示，抢险的号令。水情就是行动，抢险就是战争。面对这样的战争，不能退，只能进；不能输，只能赢！人们丢掉疲困，提着西锹，提着马灯，向着决口处狂奔。

开口很宽，倾斜度很大，水势很狂，泡沫跳荡，水声哗哗，冲击力很强。此刻的浇麦者不分男女，纷纷跳入春夜的水中，筑起一道人墙，挡住齐胸的水头，控制了水流，控制了冲击，控制了险情。其中，有一位十八岁的女孩，神情严肃，目光坚定，脸色煞白，一声不吭，站在水流的正中。

当红日露出东方，决口再次合拢，流水恢复了平静，抢险者一身泥水，一头冷汗，一脸轻松。

# 在崔老大病床前

听说崔老大病情有变，赶紧去探望。此时的他，精力大不如前，神智时有糊涂，经过漫长的理疗，各方面都在衰退，在这场和死神的拔河决赛中，很难取得决定性优势。

崔老大，即原伊盟教育处退休干部崔自强，从风华正茂的青春年少时代，就来到鄂尔多斯这块古老而神奇的热土上打拼，奉献精力、奉献才华、奉献人生，他的人格魅力和精神风貌被时光所铭刻。和他交往的人都能感受到他是个热心相助、甘于奉献、不辞劳苦、无怨无悔的人，更被圈内亲友尊称为“崔老大”，即他的行为和精神是我们的标杆、旗帜、榜样。

他还是住在原来的居民小区，四周显得很清静；亦是原来的三楼，高处斜开的窗户迎红日、纳凉风，很适宜人养病。敲开门后，郭万林女士和二闺女崔淑芳接待了我们，嬉笑中浮掠着丝丝忧虑。我们走进了崔老大的病房。

约二十平米的阳卧，屋顶和房墙都很白，释放着一种安详肃穆的冷色，半开的南窗，光线充足、空气清醒；窗的东侧，竖着一个棕色双开立柜，放着老大平时洗换的衣帽鞋袜，只是现在自己无力管理了；贴着门的一侧，放着一张普通硬板床，除了靠墙的一面，在床的三面加了护栏，是预防性的保护措施，防止滑失跌跤。崔老大蜷缩在大半张床上，背微躬，腿微曲，半侧着身子，面无表情，一副力不从心的样子。他的双腿已不能动，也不让别人动，脸上的色彩显示着心里的变化。见我进来，他大大的眼睛盯了许久，突然笑了。起初，我们还可以正常交谈，约过了半个小时，他突然惊疑地问我：“你是谁啦？”我沉重地感到老大的身体一步步走向衰退，神智一天天趋向糊涂。看到他床头放的水杯、胸口挂的手机，心想：这些东西他自己还能掌控多久？就在此时，我们几十年交往的画面潮水般向脑际涌来。

那时的崔老大三十刚出头，男人三十一枝花！社交场上的他风度翩翩，光彩照人，高大的身材，微胖的体态，一条时髦的黄军裤，朴素中不乏帅气，满脸硬胡茬子，青春中流露出一丝老成。一辆七成新的飞鸽自行车在他胯下，潇洒便捷，在当时满城青砖红瓦的东胜街头驶过，必定引来一片赞叹的目光。

我对老大的赞赏不全来自他的外秀，更多的源自他那丰厚的内在美。别看他当时年纪轻轻，罩在头顶上的光环却很具有震撼性：共产党员的光亮、本科学历的文凭、虚心谦和的态度、低调处事的本色、乐于助人的精神、朝气蓬勃的性格，让初出校门、阅历短浅的我佩服得无以复加。他的点点滴滴都是我心头的旗帜、行为的标杆、看齐的榜样、生活的益友。久而久之，在我心里产生了一种相见恨晚的感慨。

我们始交于二十世纪六十年代初。那时，他在盟教育处工作，我在杭锦旗教研室工作，虽地处偏远、信息不灵、交通不畅，但自然的阻隔无法切断我们的交往。面交不如心交，在那样的年代，我们彼此是在用心交往。身处东胜的老大常想着我，每逢一些特定场合，遇到杭锦旗知道我的人，他总是找机会询问，每次都很详细、周到、具体，足见他对我的牵挂。后来，我调到黄河南岸的吉尔格朗图教书，地处偏远，交通闭塞，每逢遇到烦事、难事，心里总会想起崔老大：如果有他在场，会给我怎样的点拨、指引和帮助？几十年的时间，彼此就在这种牵挂中走过来，这样的关系甚至影响到下一代的情感。

在我们的交往中，也有过一些不和谐的杂音，但事实证明，我们的友谊是纯洁的，我们的情感是真诚的。

那是我调到杭二中任教的初期。刚到沿河，生活一度很困难，急需外力相助。当时，杨耀文同志是杭锦旗教育局长，后改任政府副旗长、旗委副书记，

和崔老大同是陕师五十四届毕业生，一同来到伊盟，相交甚厚。如果崔老大能出面找一下杨耀文，提一下我的事，局面就会好得多。但崔老大却有意不插手此事，每逢茶余饭后谈起来，他总是躲躲闪闪，故意回避，不愿正面回应，或是装聋作哑、顾左右而言他。这让我很不理解，甚至怀疑我们友谊的纯度。但不久发生的另一件事为我找到了答案，消除了疑虑。

那是1979年冬季，上级关注待业青年的安置问题。按政策，老大家的大闺女崔淑芬是被安排的对象，但根据伊盟地区的招工情况，却不能留在东胜，而要分配到达拉特旗上班，这可难坏了一家人。多年得不到招工指标，现在能给一个，这是天大的好事，无论如何不能放弃。可淑芬从小就患有肾脏炎，为了治好病，老大路子没少跑、名医没少求、钱也没少花，现在虽然痊愈了，依然需要人照应，把她一个人送到达拉特旗，这怎么能行？在这个节骨眼上，老大没有找单位、没有找领导、没有找熟人、没有找组织，硬是让淑芬一人去了达拉特旗上班。这就是崔老大做人处事的原则。

如果说，以上的事是发生在亲友或子女身上的，我们再记录几件发生在老大身上的事。

评定技术职称是关乎国家方方面面的一项重要政策，是组织对一个人的学历、能力、贡献、经历的承认和肯定，既涉及对社会的奉献，也涉及社会给的相应报酬，其重要性不言而喻。崔老大1958年获本科学历，到1988年评定技术职称，相距已经三十个年头了。就其个人条件而言，即使获评正高也够格，就当地情况说，六十年代参加工作的大学生纷纷成了教授，就连崔老大的学生一个个先后也当了教授，唯独崔老大依然座在科长的位置上，一动不动。此事，在别人嘴里已有些不平的言语了，但从崔老大的嘴里，始终听不到任何有关抱怨或攀比的言辞。

退休，是人生中最后一次和组织签协议了。当时，有人推断：这一次，崔老大也许要得到一些好处了。此前此后，好些办理退休的行政人员是上浮了一级办的手续，后来得知，崔老大依然从科级上退的休。不找熟人，不麻烦组织，这是崔老大做人的原则。

我们在病床前交谈了一阵之后，老大的意识清醒了许多，忽然面带喜色，双手抱拳，向我致意，口中连连说：“谢谢了！谢谢了！”这一举动引发我深深的感叹：这就是崔老大的风格，这就是崔老大的境界！

# 秋思录

秋是多彩的、厚重的、壮美的、可喜的，在情感层面激起连续不已的兴奋和甜蜜畅快的陶醉。

每当秋季来临，秋景上演，远远近近，飒飒的秋风带着威严，带着冷峻，带着肃杀，掠过山坡，穿过原野，漫过大地，把长空的霰雪凝成碎纷纷的霜粒，撒向庄稼、撒向草木。不论何种植物，只要受了秋霜的打磨，色彩愈加老成，籽粒愈加饱满。生命走向成熟，迎来无可挽回的新陈代谢，季节轮回，生命交替。

秋风里，山洼的枣醉了，红红的、热热的，在晨风中、夕照里，满枝满树地摇曳，让人格外眼馋。那是生命的红玛瑙、轮回的资本、季节的信号，带着过来者的真诚，期待着农人的收藏。田野上的高粱醉了，成片成片地昂着一张大红脸，笑看秋风的冷漠。说它本色也好，成熟也罢，那真诚的本性、天然的模样不会有丝毫的改变。它是田园的娇儿、大地的幸福、农民心头一面色彩浓重的旗帜。这哗啦啦的旗帜向人们发出季节的召唤：秋季来到了，五谷丰收了，磨镰收秋了！山坡下的荞麦虽然处在秋霜遍地的情境中，但娇小的肢体依然俏丽，红红的杆、艳艳的花、墨黑的籽粒，把成熟与不成熟统一在追求生命的完美中。带着不完全成熟的缺憾，把成熟的梦送给了秋色。

连续几场秋霜的浸染，山头、沟岔、原野、池塘的草木叶枯了，叶黄了，叶皱了，大地转换成金色的世界，在秋风的爱抚下，翻波涌浪，飒飒浅唱，昂扬着胜利者的情怀，渲染着厚土的大德，亮丽了金秋的魅力。

看到茂密的五谷、丰收的秋景，农民心头泛涌着神圣的崇敬，惊现着丰饶的好梦。为了圆这个梦，流热汗，舍苦力，早起晚睡，晓星残月，泥里出，水里入，顶风冒雨，忍饥挨饿，苦受尽，力出尽；到如今，天地如愿，金秋在望，谁人能不心花怒放？这样的激情，星星知道，月亮知道，噌噌舞动的银镰知道，夜以继日转动的二饼子牛车也知道。金秋，是汗水和力气的天然聚合！

秋风送爽，金波荡漾，成熟的秋景是一片哗啦啦的歌。那是天地的福音、醉人的神曲、历史前进的节奏、农民心头的太阳，轻歌曼舞在无边无际的大地上。坡下的谷穗吊着深深的项，又粗又长，像一节金色的棒槌，和着秋的旋律，晃荡在田野上；密集的籽粒像碎纷纷的金豆子，滚圆饱满，泛着金色，面对着大地，九十度鞠躬，一副功成名就者的谦卑形象；糜黍微绽小口，露出本色的圆润，报告着金秋的丰满。成熟的秋天，希望的秋天，圆梦的秋天，地上地下都是宝，构成了一条丰收的彩练。无怪乎老人们说：地是刮金板。是啊，经历了千朝万代，繁衍了子孙后代，转动着历史的杠杆，这就是这金秋的魅力。

丰收的美景，引发了无限的奇思妙想，有人信誓旦旦道：金秋的田野上，天天跑着个金马驹，就看谁能抓到手！这极具感染力的话让农人心里热乎乎的，总想熬尽时间，拼尽力气，洒遍汗水，以毕生的精力把充满诱惑力的金马驹抓到手。从春到秋，天天忙碌，以两不见太阳的辛苦活跃在田野上：春天拉土送粪、磙地耙地、修渠打堰、春耕播种；夏季松土保苗，防病防虫，灌溉保墒，日夜操劳；金秋时节，绣女下床，秋收、秋打、秋藏，恰如龙口夺食，哪个不是家家忙！风餐露宿，日晒雨淋，有苦便吃苦，有累就受累。纯天然的环境，成就了农民黝黑的肤色，整日一身尘土，在一段时期内，曾得了一个“农盖”的雅号。受是为了追求，苦是为了金秋，低贱是为了高尚，劳碌是为了义务和担当。有担当，是生命的光彩、人生的价值、特殊的幸福；有担当，是坚定的信念、不息的奋斗、理想的境界。在连续奋斗中，他们的皮肤粗了，皱纹

稠了，肌体瘦了，生命的油灯最终灭了。但奋斗预示着丰收，奋斗预示着成熟，奋斗宣告了生命最大的价值。

大雁是金秋的歌舞团。每当秋风凛冽，漫过大地，横扫一切，大雁的羽绒稠密了，羽毛丰满了，精力充沛了，歌喉清亮了。在它们展翅南归之际，但见熟悉的山岭、无边的原野、金灿灿的庄家、沉甸甸的穗头，涌荡在秋风中；村民们男女老少，倾家出动，起早贪黑，银镰挥舞，好一派欢乐的景致。二饼子牛车吱吱扭扭碾动着车辙，循环在山坡山洼，忙忙碌碌，风风火火，把田头的庄稼如山如岭地堆积在场面，堆成了真正的陶醉。情意绵绵的大雁扇动着翅膀，变换着队形，时而一字横空，时而人字成阵，时而是一条略弯的扁担，时而是二路纵队，轻歌曼舞，有节奏地发出咕嘎咕嘎的清唱。雁阵远去了，清唱依然在心头回响，可是对秋景的眷恋、丰收的追思、未来的畅想？

# 棋摊儿的思索

繁华的都市、热闹的街头、轻松的氛围、和谐的生活，说不定在什么地方，大树下、花坛旁、商铺前、酒坊的左近，定猛地出现一个或几个棋摊儿，聚着层层叠叠的围观者，一个个伸腰拔背，左右探视，竭尽心力，密切地注视着，热切地议论着，酣畅地品评着，不时发出激烈的争辩或开怀大笑，把自己的情感融入棋局的变化，那么投入，那么纯真，那么专注。围观者络绎不绝地聚过来，直到红日中天、街灯通亮，只要棋局不散，围观者就不散，形成街头一个持续的景点。

围观者的数量没做过统计，但有一点可以确定：越是高手的对弈，越是精妙的杀伐，越是险中取胜的功夫，就越能吊稳棋迷们的胃口，人就聚得越多，时间就持续得越长。这样的棋局就像引力超常的强磁场，紧紧拽住围观者的心，寸步不肯离开。

棋摊的设置很简单，只要核心对弈者认为是理想的气候、理想的环境，就提一副小板凳，选一块开阔地，放好五十公分的棋盘，在楚河汉界的两边分别摆上职位相同、性能相同、勇力相同的十六枚红黑棋子。一场枪炮轰鸣、刀光剑影、杀机迭现的生死决斗，就在九纵、十横、九十个搏杀点上，以空前的规模、空前的惨烈、空前的勇猛，频现着生死骤变的险象，连续不断地展开，演化着命运的成与败、生与死、兴与亡。那种虚拟生活的斗争，让人凝神静气，顿感惊心动魄。小小的棋盘，方寸之地，转换的是拼杀的结局，谁人不是屏息思索？

对棋迷们来说，棋战中棋势与棋子的优劣都是智慧的花瓣、缜密的奇巧、勇力的光芒。深思熟虑的大局观是吊胃口的干货，是过瘾的杀伐。有谁能不赞赏与期盼？在空前激烈的棋战中，斗士们浑身充斥着王气、豪气、霸气，透着一股有我无敌的威严。在前冲后突、左右联络中，始终浸润着智慧、宽厚与包容，让棋迷们震撼与景仰。

情感是微妙的精神活动。在相应情感的支使下，人们的行为举止往往出人意料。棋迷们扎堆儿在棋摊儿，观察、思索、建议，整个灵魂都与棋势的兴衰、棋子的进退、结局的喜忧，密切联系在一起。他们参战的目的就是在激烈的棋战中，自觉地选边站队，抱团合力，当好参谋，为主帅进献忠言，履行职责，处理好战斗中的每一个环节，直至败王被擒，水落石出，打出一片胜利的新天地，才算如愿以偿。

为此，他们关注棋盘上每一个棋子的位置、效应与举动，以及由此演化出的全局：从兵卒的一线冲击，到将帅的御驾亲征，从车、马、炮的强强组合，到弱势组合的智慧进攻，都是他们倾心关注的焦点。在这种生死转换的抉择中，谁又敢用生命开玩笑呢？

为此，他们在棋摊儿的狭窄空间，总是选择最理想的位置，即能观察清棋局的点，作为自己的一号哨位，为战局的顺畅当好哨兵。于是，棋迷们左一重，右一重，密密匝匝地围上来，都想看个一子半着，都想见证棋势的优劣、棋局的演变、棋艺的高低，因而，总是抬脚伸颈、左右品对。里层的近观者挤、压、憋屈，难以伸腰，难以动腿，但眼下最重要的，就是保住一号哨位。

棋战的渊源汇集了很多经典性的观棋准则，其中“观棋不语真君子”大约就是最有影响力的一条。然而在棋摊儿上，那种绝对融入的心态使棋迷们无法遵循古训。在失之毫厘，谬之千里的生死较量中，眼看自己倾情扶助的一方疆土遭割裂、生命遭涂炭、王位遭颠覆，此时如何还能当那个一言不发的“真君子”？情感办不到，良知办不到，为人也办不到！这样做，不就像一个精装的汉奸吗？

棋摊儿越扎越厚，围观者越来越多，谋略的差异、情感的交锋、语言的争辩，此起彼伏，不绝于耳。从开局围观到中午，从中午到晚上，直至街面行人稀少，车流断续，棋战方才结束，棋迷们才匆匆赶路回家。

这是一份释放、一份畅快、一次减压。不少的中国老百姓都患有压抑综合征：历史的委屈像尘埃一样聚集在心头，一代一代隐隐作痛，这分压抑像微风掠过湖面，虽则不是强重度，却在心头的水面激起细碎的波澜，世代不肯消停。这种恒性的压力像一块大石头，添堵在胸，压抑憋屈。这种压抑是与生俱来的，当生命的啼哭第一次惊诧了时间，当光洁的肌体第一次感知世界时，就感知了历史长河中，我们可爱的祖国曾一而再再而三地成了名副其实的“唐僧肉”，无论哪张大嘴都想啃上一口。养肥了入侵者，分裂了国土，贫穷了百姓。“中国人”成了轻贱的代名词，中华儿女怎能不义愤填膺！当然要有拼死的抗争，当然要有枪炮轰鸣，当然要有大刀的红白，当然要有流血牺牲！那样的壮烈被时间限定，未发泄的义愤寄情于棋战之中。

棋战演绎的是现实社会中的生死搏斗，这是无法改变的法则。失败者面临的是自由的沦丧、意愿的顺从、土地的割裂、百姓的遭殃，是一种无可奈何的委曲求全。因此，棋手们在博弈中无不殚精竭虑，竭尽全力，以强大的集团军合力进击，打开战局，打出一片独立、自由、有尊严的天地。

战争，说到底是实力的较量。一个成熟的棋手从战局伊始，棋子的第一步启动，到后续棋子的攻守布防，无论是动兵动象、动炮动将，都是夺取胜利的重要环节。在激烈的棋战中，核心意念就是赢：谋打赢，求打赢，要打赢！棋手在清楚敌我双方的兵力部署、行军动向、相互联络、明暗火力的前提下，要有针对性地组成强大的集团军，以立体的态势、密集的火力、猛烈的进攻、持续的轰击，对准敌人的最高统帅部，从不同的侧面，给予有效打击，发起连续的冲击。

棋战中，进攻的次序是非常重要的：该架桥则架桥，该排雷则排雷，该轰击则轰击，该冲锋则冲锋，不论是动兵、动将、动炮、动象，目的只有一个——打赢！这是棋战唯一的灵魂。至于战争的第一枪该打在什么地方，战争打响后，后续攻击部队调动、集结、攻守、火力，则要有序跟上，步步推进，不让敌人得到喘息，决不能把胜局演化成“夹生饭”。

在博弈者面前，棋战只有两个选择：或成或败、或生或死、或兴或亡。在如此严肃的考试中，谁敢掉以轻心？因此，在大局谋定、敌情洞明、家底雄厚的条件下，博弈中的棋手为打出一片新天地，为迎接明朝的新太阳，在生死转换的战场上，力戒虚着、假着、错着、软着，尤其要禁绝漏着——这是敌人拍手称快的借助力。我们要铁了心地出真着、出实着、出狠着，让敌人的明暗阵地彻底瘫痪，并亲自品尝战败的苦果。

棋战的策略还有很多，如隐蔽攻击、潜伏集结、明暗火力等，这些就留给善于思索的棋友们吧！

# 刘棋长小传

## 一

刘棋长，本名刘志刚，成功的商业人士。他的商铺越来越红火，社交越来越广泛，公益性活动越来越受关注，是社会上响当当的正面人物。可正当顺风顺水发展的时候，他的生命轨迹却发生了质变——一场久治不愈的大病彻底击垮了他，落了个生活难以自理。不服命运摆布的他，从此成了小广场上人们喜爱的“棋长”。

早上，融融的太阳照耀在东方的天幕上，嫩红、亮丽，霞光喷涌四射，大地一片金光。楼宇巍峨，街道宽敞，路旁的大杨树苍翠茂密，郁郁苍苍，犹如绿色的巨伞，潇洒地在街道两旁的高处形成绿色的画廊。街面车流涌动，如波似浪，络绎不绝，各种款式与牌号的车涌动在宽敞的大街上，一眼望不到尽头。每逢此时，刘棋长总是骑着他那辆略显时尚的电动三轮车，庄重、轻松、自信、准时行驶在喧闹的马路上，久而久之，成为街头不可或缺的一景。他的车子虽不能和街道上滑翔的车流一比高下，但对刘棋长的棋友们来讲，则是别有一番厚爱与愉悦。这辆车带给他们的是精神的轻松、思维的开发、智慧的储存、生活的充实。日久天长，棋长成了他们生活的中心，车子成了他们友情的见证：只要那辆车子出现了，棋长就来了，小广场上的棋友们就热络了。他们清楚：棋长的三轮车上拉着棋子、棋盘、小板凳，或者还有一些硬纸片之类棋

战中不可缺少的物品，准备在“楚河汉界”的攻防中，斗智、斗勇、斗团队默契的精神。

棋长是一个性格温和的人，宽宽的前额分布着浅浅的皱纹，折射着生活阅历的积累，潜藏着磨难与风霜的岁月；嘴角微微上翘，构成自然的微笑与亲切，折射着时代的温暖、生活的幸福；脸上绽放着大度与自信、纯厚与宽容。他骑着电动三轮车稳重行走在街面上，人与车辆都散发着浓浓的亲和力。这位出生在河北大平原上的汉子，浑身散发着家乡人的精细与进取、精明与谋略，浓重的乡音记录着他生活的经历。

志刚生逢其时，正赶上顺风顺水的好年代，旺盛的人气成就了他红火的事业，灵活的头脑让他踏雪留痕，吃苦的毅力让他马到成功。谁知顽疾“类风湿”病猛然袭来，让他防不胜防，扼杀了他的愿望与追求。为了身体的康复，夫妻俩用爱心熔铸了一个坚定的行动：让志刚天天锻炼，天天动手动脑，只要不是风骤雨狂，就天天泡在街心公园的大杨树下，摆开棋摊，红黑对阵，日复一日地拼杀，日复一日地斗智，兴奋了对弈者，诱惑着旁观者。小小的棋摊像强磁石汇聚的磁场，散发着浑厚的吸引力，把数不清的棋迷吸引在棋摊旁，里一层外一层，把个小棋摊围了个水泄不通。站在外围的为了看上一子半着，伸腰拔背，提脚探头，免不了也要指点评论；蹲在里层的，顾不了挤、压、憋屈，全神贯注关注着动态的棋局、攻杀的兴衰。直至王城攻陷，王位丢失，败王被擒，人们才轰然散开，仰天大笑，各自从棋战中找到了会心的乐趣。志刚的棋摊把棋友们聚拢起来，天天如此，有增无减，久而久之，大家送了志刚一个“棋长”的雅号。

棋长逗乐的场地就在小广场西南角临街的大杨树下。这是棵个头不高却十分粗壮、威武、繁茂的树，基部的根壮硕有力，扭曲盘旋，密杂杂裸露在地表，似乎在愤怒地呐喊，要呼出满腔的怨气与不平。这根深深扎进泥土，和大地融为一体，稳稳支撑着庞大的树冠，遮起一片清爽的宁静。树的四周，用水泥和彩石围了一个浅浅的树池，光洁的台阶，清净宜人。棋长的棋盘就放在这样的地方，通风、敞亮、开阔。棋友们在小台阶上或站或座，都很方便。久而久之，这块地盘成了棋友们独家的游乐地，尽管在小广场活动的人数与日俱增，但谁也没有试图占领这块宝地，因为棋战是小广场招人喜爱的一景啊！

棋战是玩乐中最具威慑力的生死较量，在不到两尺见方的棋盘上，红黑双方各有十六枚棋子，演绎着一场斗智、斗勇、斗准、斗狠的生死大格杀。交锋伊始，方尺之地，楚河汉界，战马嘶鸣，炮火连天，文臣武将悉心对决，或攻或守，危机四伏，就连普通小卒也义无反顾，一进战阵，只有前进的死，没有后退的生，那种舍生忘死的献身精神，实在是令人感叹。

对决的棋手就是现实中的最高统帅：排兵布阵，坚守设防，攻城略地，暗度陈仓，直至兵临城下，败王被俘，方是结局。败者懊悔、伤怀、叹息；胜者得意、轻松、满足。看高水平的对弈，既是力的欣赏，也是艺术的享受。力度与智慧的完美融合，方才体现棋艺的水平与境界，才是棋友们痴迷的渊源。

刘棋长在棋赛中是力的崇拜者。他相信“棋怕十六吃”的古训，相信短兵相接的棋战中，是要用力度来对话的。只有攻击的强力、持续的实力、出奇制胜的猛力，才能折服对方，冲入九宫，擒王取胜。他在排兵布阵中，很欣赏项羽那“力拔山兮气盖世”的猛力。他相信在这种拼死的决斗中，只能以绝对的优势控制对方，压倒对方，才能攻破城池，夺取胜利。因此，他在指挥作战中，见兵吃兵，见将吃将。他相信“兵来将挡，水来土挡”的战法。总而言之一句话：凡是敌人，格杀勿论！

对于胜负的结局，刘棋长并不过分计较，能赢也能输，不愠不火，不喜不怒。赢了棋，形色淡然；输了棋，也是形色淡然。完全一副能屈能伸的从容心态。他追求的是心态的放松、头脑的灵活、肢体的健康，此外，并无他求。这也许就是棋长在小广场散发的正能量吧！

## 二

六年前的一场重病把志刚给撂倒了。本来一个生龙活虎的壮汉子病得四肢无力，疼痛难忍，直挺挺地躺在病床上，两条腿伸不直，收不回，站不起身，下不了地，走不了路。膝盖以下的小腿像无数锋利的钢针任性地乱刺，又像用钝刀狠命地撕拉韧带，而且是一点一点的慢功夫，撕得志刚浑身战栗冒汗，生泪直流，叫喊不已。

志刚的病震傻了全家人。本来遇上了顺风顺水的好时代，政策宽松，社会安定，再加上志刚旺盛的人际关系，商业活动中，要风有风，要雨得雨，优质的效益就像壮实的肥田水，源源不断地流进志刚的自留田。就在生意如火如荼，好日子如芝麻开花之际，他却摊上了这场劫难。

突如其来的病变吓坏了贤惠的妻子吴菊花：事情怎么会这样？志刚怎么会这样？慌乱中，她急急忙忙把丈夫送进市医院。

这里的医疗条件，虽不敢说一流或二流，但在当地却是实力最雄厚、设备最先进、条件最优越的。入院后，吃药、输液、护理无不到位，医生一拨一拨地会诊、检查，确诊为类风湿关节炎。这种病是“要不了命的癌症”，只能长期吃药控制，却不能彻底痊愈。随着时间的推移，志刚的两条小腿严重变形、弯曲，使得中间一段几乎紧靠在一起，很难挪动；肌肉严重萎缩，小腿没有胳膊粗，伸不出，弯不回，疼痛难熬，生活不能自理。病变击中了全家人的中枢神经，首当其冲的便是志刚本人。他忧虑、愤懑、无奈、憋屈，心里乱糟糟的，理不出个头绪。尚小的孩子还需要他，负重的菊花也需要他，商铺的经营更需要他，这个稚嫩的家庭离不了他！他是这个家的顶梁柱，撤出顶梁柱，家会是个什么样子？孩子会是个什么样子？菊花会是个什么样子？这不是往死里逼她吗？他不敢多想了。

志刚了解菊花，也深深爱着菊花。几十年的风风雨雨，坎坎坷坷，都是相互扶持着一步一步走过来的，处处都留下了沉甸甸的记忆。青年时代，这对夫妻身无分文、无依无靠，凭着相互的关爱和对未来的追求，相携来到鄂尔多斯这块散发着生机的土地上谋生。人地两生，举目无亲，一切都要从零开始，一切都是迷茫的未知数，唯一感到踏实的，就是夫妻互相关爱的温暖和心贴心的慰藉。一加一，真的大于二！有这点就足够了！凭着这一点，他们全力以赴地打工，铺开身子苦受，粗活重活都干，寒冷饥饿都忍，怨、恨、憋屈都忘，勤劳致富的理念支撑着他们没日没夜地流汗。两个人扣过土坯，打过杂工，当过搬运工，干过泥水工。别人不吃的苦，他们吃；别人不干的活，他们干。饿肚子，受寒冷，累死累活，是司空见惯的事。每逢想到这些，志刚心里觉得特别内疚，脸上特别无光：一个七尺男儿让女人跟着自己卖苦力、受风寒，这样的人，还配做男人吗？还能抬头挺胸面对世人吗？想到这里，志刚的心中酸甜苦辣五味俱全，简直是寝食难安。在这种思想指引下，每逢吃东西时，志刚总是胡乱应付几口就不吃了，他要留给菊花吃；而且还要编出过硬的理由稳住菊花，比如肚子痛、吐酸水什么的不一而足。菊花是个绝顶聪明的人，她把志刚的关爱之情看得清清楚楚，感受得真真切切，深知丈夫的良苦用心。她知道寒冷，也知道饥饿，更知道珍视这份情感，并以此为光荣，以此为幸福，以此为满足。她总觉得志刚在打拼中，出的力更多，流得汗更多，受得累也更多，更需要关照。因此，她会一本正经坐在那里，亲切地看着志刚，不紧不慢地说："我是吃不进去了，你又肚子痛，放也没放处，只能是倒了——多可惜！"志刚心里一热，一下就明白了。他默默地端起碗，把饭吃光，肚子里是说不尽的温暖。

医院一住就是几个月。经过悉心的治疗，疼痛减轻了，病情却发展了：膝盖以下的两条腿严重变形，弯曲碰撞，僵直麻木。如此下去，就要变成一个废人了！那将会给志刚带来多大的压力呀！每想到此，菊花都是不寒而栗。

志刚的心里更是一百个难以接受：这也叫人生？这也叫生命？这也叫生

活？人生应当是有目标，有承诺，有追求，有担当，最起码对亲人、对孩子、对家庭、对菊花，应当如此。现在这副病歪歪的样子算个什么？顶多算个出气的活死人，是一个沉重的包袱，谁知这包袱要背多久？志刚心情沉重，郁郁寡欢，茶不思，饭不想，似睡非睡，似醒非醒，不管白天黑夜，心里就想着一件事：怎样让自己这残破的生命为家人、为菊花带来一个最易于接受的结果！

这段日子，菊花的心都要碎了：志刚为这个家，谋划了大半生，辛苦了大半生，没日没夜地付出，从来无怨无悔。现在楼房有了，孩子有了，票子也有了，日子过得有滋有味，社会又这样好，安定繁荣，老百姓天天享清福，谁知志刚却成了这个样！她忧愤、叹息、流泪、痛苦，打定主意，下定决心：即使耗尽财力，拼尽力气，也要让志刚站起来，重新行走在大街上。

从小生长在河北大平原上的这对夫妻，深受中原文化熏陶，老祖宗传下来的理念成了他们精神生活的一部分。即使在家庭生活中，他们依然严格遵循着男主外女主内的生活准则。家里的大小事都是志刚做决断、定方向。菊花不过是在志刚决断之后，才一心一意辅佐着他把事情办好，至于其他事情，并不需要菊花过多去操心。当然，菊花也有自己的想法。她觉得志刚一个大男子，如果遇事优柔寡断，受女人左右，那对他是多没面子的事啊！这样的窘迫让他在人前怎样抬得起头，直得起腰，保得了颜面？

志刚病倒后，菊花变成了一个强势的女人。她有决断、有主见，摆在她面前的中心大事就是想尽一切办法，让志刚重新站起来！

## 三

经过漫长的治疗，志刚要回家康复了。菊花的心里快速地闪过一丝热望：通过到位的护理、持续的治疗，志刚变形、变细、肌肉萎缩的腿，也许能重新站起来，行走在人潮涌动、车流轰鸣的大街上。想到此，她的心里甜丝丝的，但又觉得这种期盼有点虚脱、渺茫，心里空落落的。菊花长长地出了一口气，狐疑地打量着志刚。

说到护理，菊花是个地地道道的门外汉，相关的知识一点也没有。自打从小起，粗话、笨活、脏话、累活样样都干过，力气没少出，汗水没少流，劳累没少受，都是家常便饭了，从来也没怕过，日子就是在辛苦和劳累中送走的，唯独没有护理过病人，尤其是像志刚这样的重症病人。不过，路总是人走出来的，她相信自己能护理好志刚，并且能护理出一个满意的结果。她了解志刚的为人，了解志刚的秉性，了解志刚的病情，他是个有骨气、有决断、有行动、重效果的人，遇事情，有杀有放，在以往的生活中，曾有很多暗坎险道，看似无法逾越，却一路都闯过来了，相信这一次也会战胜疾病，创造奇迹。

自打医院回来，护理志刚就是菊花的重中之重：吃饭、睡觉、起床、洗漱、吃药，洗脚、活动、按摩，样样做得准时到位，恰到好处；即使夜深人静，也不顾疲劳，一如既往。志刚在按摩中困了、满足地睡了，菊花随着手掌的推按放缓，也歪着身子睡了。有时看到这样的景象，志刚的心里隐隐作痛，满肚子的憋屈品不出个滋味，一个劲地翻腾难忍。且不说菊花大半辈子跟着自己受苦受累，操劳辛苦，单说这眼前吧，一个向五十岁靠拢的人，家庭要她管理，孩子要她照应，商铺要她经营，自己要她护理。无时无刻的忙碌、没日没夜的操劳，而且是长期的车轮战，即使是个铁打的人，也会累垮的。志刚实在忍受不了妻子这种自毁式的劳碌。为此，他说过，劝过，喊过，骂过，菊花都是一脸甜笑，常回应的也就是两句话：咱这不是临时性的特殊情况吗？等你全好了，咱自然就正常了！话语间流露出必胜的信念。苦难中，两颗心贴得更紧、更牢、更有力了。

菊花制定了合理的康复计划，志刚坚定地配合与支持。等到训练下地了，菊花从左侧把志刚抱起来，辅助他做下床的动作。志刚两条麻木的小腿刚刚伸出一点，又颤抖着收缩回来；他咬着牙，抱着腿，哆哆嗦嗦的，就是不遂人

意，直至累得满脸流汗，生气、愤怒。菊花累得浑身流汗，规劝、指导。只有一米多一点的地方，成了一道真正的坎，就是跨不过去。

这一次的下床训练在志刚的心里留下了难以消退的阴影：康复是一件多难的事啊！古人说：病来如山倒，病去如抽丝。这抽丝简直等于要人的命。这样耗下去，自己起不来，菊花也累倒了。老天真是会捉弄人！志刚的心里闷闷的，理不出个头绪来。

菊花的心里也很沉重，深知这一次对志刚的打击太重了，要治好志刚的病，首先要让他从精神上放松，思想上减压，用自己的爱，消除他的闷。于是，她把关爱之情熔铸在日日夜夜的护理、点点滴滴的小事、轻轻松松的生活、看得到前程的希望中。从此，菊花的护理像背书一样准确、流畅：早晨起来，熟练地帮助志刚穿衣、洗脸、漱口，恒温的水，适量的牙膏；一样的笑脸软语，一样的体贴入微，一样的不厌其烦。志刚有时坐不稳，菊花就轻快利索地上手了，语言与动作一样准确到位、恰到好处，护理志刚像护理自己一样熟悉。说到吃饭，志刚的喜好菊花是了如指掌的，每次吃完，他的额头总是要沁出一层密密的细汗，打上两声长长的饱嗝，菊花才满足笑起来。下床与行走的锻炼是护理的中心主题。菊花的严格与精细是敢于和教科书比照的。自从能下床，每次都是志刚的左胳膊架在菊花的左肩上，右手扶着拐杖，菊花的双手护着他的腰，小心翼翼，全神贯注，像护着一件价值连城的艺术品，不敢有丝毫马虎。那是多艰难的举动，多痛苦的无奈，多坚强的意志，多难能的选择！三个月过去了，志刚终于迈出了一小步，只有五寸长的一小步。“一”，是个伟大的数字，有了“一”，就会有千万乃至无穷。这样的结果喜得志刚合不拢笑口，菊花堆笑的脸上清泪一颗赶着一颗掉下来。

不需要赘叙艰难的日日夜夜，不需要重复真情的点点滴滴。爱心是伟大的，爱情是有力的。志刚自如地骑着菊花给他买的那辆“大安”牌电动三轮车，行走在洒满阳光的大街上，向大杨树走去。

# 芳芳

二十二岁的芳芳，是一个睿智、干练的阳光女孩。中等偏高的个头，甜甜的笑脸，黑葡萄似的眼球，落落大方的举手投足，处处释放着聪慧与活力，在内蒙古大学这所塞外名校，即将读完第四个年头的学业，迎来社会就业的关口。

这四年，让她倍感幸福与眷恋。青春之花在这里绽放，学业水平在这里提高，体魄精神在这里成熟。上学，作为生活的一个过程，暂且就要画上句号了。回想起那些学识渊博的名师、环境优雅的条件、锐意进取的青年学子，常常汇聚在静默的阅览室，就在时间悄无声息的流逝中，芳芳的自身素质与日俱增。对这点，感受最深的还是疼她、爱她、在她身上寄予厚望的父母。平时，父亲并不多说什么，只是在满意中观察，在无语中思索，有时像个导师，做一些独到的点拨，话虽不多，却很有分量，像从天而降的飞来物，在芳芳情感的湖面上激起银链似的水花，让她感悟、让她清醒、让她幸福、让她享受。这是亲情的暖流，这是父爱的纯洁，这是对女儿的厚望。年近五十的母亲，总是把满意写在嘴角、眉梢。芳芳就生长在这和谐温暖的环境中。

学校的生活即将成为过去，芳芳面临着人生道路上第一个真正的挑战——社会就业。这些天来，她每次走在这花草浓郁的过道上，走在众多青春步伐的节奏中，都在思虑一个问题。这是一个无法回避、无法绕开、无法通融的硬关卡，只能凭着过硬的实力、稳定的心态、灵活的头脑，准确的判断，一路前行，战胜困难后，才是胜利的坦途。这是一段难熬的时间，神秘与压力，焦虑

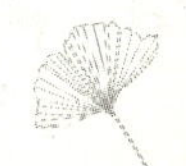


与期盼，是生活的主要佐料。

当下，就业的第一关便是笔试。且莫说这层层关口上的把关者是不是“公”字当头、一碗水端平的清廉者，单就报考和录取人数的悬殊比例就让求职者紧悬的心头倒吸一口凉气：在近百人的录用名额中，报考者竟在万人以上！在五百个标准考试的教室里，平均五个教室里仅有一个幸运儿。谁人不为此张口结舌、欲言无词？这是名副其实的“百里挑一”。竞争的难度、淘汰的残酷、落选后的无奈，是每一个求职者不得不面对的现实。

面对着如此压力，芳芳的感应神经似乎麻木了。她不会思考，也不去思考，只把它当成一场普通考试。尽管考场很严肃，气氛很紧张，对她却没有形成任何影响。她只管考她的试，只管做她的题，其他的一切似乎都是无谓的存在。时间到了，她的题也做完了，一切似乎水到渠成，自然得有点让人有点难以相信。最后，她从监考人员那里获知：试卷会被运到北京统一判阅，十天后通知结果。

回到家里，芳芳才感到一丝紧张，那是一种深层次的、绵密的、持续的、无法排遣的紧张，一阵阵袭来，涌上心头，纷乱繁杂，让人理不清头绪，打不起精神。虽然她觉得试题完成得还不错，但在万人竞争的应试中高手如林，哪怕一个字、一个标点的疏漏与差错，都会成为阻碍前行的壁垒。谁能保证自己就没有这样的瑕疵呢？想到这些，芳芳茶不思饭不想，郁郁寡欢，无聊中不停地玩弄着手机，翻过来，调过去，连自己也不知道要看什么，不过是在消磨时间。爸爸、妈妈、爷爷、奶奶都知道芳芳的心事，找机会给她说些宽心的话：“长期疲劳后，现在要好好休息一下，考试的事，就不要想了！”“这样残酷的竞争，谁都可能遭淘汰！恢复一下再努力，以后的机会多得是！”话是温暖的，道理是不错的，可芳芳就是心不由己。

信息传媒时代给生活带来诸多便捷、机遇和欣喜。时间的阻隔已成为历史，地域的距离不再视为天堑。就在笔试结束后的第十天，芳芳的手机上清晰地传来一条喜讯：王芳芳同学，请你务必于某年某月某日，到呼和浩特某某中心参加面试选拔。

这真是爆炸性的喜讯。芳芳看得惊呆了。此时的她，甚至怀疑视力的清晰、内容的真实、讯息的准确。她下意识扶了扶眼镜，紧盯着手机的屏幕，一个字一个字地仔细读起来。那些文字组成的讯息像雕刻在屏幕上一样，清清楚楚传递着确凿的内容。得到再三确认的芳芳此刻心花怒放。这些天盘踞在心头的乌云顿时消散，全是太阳的笑脸。她要把这盼望已久的特大喜讯以最快的速度告诉给最关心自己的亲人。首先，要告诉二爹和二妈，他们一样疼芳芳、爱芳芳、扶助芳芳；他们和父母一样，都是芳芳的精神支柱和靠山。当远在北京的二爹听到这个特大喜讯时，连续从话筒那头传来三个深情的“好”字。芳芳的心醉了。

芳芳家离呼市并不远，火车、汽车都很方便，而且这些年来，往返于学校和家之间，都是芳芳一个人行走，从来没有什么差错。但父母觉得这次面试时间虽短，意义却十分重大，非比寻常，家里虽忙，也就是几天的事，一定要双双陪女儿去呼市。芳芳对这次面试更有如临深渊、如履薄冰之感，生怕发生什么意外。现在的淘汰率依然是严峻的十比一。

芳芳来到面试大楼，这里已经汇聚了很多人。大家均沉默无语，静静等候。这分明是一场更现实、更直观、更残酷的优胜劣汰，谁敢掉以轻心呢？

面试分两步走：先是把这些从未见面的求职者以相等的数量分组，然后提出一个问题，在限定的时间内共同讨论，形成共识，得出结论，写出报告，这是整体性考察综合水平。其间的优胜劣汰是自然的过程，全面考察面试者的专业水平、沟通技巧、团队精神、协作能力。选拔的原则是“能者上，庸者让，劣者退”，没商量。接下来，以不确定的方式、不确定的内容，从面试者的逻辑思维、语言表达、精神气质、应变能力，甚至外形气质，进行全面考察。芳芳在面试全程，始终心态平静，头脑清醒，带着甜甜的微笑，自如地回答提

问。在一张娃娃脸的背后，是滴水不漏的成熟；在险要关隘面前，是落落大方的畅达。芳芳的表现获得了在场人员的暗暗赞许。

面试结束后，芳芳彻底放松了。现在的她像个在风雨中连续跋涉的旅人，只感到周身肌肉、大脑系统、神经末梢，都处在过度的紧张亢奋中。她实在是太疲劳了。眼下，她亟须一次清债式的休整。芳芳对休息的渴望就像饥饿者对食物的渴望，只要求得到，不管质与量。至于面试的结果，她管不了，也不想去管，那是招聘单位和组织部门的事：如果通过，单位会通知；如果不过，着急又何益？这就像银行的存款一样，是自己的，连本带利都可取，不是自己的，难道上手抢过来？芳芳放松了一段后，若无其事地到驾校学起了开车。

家人唯恐芳芳焦虑，表面上平平静静，内心却都很烦乱：现在依然有十比一的淘汰率，谁能保证芳芳十拿九稳？即使真的有戏，谁又能保证不会被“狸猫换太子”？

那是一个晴朗的星期天，阳光跳过高楼的阻隔，清清亮亮地照在爷爷奶奶住的三楼。芳芳正随意地玩弄着手机，突然，一条要命的短讯清晰地出现在屏幕上：王芳芳同学，请你务必于某年某月某日，到呼和浩特某楼签订聘任合同。这一次，芳芳不再犹豫，不再怀疑，看的同时，顺口念了出来。全家凝神了。爸爸激动得血往上涌，顿时，脸色红红的，泛起一层光亮；妈妈张着嘴笑，说不出话来，只好快步走过来，照着女儿的脸就是一阵狂吻；二妈在厨房里高声说“祝贺芳芳”；奶奶的脸乐成一朵花，霎时年轻了十几岁；爷爷站在屋子中间，若有所思地说：“芳芳的录取得益于变动中的大环境啊！”

# 病床札记

可恨的病魔终于迫使我住进了友谊医院。

初春的北京，清晨五点刚过，天空依然弥漫着静默而浅淡的暗色。朦胧中的一切都很宁静，很安详，很协调，显示着大都市的胸怀与气魄、活力与神秘。病房里的一切在柔和的灯照下显得格外清晰：双人床、立柜、读书桌、输液架、床头柜、传呼器，依次排列，散发着周到温馨的情调。只有走廊中的药用小车不时以清脆的轱辘转动声，打破走廊中的静默，那是护士为病人输液、打针或做定时的理疗。

我支撑着身子悄悄起床，穿好衣服、鞋子，手扶床头或墙壁，尽量不发出声响。我轻轻拉开门，独自在走廊散步，借以增强体质，恢复体力，又不能惊扰一直陪床、刚刚睡着的儿子。他们俩实在是太辛苦了！这些天来，每天二十个小时以上的输液已成为一种模式，他们轮流值班，一熬就到凌晨三点左右。此时，孩子睡得正香，脸色深红，鼾声轻起，传送着有规律的节奏，我怎么忍心打扰？

我以输液架为拐杖，在宽敞的走廊里尽力迈开步子、挺直身子，速度快一点，走得稳一点，借以活动身体的各个部位，包括筋骨、肌肉、内脏和大脑，为的是早日康复、早日出院、早日恢复自由。其间，碰到年轻的护士们。她们投来关切的目光，送来浅浅的微笑和关切的叮嘱：慢一点，稳一点，适可而止！随着话音的消失，我的身体已经走进了病房。

走廊的活动即将结束时，酣睡中的儿子被阳光撩醒了。眼看天已大明，他

翻身下床，拉开窗帘，打开窗户，流动的晨风换来满屋子的清爽，带来新一天的朝气与活力。新一轮的疗程又开始了。

首都人的时间观念令人肃然起敬。每天早晨六点半，太阳的红光刚刚漫过楼群，护士站的小药车便准时在楼道发出细碎的欢叫声，新的忙碌拉开了序幕。她们爽洁的身姿按时出现在病床前，熟练地量血压、摸脉搏，紧接着便是漫长而无奈的输液。为了多次输液，一次性扎针，她们把针头埋在血管里，在针头的外边连着套管，用时，只需把液体瓶的管连在套管上即可，既方便，又省时，还减少了扎针带来的疼痛——她们多聪明啊！尽管想了很多办法，输液终归是一件难熬的事：大瓶瓶、小瓶瓶、大袋袋、小袋袋，中间还有针剂加入的液体。一旦套管套上了，就是二十个小时的熬盼，对人的神经、毅力、情感都构成了真正的挑战。

我斜着身子躺在病床上，怎么躺，怎么不舒服：肢体麻木、皮肤疼痛、感情郁闷，心理承受着极大的压力。两个儿子为了调整我的身姿和情绪，采取了很多办法，首选就是看电视。在病床对面的墙上，挂着四十英寸的液晶彩电，随时可以收看。在我精力尚好、头脑清醒时，他们就打开电视，选我爱看的节目，为的是吸引我的注意力，转移我的关注点。这一招真有效！随着电视中多彩画面的展开，矛盾冲突逐渐起伏，人物命运开始浮沉，我的情感渐渐与之相融，时间一分一秒过去，我输液过程也告一段落。每当看到我精神困倦、昏昏欲睡，孩子们便悄然关上电视，让我在困倦中进入梦乡。

输液时遇到的瓶瓶袋袋，没什么可说的，最让我发怵的是营养液。这些黏稠得像玉米面糊糊的营养液量最多，天天必输，无法躲避，从上午一直输到深夜。针管不好进，血管不好进，全凭熬时间。进不了血管的液体便向附近的皮层渗透，手指、手背、小臂，都胀得红红的、亮亮的，酸麻疼痛，不敢碰触，让我从生理到心理都甚感无奈，无以复加。艰难中，我想起父亲生前常说的一句话：得病身无主，犯法身无主。我现在是身不由己，犯愁又能怎样？我曾向护士提出："请转告医生，营养液我不输了，饥饿自己忍。"医生当然是不同意的。

我的狼狈处境两个儿子看在眼里，急在心上，忙碌在行动中。护士王晨说："山药切成片，贴在痛处，可以消肿止痛。"东子当即到北京街头买回山药和水果刀，军子很快去皮削片，贴在肿胀处——别说，还真神！红肿很快消散了。这个妙方一直伴随我之后的日子。

人在危困中，生活无味，神情郁闷，时日难熬。此时此刻，最需要的是亲情，最宝贵的是亲情，最暖心的也是亲情。亲情是精神的支柱、温暖的源泉、不竭的原动力。这种亲情是细微的、具体的、琐碎的，却释放着无法计算的力度和热度。

这次住院，并不是患了什么顽症恶疾，只是一个普通手术。但既然是手术，就要在肌体上动剪、动刀、动激光，在神经交汇处去腐、去死、去病体，疏漏和失手很难避免，任何细微的疏漏都关系着生命的走向，谁又敢掉以轻心？由此产生了马拉松式的输液和一周的停食，而且不知会得到一个什么样的结果，心里压力很大。

儿子是细心的，整日以细微的关爱温暖我的心。每当营养液一挂上，我心里就很沉闷。那黏稠的液体好像不会流动似的，看一次，高度不降，时间在走它却不走；再看一次，还是纹丝不动。着急有什么用呢！这时，儿子就利用时间，用热毛巾为我洗脸、洗手、洗脚、擦皮肤。反复如此，皮肤发热了，神经放松了，周身舒服了，力量增强了。这就是亲情的效应和力量。在百无聊赖中，儿子为我修整指甲。我的指甲平时就修剪得少，尤其脚指甲，形状很不规则。儿子看了，不嘲笑，不指责，而是一个一个修剪，一点一点剪平，细心认真，好像修理的不是指甲，而是一份稀世珍品。

我住的病房，智能化程度虽不高，人性化程度却是很高的。床的尾部装有自动调节手柄，根据病情、理疗、体能、患者意愿，可随时调节角度，甚是方

便与随心，给了我太多的满足与新鲜。

术后的第一张照片就是在昏睡中由红红拍摄后转发给万里的。对我这次手术本来就悬心的万里，看了照片后震惊了，他怎么也想不到几天前还行走自如的我，突然变得如此困顿、如此乏力、如此憔悴不堪。于是，他丢开手中的活计，全心想着我的事，每天以三个电话的频率，和我儿子深入联系。每一次的通话都报以诗人的想象、实干家的细致、文学家的语言、骨肉兄弟的赤诚，从大到小，周详到位，生怕有疏漏，生怕有失误，生怕马失前蹄，甚至对我儿子有这样的话："你们弟兄治好你爸的病，功德无量，回来以后，三爹为你们庆功洗尘！"听着这滚烫的语言，感受着这滚烫的真情，享受着这滚烫的亲情，让我思绪万千，感慨不已，更增强了我战胜病魔的决心。

三人同心，其利断金。我告别了北京，告别了友谊医院，告别了二十号房的病床，飞回了鄂尔多斯。为了记住这段难忘的历程，我写了一首别友谊医院的诗：

老干新枝又一春，
青杨翠柳绣成景；
冲天长啸离京去，
鄂尔多斯最宜人！

# 寿衣

选寿衣，是生活永恒的内容，虽然在不同人的情感层面会引发不同的细微变化，但谁也无法把这个概念从生活中抹去。

这个词出现在我的生活中，如一个惊叹号般意想不到地出现在饱含情感色彩的句子的结尾，给我带来了强烈的冲击和震撼，不断折磨着我难以承受的心。事情之所以能和我拉起关系，是因为我和老伴都已向八十岁迈进，虽然身体还算健康，精神也还不错，头脑依然清醒，在顺心生活的享受中，时间就像高铁路上的机车，时刻飞速向前，一年的时间也就像出门旅行走了一趟。在这样的条件下，准备寿衣，看来也是顺理成章的事了。

寿衣？我不知道老伴思虑了多久，终于向我提出了这个问题："今年是闰月年，是做寿衣的理想年份，在我们身体还健康、精神还不错的时候，选一套自己心爱的衣着物品，饱一饱眼福，也会让我们对百年之后的事更舒心，生活更惬意！"看样子，她似乎还想再往下说，也许是担心我有不同的意见吧！

听到她说"心爱"两个字，我的心重重地沉了一下，随即又轻松起来。这是以我俩一辈子相互支持的生活背景为依据的。在几十年忙忙碌碌的生活中，我们有时过得很顺当，充满了幸福和欢乐；有时也过得很辛劳，充满了重压与困惑，生活就是酸甜苦辣、五味杂陈的味道，我们天天都在品尝。在漫长而短暂的岁月中，以她的衣着打扮而言，是很难找到有特色的心爱服饰的。从青春年少，彼此走到一起，到白发丛生，相互照应，她上衣的色调只有两种：秋冬多为蓝色，夏季多为白色，年年如此。如果说，她也曾穿过花色服饰，也只

能是白底上起一些碎碎的素花而已，而且一穿就是很多年；大红大紫的艳丽服饰，她一件也不曾穿过，即使后来娶过儿媳，孙女也长大了，不时给她买些颜色稍艳的衣服，她是既要照顾孩子们的爱心，又要做适当的选择，不拒绝，也不全然接受，兼顾两头，一贯如此。怎么现在突然想起了“心爱”？出于对她情感转变的支持和爱护，我不假思索地同意了她的意见。很快，我们就去布店选材料、签合同，郑重其事做起了寿衣。虽然是一件小事，却是和最终的命运联系在一起的。

回想起流逝的生活历程，还真让我伤感不已。虽然我对老伴提出做寿衣的想法持积极态度，但心头泛起的冷落却怎么也排解不掉，如丝如缕的情思，缠搅着我的心，似乎越勒越紧。我们的生活，有过青春时的精力充沛，也有过中年时的日见成熟，以及如今尽享天伦的耄耋时光。不同的生活进程中，我们从来都是各忙各的，齐心协力，共同维持这个充满希望的家。我从来没有陪她买过衣物首饰，一切都是由她亲力亲为，想不到今天陪她买满意的衣服，竟然是寿衣！我的重压、我的痛惜、我的内疚，一波接一波地袭过来，让我不得安宁。有个声音告诉我：说不定在哪天早晨，或是某一个傍晚，就会是我们和寿衣相亲相拥的时刻。现在，我就要和老伴相携着办好这件事。

当说到选择满意的布料和颜色时，老伴的脸上现出了动情的喜悦，那喜悦不是开怀大笑的洒脱，也不是津津乐道的陈述，而是兴奋的神经释放出准确的嫩色，分泌在面部每一个毛孔里的自然、轻松、兴奋，凝聚着让人怦然心动的震撼。她的这种表情给我最直观的感应是，她是一个重情重义、爱惜生命、热爱生活、热爱世界的人，即使联想到生命的最后时光，依然是一个追求精彩、追求亮丽、追求完美的灵魂。此时此刻的我，除了协助她完成这个美好的夙愿之外，还能有什么赘言呢？我在心里发出了难以承受的长叹。此时，我的思绪特别活跃，往事像电影镜头，清晰地映现着我们的生活历程。几十年的人生路，不论是顺境还是逆境，不论脑力劳动还是体力劳动，日出日落，斗转星移，我们总是相互依靠，相互扶持，在忙忙碌碌中走来，说长不算长，说短也不短，但从来也没有想过，我们会相随着去做寿衣。

衣着和人的才貌气质没有必然的联系。就老伴的身材模样而言，青年时代的她，虽算不上沉鱼落雁、闭月羞花，但样貌姣好，见过她的人，没有不夸赞她的。二十世纪六十年代初，在父母的主持下，我们在塔拉沟的山坡下，一孔土窑洞里操办了婚事。婚礼场面、新房的装修，以及老伴的服装简单得不能再简单。婚礼的仪式只是在土墙不太光滑的墙面上，以线毯为背景，挂了一张毛主席像，四围站了村子里不少看热闹的男男女女，我和老伴站在中间。她的衣着随意朴素，留在脑后的两条燕尾短辫竟然是用黑毛线扎起来的。自那时起，一路忙忙碌碌的老伴从来就没挑过什么心爱的颜色，如今，要挑了，却是寿衣。我的痛楚与震撼不打一处来。民间相传，闰年做寿衣，是长寿的征兆，我又能有什么异议呢？

我们来到寿衣店。不甚宽敞的店面，排满了丧葬文化规范的各种面料，精致、大方、品位很高。店主是个五十多岁的男子，精明、内行，有很强的沟通能力，他除了推荐闰年做寿衣的民俗之外，还极力宣传丧葬文化，显得老道、渊博。老伴在窄窄的布料中翻看着、比较着、询问着。店主看到我们认真的样子，干脆把布料搬到柜台上，指点着面料、图案、相应的文字，一一介绍它们使用的灵活性，从普通的铺金盖银说到传统的龙凤图案，从相应的规格尺码说到准确的文字点拨，从里到外，从铺到盖，从头到脚，讲得饶有趣味。他还特别提到，不能穿皮子，不能穿带毛的东西，以防转世效果不好。我听了只觉得好笑：人的生命只有一次，到哪里去讨来世？不过这种虚诞的文化还是很有说服力，老伴在选择棉衣面料时，在几叠红色面料前，反复比较，似乎在做最后的考量。我提醒了她一句："上红儿，下红女，咱们没有闺女，下身就选淡蓝色的吧！"老伴还是一如既往的脾气："上红下也要红，我还有三个孙女，让她们以后的生活红红火火，世代相传！"我再没有说什么，心想：中国人总是

很看重后代的发展与前程，这样的用心一直延续到选择寿衣上，总是期盼着子孙兴旺、社会发展、国家富强，多么难能可贵的境界！面对如意的布料，我们在做最后的选择。

# 老伴老了

冬日的太阳，照亮的时间很短，下午五点刚过，余晖就化为淡淡的暗影，从山头、楼群、树梢的高处淡下来。暮色愈来愈重，城市依旧生机盎然。街头的人流、车流依然来去匆匆，追逐着各自的梦。

从西园新村楼角处现身的老伴，在拥挤的人流中特别醒目：胖胖的身体、缓缓的步伐，匀速地移动着，彰显着她特有的个性。她上衣浅绿的底色上绽放着带叶小花的图案；棉袄厚厚的、暖暖的，合身得很；下配浅灰色纹理黑裤子，足踏乳白色厚底运动鞋。风吹着她散乱的薄发，发丝做着无序的操练，秃顶显得特别醒目、特别明亮、特别刺眼，在傍晚的寒风中，显得那么无奈、那么无助、那么失落。在不算拥挤的人流中，每一步都踏得很匀、很重、很吃力，就在左脚着地的瞬间，她竟然出现了难以控制的颠簸，一下一下的，形成一种节奏，伴随着行走的步伐。我深切感受到：老伴老了，她的青春、她的年华、她的追求和理想，都抛洒在流逝的岁月中，往事汇成她鲜活的影像，潮水般涌动在我的记忆中。

时间回溯到1962年的腊月二十六，传统的年味浓浓地裹挟着人们的心，家家忙碌，户户准备，大家小家不得消停。就在这喜气浓浓的忙碌中，我由两家都信得过的介绍人陪着去泊尔江海子乡陈德奎村相亲。

那天天气晴好，阳光满地，视野一览无余；多情的喜鹊以踩高跷的绝技，站在大杨树的枝条上，尾巴一翘一翘地唱颂歌。我们来到一户背靠小丘、坐北朝南、颇显气派的农家：房子整整齐齐，院子干干净净，既不见家畜的走动，

也不见柴草的抛洒，彰显着主人的勤劳与喜好。四十三岁的女主人正端着白泥盆，拿着白泥刷，跳上跳下地粉刷正房。一位头脑清醒、谈吐锋利、性格豪爽的老人陪着我们闲话。得知我们是来相亲的，老人显得很兴奋，也很健谈。他既熟悉我的爷爷，也熟悉我们的家庭，又很有政策水平和时代意识，谈起话来底气很足，像是家庭事务的决策者和发言人。他吸着旱烟平静地说："我们是干部家庭，按政策办事，闺女找对象不收彩礼！"如此闪亮的语言不时出现在老人的谈话中，让我听后大吃一惊，不由对这位老人、这户农家刮目相看，敬意油然而生。

时间过得真快，不知不觉日头已走向西天。刚刷完正房的大婶放下刷子过来看我们，但见斑斑点点的白泥挂了一身，推门进来，满脸堆笑，释放着掩饰不住的喜色，未等我开口问候，她便抢先说："我就想给改转找这样一个女婿！"语气不温不火，却让我惊错不已，感动丛生。一位看似普通的母亲，胸怀是何等坦荡，性格是何等豪爽，为人是何等的敞亮！且不说这事成与不成，单说大婶的这种品格就让我敬重一辈子。

话题越来越切近，气氛越来越融洽。就在此时，我现在的老伴从供销社回来了：二十刚出头的女青年，伊盟一中的学生，良好家风的熏陶让她为人端庄，难以估量的前程让人刮目相看。我们就在大婶刚粉刷过的正房相见了。

她个头适中，不胖不瘦，健康红润，神态自然优雅，站在大镜子下边的红油躺柜对面，不说一句话，似乎在用心品味其中的深浅。她从头到脚，穿得整整齐齐，不见一丝灰尘，不见一缕皱褶，很难想象她就生活在农村这个大环境中。最让人惊叹的还是她的容貌：面若玉盘，不施朱，不着粉，朴实无华；皮肤细腻，有光泽，五官匀称，尤其那对双眉，如烟如雾，给人以无限遐想。虽然我们都在探测对方，却都装得若无其事。

闲话姑且省去，就在第一次相见后不久，我们很快就在故土成家了。婚后的经历无非是故土的奋斗、吉尔格朗图的青春、锡尼镇的晚年。想起这些地方，就想起老伴的业绩、老伴的肖像、老伴的为人。每次回忆起来，都是那样的亲切和揪心。

她的到来，在故土是一个很具有轰动效应的事件，人们吃惊、感叹、疑虑、担忧，一个俊模俊样的中学生就这么来到格德尔盖做了新媳妇，也算是前不见古人了。这样的事、这样的人，打上灯笼也找不到！这让那些娶不来儿媳的大妈大婶心里痒痒的，时不时都要去看上一眼老伴当年住的土窑洞。但在一帮小兄弟眼里，这却不算什么，他们把话干干脆脆撂在那里："这样细皮嫩肉的上画美人能吃棉蓬、灯香吗？能吃山药苦菜吗？能顶着风沙耕田送粪吗？能不怕风吹日晒雨淋吗？"大叔们听后，重重地点点头，长长地叹口气，自言自语道："谁叫咱们格德尔盖穷呢！"说罢，赶着羊群向西山坡走去。

春风吹开了农人的希望与追求，社员们开始翻粪了！队长虽然没给老伴安排活，但人们还是争相要看新媳妇如何面对这一切。就在此时，她在房后的小路上出现了，头上扎着两条燕尾小辫，穿一身半旧的蓝布衣裤，足蹬一双白胶鞋，肩扛一把发亮的铁锹，顺着小路，不紧不慢向羊圈走来。人们的眼前顿时一亮，露出了说不尽的喜悦与赞叹，纷纷露出笑脸。彼此的感情通融了，相互的距离拉近了。从此以后，村里的农活她样样都干，耕田、送粪、夏锄、秋收，早起晚睡，顶风冒雨，都是家常便饭。老伴出人意料的举动赢得了村民普遍的赞叹，不久，便以全票当选为生产队会计，随即被组织部选拔为借调干部。

她的举动得益于良好的家庭教养和学校教育：长期的言传身教在她的精神上筑起了人生的高度和追求的亮点，在困难面前不逃避、不退缩、不怨天尤人，这就是她的精神支柱。

吉尔格朗图，一个普通的地理名词；吉尔格朗图，黄河臂弯里的一块粮仓宝地，这里记录着老伴生命的黄金时段和难忘的生活记忆。

二十世纪六十年代后期，随着时代的脉搏和生活的节奏，老伴陪我来到这

块土地上。寒暑烈日、晓星圆月，一住就是十六个春秋，青春消逝了，岁月流走了，脸庞变瘦了，眼角的鱼尾纹发芽了，两个儿子健壮地成长起来了。这里成了她生活中名副其实的第二故乡。

第二和第一，两者多么切近，顺序多么紧密。但在现实生活中，却相距十万八千里。我们初到吉尔格朗图，人生地生环境生，无依无靠，举目无亲，锅、碗、瓢、盆、柴、米、油、盐，所有生活用品都须从零开始，尤其叫人无奈的是，当时的粮食政策是统购统销，谁也不能特殊。无奈中，我们只能省吃俭用，以瓜菜代粮，舍出身子赚钱，弥补生活的急需。这期间，老伴拿起铁锹，开垦别人丢弃的草皮地，一锹一锹翻过来，种成庄稼；自己喂猪，背柴，为家庭解决了不少困难。整日间，她捅树、和泥、翻土，在持续的操劳中收获着宽松、友情、信赖、好评。几年下来，她被聘为代课教师，不久便以盟级优秀教师的身份得以转正。

时间的流逝不废不弃，生活的溪流时缓时急，在吉尔格朗图这块生命荟萃的土地上，我们度过了难忘的十六个春秋，后被双双调回锡尼镇。就要告别这块热土了，也许是生命中最后的经历吧！1983年8月17日早晨，朝夕相处的同仁们汇聚在当地的旧居为我们送行，笑脸阳光般灿烂，祝福春雨般滋润。大卡车启动了，带着沉重、带着劲头、带着希望前进，我们的心里充满了眷恋。在这块土地上，我们收获了友谊，收获了发展，收获了物质与精神的充实，也收获了家庭的温暖与孩子的成长。吉尔格朗图，我们迈步的踏板；吉尔格朗图，我们前进的助推器；吉尔格朗图，我们命运中的福地，不管走到哪里，此生此世，我们永远记着你！

车子在沿河大地上急速奔驰，我的心里掠过一丝隐忧：一完小就在旗政府的所在地，是教改的前沿、人才的中心，汇聚着各路神仙和手眼通天的人物，有近百名教职工和两千名学生。以老伴直率的个性和不善言辞的表达，能适应这里的新环境吗？事后证明，我确实是想多了。自从老伴回到一完小，每逢年终或六一儿童节，年年当先进，奖状、枕巾、床单、毛巾被等奖励品准时往家拿。她很轻松，我也很轻松；她很舒心，我也很舒心。一直到退休，她仍是扛着红旗走回来。这是一份付出、一种追求、一种境界，这种精神伴随了她的一生。

退休后，老伴远离了单位，远离了繁忙。这期间，不时有学生电话问候、上门探望、相邀聚会，情感是浓厚的，态度是真诚的，内心是尊重的。当年那些不懂事的孩子，出落成身披亮色的精英、才气横溢的学者、腰缠万贯的巨富，但在老伴的面前，个个都是谦恭、真诚、崇敬。他们那不掺杂质的纯情告诉我：老伴是他们儿时仰慕的明灯，这明灯温暖了心灵，照亮了前程。这份爱让他们记忆一生、温暖一生、幸福一生。

薄暮中，老伴跛着左脚，一步步向家走来。

# 宝柱叔

宝柱叔是我儿时心头的楷模、仰慕的典范、精神的高度。虽然同处在这片洒满汗水和泪水的故土上，但与宝柱叔的正面交往，却少之又少。

记忆是沉重的。1947年春夏之交，人心惶惶，愁肠百结，人们以粗糠野菜度命，草根树皮被吃光，卖儿卖女，家破人亡。死神将至，人们像热锅上的蚂蚁纷纷想逃，却又不知逃向何方。

就在这样的氛围中，我当了小牛倌，处境十分艰难。每天早晨，妈妈用沙蓬草配以粗糠蒸就早饭，尽管家人你一碗我一碗，争相进食，我却一口也吃不下去，只要闻到这个味道，胃就翻滚得直想吐。母亲怕我饿，临走总给我装上两块这样的窝头，然而经太阳一晒，味道更糟，无论怎么饿，我都吃不下。肚子空得没办法，就趴在河条上，饱饱喝一肚子水。八虚岁的我以每头牛六斤小米的工钱放了二十头牛，既是自救，也是救家人。然而，牛倌生涯的顺畅却是和宝柱叔分不开的。

当时的村邻看着我没吃没穿，年小体弱，精力难济，认定我的牛倌生涯长不了，因此不仅不给小米，甚至想把赶来的牛再赶回去。就在这紧要关口，宝柱叔把自家一对耕牛稳稳当当送到我的牛群。这是对我生命的关爱、能力的肯定、职业的支持。我怎能不感激呢！

耕牛送来没几天，宝柱叔就高秤送来十二斤金黄色的小米。这在当时就是金豆子，就是金不换，就是人命！这是对生命的关爱，是美好人性的分量，体现了人品、人格的厚重。由于宝柱叔的抬爱，其他牛主也纷纷效仿，相继送来应该付的小米。这久违的农家产品带着汗水的清香、泥土的厚重。一百二十斤的小米拯救了危机四伏的家庭，母亲的心里该有多高兴啊！我长久地感谢宝柱叔。

此后的日子里，每次耕完田，卸了牛，宝柱叔总是带着困乏的身子，迈着缓慢的步子，把耕牛送来。饥饿与劳累催生出他满脸细密的汗珠，碎纷纷地拥挤在额头，周身挂满了田间的尘土，一双惯于忍耐的眼睛洞悉着周遭的一切。每次来，他都要看到耕牛入群，情绪稳定，牧场没有异情，再关注地看上我几眼，才放心地离去，言行中总流露着长者的关爱。

其实，宝柱叔是有胃病的，病痛加上劳累，精神早已不支，可那颗长者的爱心，却驱使着他天天如此。年幼的我，虽不懂什么滴水之恩的回报，心里却总是涌动着深深的敬仰。每当宝柱叔卸牛的时候，我就把牛群准时赶到他耕田的地方，让耕牛一卸套绳，就入牛群，免得宝柱叔送牛往来辛劳。

在和宝柱叔的交往中，我懂得了许多，充实了许多，猛然间，似乎觉得自己长高了，长大了，认识提高了，行为合理了，心里生出一种新鲜别致的情愫。我把这种感触说出来，和哥哥们交流，述说我对宝柱叔的敬意。谁知话题刚露头，他们的话匣子就打开了，带着神秘，带着喜色，滔滔不绝，如泉涌动。宝柱叔的新鲜故事像巨石碰撞后闪射的火花，清醒、亮丽，连续不断，让人惊喜，让人陶醉。这个外表文弱、少言寡语的普通村人，似乎浑身都缀满了新奇。

就说近来的抓壮丁吧！这两年，战事吃紧，人心慌乱，时不时抓兵，人们的头皮总是发紧，提心吊胆地过日子。那是一个星月全无、伸手不见五指的暗夜，国民党军政人员潜入村子又来抓兵，瞅准宝柱叔少言寡语，为人老实，就让他带路，专门冲着有壮丁的人家去搜查。宝柱叔对此心知肚明：路是必须带的，但脚长在自己腿上，该怎么走，那是自己的事。他领着这伙人，黑灯瞎火，跌跌撞撞，专冲着恶狗最凶的人家走来。山村的狗，个个凶狠，敢拼命，

下死口，听到风声就进攻，不待抓兵的靠近，群狗就疯狂地冲了出来，速度飞快，凶猛异常，转眼就攻到脚下，张口就狠咬小腿，叫人猝不及防。慌乱中，抓兵的开了枪，气氛一时更紧张，引得全村的狗齐声狂叫。听到风声的青壮年知道事情有变，慌乱中逃出家门，钻山渠，进草林，霎时逃得无影无踪，抓兵的扑了个空。看似文弱的宝柱叔不声不响地救了无数人。

这一年的盛夏时节，按惯例，我照旧把牛群赶到宝柱叔家附近，红日当头，强光曝晒，人困牛乏。这是一段希望与危机交替的日子。大田里的庄稼都长足了，山药黑绿黑绿的，都有尺数高，把地面封得严严的，嫩白嫩白的花朵很精神地铺了一地，谁看谁欣喜；糜黍都已吐穗，长长的，密密的，负重的穗头深深地低下来，在风中摇曳；玉米粗粗壮壮的，红缨大茂，个头高，棒子稠，籽粒就要成排成行挤满顶；瓜菜葫芦也是遍地青葱。救命的作物就要到口了，这对灾区的百姓无疑是天大的喜讯。人们开始做好梦了。然而，眼下正是夺命的关口，以往的粮食颗粒不存，树皮剥光，粗糠吃尽，能吃的野草吃遍了，救命的野菜也吃完了。当时的局面是场空、库空、肚子空，人们正处在生死的交接口。

就在这个节骨眼上，乡里派来个催粮的黄干事。这时催粮相当于催命。姓黄的是一个瘦猴子，梳着背头，露着金牙，手提马棒，面带凶色。他对付百姓的秘诀是：三句好话不如一马棒！在酷烈的毒日下，叫来面有菜色的农民，把粮食派在一个姓廉的农民头上。那人瘦得可怕，皮包骨头的架子，风吹倒就会打烂。叫他去哪里找粮食？只因这个人说了几句请求宽限的话，就招来黄干事异常的动怒、狠毒的马棒。破衣烂衫的农民躲无可躲，雨点似的马棒砸下来，哪里招架得住？围观的群众惊呆了。

只见宝柱叔铁青着脸，黑白眼球闪着冷色，快步向前，举起右手，用力一推，稳稳架住黄干事凶狠的马棒，张目怒斥道：“没见过你这样催粮的，三句话没说完就动手！现在晌午了，要打也等吃完饭！”人们的心里又是一惊：是不是要引来更大的祸害？大伙儿都屏息凝神，拭目以待。让人们更吃惊的事发生了：黄干事竟乖乖地收起了马棒，停止了这场闹剧。

宝柱叔的举动令我长久回想我们这个以农立国的社会，过去多少年以来，国家的负重都被压在农民身上，历史的纤绳也被套在农民肩上，他们出泥入水，忍辱负重，像泥土一样忠厚，却像草木一样轻贱。人人似乎都可以向他们撒野，拿他们出气，然而，真正到了生命的危急关头，忍无可忍的他们会在胸中燃起冲天大火，烧毁一切障孽，烧出一段崭新的时日，烧出一段清明的历史。这就是宝柱叔的举动给我的启示。

这一年的秋天格外冷，几场秋霜后，清冷刺骨的西北风带着沙尘，从山坡上一股一股卷下来，急速向前飘去，天地间弥漫着灰黄的暗淡。这些日子，村里的风声更紧了，人们神神秘秘地议论着前方的战事，都想听个明白，但谁也说不清楚，只是抓壮丁的更多了。他们常常深入村子，暗访青年，发现目标，迅速动手，绳捆棒打，拉去当兵，送上前线，充当炮灰。为人只有一条命，有谁愿意去送死？青壮年夜夜不敢回家，回了家也不敢睡个安心觉。

收拾完场面后，宝柱叔赶着毛驴去独贵，走在一个叫红崖子的地方。秋阳西斜，悬挂在库布其的半天，泛着淡淡的灰白。四野死一样寂静，只有那起伏的沙漠、沉默的山梁、荒寂的长沟，构成特定的孤独。

就在山路的拐弯处，突然出现了几个人。但见两个抓兵的押着一个青年，五花大绑，反剪着双手，吊得高高的。宝柱叔心里一惊，思谋着应对的办法。那青年脸色青肿，左侧嘴角挂着淡淡的血痕，满脸的恐慌与无奈。宝柱叔要行动了！当他们迎面走到一起时，宝柱叔陡然变色，丢开毛驴的缰绳，快步向前，照着那个青年的脸就是几个很响的嘴巴。人们吃惊了。宝柱叔边打边骂道：“好你个不孝的东西！你妈躺在炕上，不吃不喝几天了，说不定现在就没命了，日夜盼着你回来，让我到处找，原来你在这里啊！要当兵，可以，先回去埋了你妈再说！”那青年如梦初醒，双腿扑通一声跪在黄土地上，哽咽着说：

“二舅，我不孝！我不是人！我不是人！”说着，泪水就流了下来。抓兵的上前阻止，宝柱叔慌忙从口袋里摸出两块光洋递上去。当兵的眼前一亮，掂着沉甸甸的大洋，贼溜溜地走了。

余晖放亮了，四周依然寂静，宝柱叔领着那个失魂落魄的青年快速行走在弯弯的山路上。

# 高原家话

## 泪洒高原

日出日落，斗转星移，寒暑易节，岁月流逝，父母在格德尔盖那缓缓的山坡下、静静的荒渠畔，居住了一辈子，操劳了一辈子，付出了一辈子，光阴变换，突然一日，在痛惜中撒手人寰，豁然辞世，长眠于故土的山坡下，留给我们年复一年无尽的思念。

时光重溯至一九九〇年的正月二十四。朝霞嫩亮，凉风沁肺，高原苍莽。远处的沙丘半裸半露，近处的树木笼罩着淡淡的烟云，渐散渐淡。房舍整洁，炊烟缭绕，锡尼镇沉浸在平静的恬淡中。清晨，一轮浑圆的晓日跃出地平线，喷光吐焰，饱含着勃勃生机，仿佛刚从水里打捞出来，鲜亮鲜亮得诱人。密集的金光射向环宇，照亮四野。又是爽朗和幸福在高原上涌荡的一天。依地势高低筑就的草原小城锡尼镇，房舍整齐，密集相依，以充实的静默与和谐相融合，是一种自然美和人工美的自然组合，笼罩在轻纱般淡紫色的烟雾中。炸烈的爆竹声此起彼伏，飘旋着淡淡的烟霞，就像人们欢乐的心潮，延续着浓重的节日氛围。街道里巷，大家小户，虽然持续着大规模的拜年，祝贺的活动即将划上满意的句号。但迎来送往、请客吃饭的序幕，正在热情中悄然拉开，在酒香、肉香、情深、歌甜中编织着生活微妙的情趣。

轻松的气氛让人徜徉在节日的温馨中。

大约午后三点左右，檐头的暗影在地面被整齐地拉宽，送来了几分凉意，小院子静静的，往日的客人踪迹全无，连鸟雀也不见飞鸣，只有时光在悄然流逝，有序地排演着交错的美景。突然，一辆摩托车粗重的喘息声搅混着刺鼻的油烟味，蓄着力气，发着狂吼，卷着黄沙，在大门外颤抖着停了下来，似乎传递着某种情绪。

这种交通工具在渴望交通便捷的普通牧民那里是极为走俏的，尤其是在市场经济大潮的激荡中，被喻为“牧区软黄金”的羊绒，是商家垂涎欲滴的抢手货，加之皮肉毛都是利润丰厚的摇钱树。在如此快节奏的商战中，更成了商家聚财的期盼、获利的神经，在市场上本来是司空见惯的。然而令人惊讶的是，我是个沉迷于书堆，领着中学生反复冲刺高考的人，从来无暇也无意顾及商行。尽管市场潮起潮落，我却视而不见，远离彼岸，独步行踪，来者实属稀奇。

客人推门进来，原来是世代同居的邻家小弟。他衣着端庄，神情紧张，一对急速转动的黑眼球闪露着慌恐，令我暗暗吃惊。我忙让座，拿烟，倒茶。他不坐，不要烟，不接茶，一对闪亮的眼睛紧盯着我，急忙说：“大哥让我通知你，我拜佬①病得厉害。”他咽了口唾沫，继续说，“让你把寿木和老衣拿上，赶快回去……”

顷刻，我的心如坠千斤重石，压抑得喘不过气来，大脑嗡嗡乱响，一片空白，思绪如旋风般反复折腾，怎么也转不过这个弯。怎么会这样呢？父亲因偶然的原因，在七十二岁的高龄上，跌折了胯骨，在生活难以自理的艰难时刻，于一九八五年六月二十六从他居住了三十六年的塔然高勒乡格德尔盖村四队，随我搬到锡尼镇居住。启程时，在亲友们的探望与送别中，在解放牌汽车粗重的喘息与震颤中，缓缓地离开熟悉的山坡，离开了多年居住的老屋。父亲默默看着故土，看着送行的人，一语不发，黯然伤神。从那时起，他虽永远离不了

① 拜佬，以及后文出现的“拜妈”，皆为当地方言，用作对同村邻居长辈的称呼，相当于“叔叔”“婶婶”。

双拐，却能以此为助力，随心所欲地往来，生活能自理，精神也轻松，心境一如凌晨的天空清清净净的。怎么突然会这样呢？问题如一个打不开的死结，拧着异样的沉重，怎么也解脱不开。村子里没有电话，更没有手机，虽然相距只有几十里，却毫无联络的办法，得不到更准确的信息，唯一能做到的就是急匆匆地通知了二妹和三弟。这也算分解了我精神的重压吧！

疑虑重重，手忙脚乱，我们在沉重中有序地准备着。转眼已是下午五点多了，太阳灰黄灰黄的，滑向西边的山峰。大街小巷依然人来人往，延宕着节日的氛围。一辆草绿色解放牌汽车拉着早已为父亲油画好的寿木，沉闷地穿行在锡包公路上，发出烦人的呼啸声。车尾拉上了长长卷动的烟尘，如一条蜿蜒的游龙，奔出了锡尼镇，沿着锡包公路，扭动中向东滚滚前行。痛苦汇成的眼泪憋满了心，转在眼眶的泪珠，有如抛落山坡的豆子，骨碌碌地滚下来，任意抛洒。我心里反复翻腾着同样的问题：无数次晨昏夕月、风雨雷电中往来于高原上的父亲，曾踏破多少艰难，迎接了多少挑战，现在真的就这样永远地告别了山岭、村落、沙漠、土路？永远地抛却亲人、老屋、故土，走向一个令人无法探求的世界？

傍晚的高原景象从车窗外急速闪过：黑岑岑的沙蒿模糊地排列在沙丘上，绘就了高原的苍凉与荒漠；裸露于其间的沙丘、沙海、沙浪、漠然无语，寒冷中散发着悲凉的情绪；淡雅的竹机清清净净的，把坡下的洼地挤得密密实实，在风中发出窸窸窣窣的碎语，暗藏着几分凄凉。父亲将逝的噩耗沉重地撕裂着我的心，丝毫不得解脱。

喘息的汽车离开了黄土便道，向左打了个急转弯，在一户农家院落外稳稳地停了下来。黄泥夯筑的院墙并不高大，坑坑洼洼的，记录着岁月的沧桑。坐北朝南的三间土屋清晰地画成“一”字，硬实的土院平整宽阔，彰显了主人的情趣。父亲独自住在中间一个较小的房间里，紧紧地吸引着我们的心。

同样紧张的大哥听到我们回来，急忙从院子里迎出来。虽然黑乎乎的暮色中景物不甚分明，仍能看到他脸上浮着掩饰不住的惊慌，声音短促而颤动："先回我住的家，先回我住的家！"这语气给人一种捉摸不定的神秘。我的心里陡然一沉：父亲已经走了吗？此刻已经成了历史人物？止不住的泪水任意抛洒，所幸没有发出哽咽。

我们黑着脸，揣着一颗重压的心，紧张地坐在大哥家的土炕上。待大嫂分别递上茶水后，大哥沉重地推测道："看来是输多赢少了！"我的心里又是一惊：父亲还活着！还能在弥留之际见上一面！接着，他详细介绍了二十四小时以来的病变和现状。我们很快聚集到父亲的房间。

并不宽敞的小屋清清净净的，一灯如豆，景物清晰可辨：靠墙安着一副铁火炉，炉边放着一个褪了色的铁皮暖壶，壶边放着一个茶碗。父亲的枕头垫得高高的，头迎上，脚迎下，顺睡在凉爽的地方。但见他双目紧闭，脸色深红，呼吸粗重，一副极度疲乏的样子。呼出来的每一口气，都显得很沉重，很乏力，似乎随时都有永远安息的架势。这情形促使我们团团围在他身边，一声接一声地哭喊："大爹！大爹！你醒醒！你醒醒！我们都回来了，你再看我们一眼！"任我们声泪俱下，苦苦哀求，任我们心急火燎，声声呼唤，父亲依然是双目紧闭，脸色深红，一副去意已决的神态。沉重的气氛令人窒息，父亲的现状令人心碎。就在这焦虑灼人的时刻，心情同样沉重的小军俯在爷爷右侧，深情地连声唤着："爷爷！爷爷！"别说，还真有效！父亲在艰难中有了一丝感应，在绝情的不归路上甩开一切纠缠，再度回首儿孙。只见他用尽了平生力气开启了沉重的眼皮，目光微露，瞳仁稍转。相信他已清醒地看清了在场的每个人。可刹那间，他又双目紧闭，沉沉昏睡，两颗晶亮的泪珠从眼角无声地滚落下来，一直滚到脸颊的尽头。我们的心也随之跌入冰冷的天际。

我们痛苦地为他做最后的送别。深夜十一点多了，风偶然从夜色中卷过，四野一片静默，父亲的精力一阵差似一阵。大姐似乎用颤抖的心在说："把出门的衣裳穿上吧！"我们都板着脸，流着泪，无可奈何地同意了。衣服是早就准备好的，整整齐齐包在一个蓝布包袱里。我们纷纷动手，把内外衣服一件一件从头到脚，从里到外，给父亲穿好，系好纽扣，扎好裤带，穿好鞋袜，戴好帽子，最后送慈爱的父亲去那无忧无虑的世界……熬到深夜十二点三十分，老人家最终撒手而去，留给我们无尽的眼泪和揪心的痛苦。

## 圣地长眠

父亲辞逝后，我们空落落的内心填满了痛苦。这痛苦是精神的沉重、情感的压抑、心灵的折磨，致使我们烦闷少神，一切都无从谈起。父亲的灵魂云山雾海不知落脚于何方，已无从探求，当时众人最现实的愿望就是选一块令其遗体得以安息的风水宝地。

正月的北方，天气奇寒，大雪封山，扭动的白毛风任性地飞蹿于天地之间，一派滴水成冰的凛冽。我们怀着虔诚的渴望、急切的心志，带着专家往来于故土的山山岭岭，一坡一洼仔细查看，远山近水用心品味，研讨选择，目光最终锁定距旧居西北不到两公里一个长坡。这里背靠浑厚连绵的山脉，一直延伸到很远的深处，苍莽厚实，不见残缺。面前是一条飘逸的黑色油路，坦坦荡荡，来去十分方便；脚下是一条延续了亿万年的清流水，日夜不停地流淌，宁静安详，白天阳光温暖，夜晚月光朗照。这不正是天赐父母的福地吗？叫人拍案称奇的是，这里太像父亲的出生地了。

一九一三年旧历五月初十，父亲出生于陕西省府谷县庙沟门乡郝家畔塔村。父亲出生的土窑洞背靠着浑厚连绵的山脉，通向云雾深处，门前是一条大川，长流水日夜不断。祖上留下的窑洞依山临川，向阳避风，地面仄小，回旋余地不大，小门小户的小人家，仅够维持基本的生存。门前一条大道，直通县城；垴畔后的山顶上，蜿蜒着残破的长城；对面的山架高深隐秘，古来就是铁马冰河的争锋之地，狼烟骤起的烽火台。川中的流水白天闪烁着阳光，夜晚映

照着星月，常年滋润着两岸的农田，造就了山脚下规模不等的园子地。

父亲的到来给这个家庭带来了说不尽的期盼与欣喜。一心盼兴旺日月的爷爷在连生两个闺女之后再得一子，可谓是天遂人愿，诸事顺心。当时，水旱田并重，山梁地共收。他老人家有着一手油画好手艺，是远近闻名的画师，粉刷彩绘、泥塑木雕、人物景致，都在其涉猎范围内，加之其人缘厚重，交往广泛。人气旺带来财气旺，财气旺带来好日子。父亲的到来无疑是锦上添花。顺风顺水的日子里，父亲长到六岁，为小家庭的生活增添着轻松与快乐。就在这时，爷爷竟因肚疼病（约莫就是阑尾炎）而辞世。这是怎样的出人意料！这是怎样的猝不及防！往日红火的日子、温暖的家庭、大有希望的前程，一下子砸得七零八落，惊得奶奶一下子辩不清东西南北。始料未及的悲痛化成流不尽的泪水，冲尽了家庭往日的活力。白日里，小窑洞里凄凄清清的，连锅碗瓢盆、炕地炉灶也被抹上一层浓重的凄凉。往后的日子谁知道会走到什么地步？晚上，孤独的月光照进冷漠的窑洞里，难熬的奶奶只有翻转叹息，看儿儿小，看女女幼，自己一个妇道人家面对如此残局，能有什么办法呢？祸从天降，人力难回啊！在以往小家庭的生活中，如果把过日子的琐事比作一副担子，那么挑重担者自然是身强力壮的爷爷。有他在，一百个放心，奶奶充其量也不就是个整理担子的人，夫妻俩互帮互助，小日子过得有滋有味的。谁想到，爷爷突然丢下担子，不管不顾地撒手而去，这对奶奶来说无疑是晴天霹雳。

庙沟门的郝家畔塔村密密麻麻分布着几十户人家，房舍错杂，彼此相连，都是清一色的王姓子孙，彼此间都了如指掌。爷爷辞世引发的剧变，村里人都看得真真切切：年轻的寡母带着年幼的儿女，这在彼时的岁月中，无疑就是走上了绝路。对此，奶奶想得比任何人都更多、更深、更透。当前的家境真是马尾提豆腐，提不起来了！在纷乱如麻的愁绪中，她能抓住的就是最后一根稻草——儿子就是她的命，儿子就是她的全部，儿子就是她的希望，只要儿子在，希望就永远在。幼小的父亲成了奶奶心中最安稳的靠山。她要不惜代价，不顾艰难，把幼小的儿子拉扯成人，重振家门。正是这一点支撑了奶奶其后几十年的岁月，成了她终生的精神支柱，艰难中唯一的主心骨。

## 男子汉

良好的家庭结构是家庭成员健康成长的基本保证，这点毋庸置疑。爷爷的辞世就像一座房子的门面墙轰然倒地，使年仅六岁的父亲被迫暴露在社会的风寒中。

不管家庭成员怎样变化，生活总要继续下去。但失去了爷爷，这个家处处是难事，处处叫人提心吊胆，难于应对。就说一日三餐吧，在普通的人家这是再平常不过的小事了，然而就是这样的琐事竟成了当时令一家人天天悬心的事。从远处山架里一路流淌过来的长流水到了奶奶家门前，仍是翻波涌浪，清清冽冽地来，清清冽冽地去，与往常并无两样。生活饮用、浇灌园子，都用门前这条长流水，它给生活带来希望与便利。然而，对于年仅六岁的父亲来说，吃水却成了一件悬心事：从小院子下到水流，约有两丈以上的土崖。老辈人为了取水方便，在土崖上凿就距离相等的脚窝，要用水了，提着木桶，踩着脚窝，一步一个坑，稳稳当当，上下十分方便。看现在由谁来承担这样的重任呢？奶奶行吗？一米七以上的个头，配上一双不足三寸长的尖尖小脚，在平地上行走尚且难以支撑，何况是徒手提回水来？命运早已把这件事安排在父亲身上。要打水了，奶奶先把绳子拴在父亲腰上，结成死疙瘩，另一头绳子紧紧捉在手里，以距离的远近放松绳子，直到水边，再由父亲半桶半桶地取到够用。正可谓，穷人的命天照应！虽然父亲还是个孩子，却已挑起了生活的重担。

生活的奥秘无外乎柴米油盐。俗话说得好："烧在前，吃在后。"山岭纵横的庙沟门，出门就是山，左看是山，右看也是山，山顶上露着割裂幽深的蓝天，覆盖着青褐色的大山。这样的荒沟野山，不知在多少世纪之前，就埋下了丰厚的煤层。那是取之不尽，用之不竭的黑色金子啊！足够的热度和亮度壮实着人们的生活底气。这里的煤层厚、煤质好、易开采，是取之不尽的宝物。爷爷在世时，正月刚过，就赶上自家的大黄牛，整日往来于炭窑的路上，不知不觉把院子里的炭窑放得满满的，才停工罢手。烧火做饭用炭，那简直就是易如反掌。如今，爷爷突然走了，这炭由谁往回驮呢？家庭的困境逼着父亲上，因为父亲是这个家里唯一的男子汉。

河对岸是祖上留下的园子地。这里地势低较平整，灌溉方便，土壤肥沃，气候温暖，收了夏田还可以种一茬小日期晚秋作物，旱涝保收，一年吃两茬庄稼，人称“金不换”。在这块熟悉的土地上，年幼的父亲曾多次跟着爷爷奶奶下田来。那是一份希望，一种乐趣，一种幸福和温暖。如今，爷爷撒手而去，去哪里寻找这份轻松和浪漫呢？在春晨的轻寒中，浑身顿觉冷飕飕的父亲赶着牛，扶着犁，孤身只影地在山脚下耕田。伴着矗立的大山、压抑的青天，幼小的父亲挑起了成人的担子。庙沟门的山架里，是野狼出没的地方，当地人或家畜常在此遭野狼的袭击。狼这种动物，野蛮而血腥，当它饥饿难忍或寂寞难耐时，常常嚎叫，凄厉恐怖，互相应和，在田里营造出一种特有的恐怖，令人毛骨悚然。狼群发现了年幼的父亲，目射蓝光，野性四射，露出贪婪的狡黠。每逢这样的时刻，父亲便感到头皮发紧，冷汗直冒，吓作一团，急忙叫住牛，停下犁，把自己藏在牛中间。这是当时安全系数最高的掩护措施。直至被大人发现，赶走恶狼，父亲才从惊惧中缓过神来，继续耕作……

回味这样的往事，常让我们心情沉重。父亲儿时的家庭条件比我们儿时要好得多，然而他大半辈子出泥入水，辛苦劳碌，忍饥挨饿，冷寒受冻，最根本的原因就是爷爷的英年早逝。我们儿时的处境远不如父亲，但我们的人生之路，是父亲做梦也想不到的敞亮，更不要说孙子辈的发展了。我们的幸运之处在于拥有一个完整的家，父母顶住了所有压力，培养我们读书识字，上学念书，为我们创造了尽可能好的条件，才使我们能有今天的一番作为。

## 新立人家

结婚成家生子对父母来说，是新生活、新人生的开始，也是长年累月辛劳过程的开始。这种境遇不论是在热土故乡的郝家畔塔，还是在大西北山梁薄地的格德尔盖都一样，为此，有苦父母吃，有累父母受，有难父母当，他们以不屈的心态熬了一年又一年，不顾压力，想方设法培养我们上学念书，走上新生活的康庄大道。艰难中的父母对家族的贡献不言而喻，然而，说到父母的成家，则有点寒酸得令人难以启齿，用母亲的话说就是："没穿没戴，没铺没盖，吃了上顿没下顿。"其清苦艰难可见一斑。从老辈人闲谈中得知，父母于饥荒遍野的一九二九年，由老人做主，草草组合了家庭。每当回忆起成家时的光景，母亲总是心有余悸地说："人吃人，狗吃狗，飞禽乌鸦吃石头！"

一九二九年，整个北方大地从春到夏滴雨未落，天地间热浪灼人，田野一片枯黄，放眼见不到绿苗，晋、陕、蒙、绥等地寸草不生，饥民遍野，逃荒要饭者络绎不绝，卖儿卖女者随处可见。草根吃尽，树皮剥光，饿殍千里，死骨暴野。一片凄惨景象！父母就是在这种大背景下走入婚姻，能有什么欢庆的场面呢！何况爷爷去世后，由奶奶操持的这个家更是举步维艰，困苦异常，哪有操办喜事的能力？

穷也罢，富也罢，在不经意的变迁中，父亲成了真正意义上的父亲。1934年4月，大哥首先降生在这孔狭小老旧的土窑里，给全家带来说不尽的惊喜与厚望，加之他生得白白净净，一脸憨态，人见人爱。全家人把所有期待都集中在这个光鲜的小生命上。厚重的希望与期待左右着这个贫寒之家未来的走向，大家在看不到亮点的茫然中，探索着未来的生活。

又是一个夜深人静的时刻，又是一次推心置腹的倾谈。在压抑的气氛中，

院子显得很宁静，只有风或紧或慢地撞击着树木，发出或长或短的喧嚣。一灯如豆，屋里抹上了一层渐远渐淡的菊黄。四爷爷斜躺在下炕的枕头上，和一脸凝重坐在前炕的父亲敞怀倾谈。已经连续几个晚上了，老人家目光深沉敏锐，语调舒缓而凝重，结论式地对父亲说："男子汉生在世上，理所应当创家立业。故土虽然不缺暖窑热炕，人熟地熟，但就凭这山岭沟岔，谋个兴旺太难了！小河难调大船！年轻人只要舍出身子、舍出力气，往后的道路还长着呢！"

一九三五年旧历二月，惊蛰已过，乍暖还寒。太阳灰蒙蒙地悬在东方，冷风直往衣角里钻，穿透了人们的心。"送行的饺子接风的面，走遍天下事好办。"吃罢奶奶的送行饭，心事重重的父亲在熟悉的小院里拉牛套车。故土难离啊！现在就要踏出走草地的第一步了！母亲则抱着两岁的宝贝儿子，心慌意乱地等待着启程。奶奶面色苍白，神情木然，默默地站在小院里，任晨风吹着自己散乱的头发……四爷爷等人关切地出来送行。只见身板健壮、脸色红润的老人家朗声叮咛："一路上早走早住，保护好娃娃！"一句平常话却听得父亲如鲠在喉，直掉眼泪。他叫住牛，转着泪对奶奶说："妈，炭你只管烧，我每年都会回来给你驮的……"说罢，赶着牛车沿着川中的大道，步履沉重地离开了老家，向西而去，直到二十个年头之后，我十四岁回老家见到奶奶，提起这桩揪心往事，奶奶仍是语气平静、满怀深情地诉说当时的心境："你大走了，我想；走的时候，我不哭。他是领着你们一家刨闹生活去了，往后还要回来的。"言语之间，满溢着对儿子深沉的爱，她对儿子的行动无比信任，对眼前的分离无比宽容。奶奶还说："你大走得那天，我一直站在小场面瞭着远去的一家人，没梳头，没洗脸，没吃饭，没喝水，也没打扫屋子。直到太阳下了山坡，月亮照到小场面，才回到自己的窑洞里。"这就是父亲充满离愁别绪的走草地。

初春二月，寒气袭人。牛车摇来摆去，悠悠进入了暖水。对峙的山峰静穆高耸，川中的大道上冰层依然覆盖着水面，纯净的冰层下是哗哗的流水，有节奏地东去。母亲坐在牛车上，小心翼翼地紧抱大哥，神情专注而紧张；父亲则是一脸严肃，紧拉着牛缰绳，不时挥动牛鞭，稳稳站在车辕两侧，引导着大黄牛依着轨道前进。车轮和冰层有序地撞击，发出嘁嘁喳喳的碎裂声，让人忐忑难安。离岸总算不远了，父母悬着的心稍稍平静下来。就在此刻，冰水一下子没到大黄牛的嘴巴。车辕与车底板同时浸泡在冰水中。冰凉的水没到人的脚面，慌得母亲抱起大哥，颤颤悠悠地跪立起来，不知说什么好。父亲见状，猛地跳到水里，捉紧牛缰，拉紧套绳，帮着大黄牛使劲拉车。车轮在冰水中吃力地转动着，时间在紧张的气氛中不紧不慢地过去。大约一顿饭的工夫，牛车终于上了岸。总算脱离了险境的父亲浑身水淋淋的，在傍晚的轻寒中冷作一团。四野寂寂，寒风峭利，在茫茫的暮色中，落难般的父亲借居在山洼深处一户居民的家里，衣服表面积满了细碎的冰。

这是一户贫穷而善良的人家，小门小户，空荡荡的屋子里仅有一只菜缸，炕上围坐着无精打采的夫妻俩。看着夜色中父亲冰凉寒战的样子，女人急忙端来炽热的火盆，母亲则蹲在炉口为大哥烘烤衣服。主人家忙不迭地烧火做饭，直至晚饭后，父亲才从夜寒中缓过神来。

夜色浓重，四野寂静，唯有夜风嘶鸣撞击，发出尖利而恐怖的啸声。突然，隐约的马蹄声由远而近，杂沓响来，小屋里的气氛顿时紧张起来。谁能知道在这暗夜里会发生什么事呢？随着一股寒风卷动，进来了三个凶巴巴的兵，一个个粗蛮横暴、凶神恶煞，狂妄得仿佛要把人一口吞下。它们自称是准旗王爷的兵，要挨户盘查红军。看那架势，好像这屋里的人就是红军。父亲心里清楚，现在是遇上真正的麻烦了。当地的住户人熟地熟，自然不是他们要盘查的对象，唯有自己落难而来，自然成了重点盘查的对象。果然，当兵的耀武扬威，轮番紧逼，看样子不盘查出个结果，不会罢休。父亲态度谦和，嘴皮磨破，好话说尽，当兵的就是不依不饶。父亲担心的不是自己的安危，而是怕失掉大黄牛，生怕这几个当兵的在暗夜里连人带车扣回营盘，杀了大黄牛，再让人无限期地服役。如果是这样，就等于这个家毁了。情急中，他从怀中掏出二两自产的大烟送给对方，三人才缓和了口气，贼眉鼠眼道：“看你还算老实，明天一早自己来向王爷交代吧！”说罢扬长而去，一阵杂乱的马蹄声消失在夜色中。

惊魂未定的父亲，唯恐当兵的会突然折回来，再找麻烦，酿成难以挽回的恶果，为了保全一家三口的性命，为了找到生活的出路，他也顾不了夜黑风紧寒冷困乏，套上牛车，带着母亲和大哥，在寒夜中深一脚浅一脚地匆忙赶路，尽快离开了这个是非之地。就这样，日夜兼程走了七天，一家人来到母亲生活了十八年的大乌兰敖包。

这里是典型的梁外地貌，光秃裸露的山顶起伏绵延，寂寞地承受着岁月的苍凉，荒野辽阔的草原，散漫着星星点点的牛羊，延续着远古的风光。住户寥若晨星，都已习惯苦撑苦熬的传统，即使丰年好景，依旧停留在“糠菜半年粮”的水准上。当地人口头最普及的祖训是：“贼来不怕客来怕。”言外之意，日子过得紧巴巴的。

在口里住了六年归来的母亲竟把这里当成久经向往的圣地、日夜萦绕的梦幻。那蜿蜒的山包依然是儿时的肤色，像一位慈祥的长者，朴实宽容、沉默不语，珍藏着生活的秘诀。远远望去，一层淡蓝色的云烟如纱似雾，盘旋缭绕，勾起了母亲儿时的情趣。羊群姗姗出没其间，散发着故土的温暖，受苦人那如泣如诉的山曲揭示着生命的苦难。就是这种单调的梁外风情竟让母亲神情激荡，思绪翻滚，双手虽然紧抱着儿子，却如痴如醉地沉迷于现实的梦中。翻过硬实的山峰，是一眼望不到边际的草原，这里记录着母亲童年的天真，镌刻着生活的清贫与温馨，联想到口里这六年出乎意料的艰辛与沉重，母亲的情感剧烈地起伏、碰撞，顷刻间变成涌动的热泪，一颗接着一颗，纷纷抛洒。这是一种境界，一种慰藉，一种解脱……当父亲的牛车终于来到姥娘家时，看到记忆中静默的山坡、熟悉的沟岔、松软的泥土、黄泥巴的院墙、温暖的土屋，母亲激动得情绪失控，泪珠飞涌。当她最终见到头发花白的姥娘时，两人竟哭作一团，长时间地哽咽，一时半会儿缓不过神来。至此，父亲如一株在狂风中飘荡的沙蓬，最终落脚在大乌兰敖包。

## 竭尽全力

大乌兰敖包像个色彩暗淡的流浪汉，在迷蒙混沌的模糊中，送走了千万年宝贵的时光。寂寞的荒野无边无际，狂风卷起黄沙遮天蔽日，恶劣的自然环境仿佛是远古的洪荒年代，十年九旱的气候使得植被稀少，山穷水瘦。虽然在低洼潮湿的土地上生长着细枝嫩叶，但经不住家畜与野兔的轮番光顾。生活在这里的居民大都过着饥一顿饱一顿的生活，保甲长还不失时机地摊草催料，派工应差，老百姓苦不堪言。

二十三岁的父亲来到这人地两生的地方，是真正意义上的单帮股人。特定的社会关系已经为他限定了未来的道路，长年累月在这举目无亲的荒野上，凭着力气，凭着汗水，凭着吃尽千般苦的信念，无休止地早起晚睡，出力流汗，只求站稳生活的脚步。在通往未来的道路上，究竟有多少坎儿、多少关在等着他，谁也说不清。每当举步维艰之时，父亲也悔恨自己丢开祖上留下的暖窑暖炕、旱涝保收的保命田于不顾，却蓬飘千里，来到这人地两生的荒凉地面，真是“鸡窝倒雁窝，一窝不如一窝”。尤其还丢下孤寡老母亲，令其饱受孤苦时月的煎熬，还要忍受思儿之苦。事情弄到如此难以回转的地步，父亲亦无话可说，只有一种选择，就是在苦难中不回避、不退缩，拼着力气创建一个属于自己的小天地。

姥爷是远道流落本地父亲的唯一靠山。通过远房本家的关系，他让父亲和二舅到离家两百里的黑龙贵（现在的亚什图苏木四大队）远耕种地，创立家业。这里是望不着边际的西北高原，纯一色的黄土一直延伸到天尽头，蓝天悠悠，白云悠悠，时光悠悠，荒原悠悠，大地上分布着疏密不定的狼毒、柠条、

梭梭，霸道地伴陪着大西北的荒凉。游走于其间的野马、野驴、黄羊、野兔，来也匆匆，去也匆匆，机警灵动，奔跑如飞，一群一群的，仿佛是这里阅历资深的原住民。孤零零的牛犋房子，孤独、矮小、清冷，它的存在本身就意味着一种荒凉。

清晨，在鸟儿的鸣叫声中，沐浴着东方淡紫色的微亮，披着高原略带凉意的晨风，父亲在不着边际的土地上朗声赶牛，躬腰扶犁，在耕牛摇来摆去的行进中，犁开了世代沉睡的牧场地，也犁开了一个跳动的热盼与丰收的希望。

父亲对土地怀着天然的亲近，抛洒的汗水是厚实的寄托与现实的期待。在世代荒寂的土地上，经过父亲的辛劳，悄然发生着可喜的变化。到了这一年的夏季，随着几场透雨过后，在茫茫黑龙贵草原上，成条成块的五谷织就的新绿犹如天女织就的彩绣，一条条，一片片，坦坦荡荡，洒洒脱脱。蓄势待发的苗苗绵延在西北高原，一个迷人的美梦正在汗水的浸泡中成长。

顺境与逆境、希望与失望，永远是一对情意绵绵的爱侣，总是形影不离。就以父亲用汗水收获的绿苗来说吧！随着庄稼的破土增高，叶片增宽增大，秸秆增粗增壮，引来的是精力充沛的野马、游走不定的黄羊、日夜毁苗的野鸡野兔，稍有疏忽，或啃食或践踏，成片成片地祸害，这可坑苦了年轻的父亲。那些野马个个膘肥体壮，毛尖上泛着油星，往往是成群结队说来就来，啃食践踏，任意祸害。大片的禾苗眨眼间就缺头断脑，枝叶荡然，甚至被连根拔起，惨不忍睹。见人来了，领头公马长啸一声，肆意狂奔，踩踏毁坏着庄稼。危害最大的当属黄羊。它们来时是几百只的大群，风一样地卷过来，成片的青苗转眼只剩秃茬茬，叫人哭笑不得。这简直成了年轻父亲的噩梦。自打出苗以来，他日夜不停地操劳，困了就地打个盹，饿了就是凉水泡饭，谁知待到脱粒、归仓，还要受到这样的精神折磨。

一个无依无靠的外来小户，栖身在陌生的草地，自打住下以后，凡有摊派的事，铁定跑不了，理由简单而现实：你家的牛大，就派你去应差吧！寒冬腊月，出门在外，其中的辛苦与无奈向谁诉说？只能默默装在父亲的肚子里。且不说破衣烂衫难挡风雪严寒，且莫说忍饥挨饿受苦受累，单说精神上的重压与折磨，就让他度日如年了。他最怕的事就是自己的大黄牛随时会被粗暴蛮横的衙门人给杀了。如果真是这样，就断了一家人的生路。每想至此，总让年轻的父亲胆战心惊。白日里没完没了地出工劳作，帮着大黄牛拉车；夜深人静，寒风料峭的时刻，又专注地守候在大黄牛身旁。他在似睡非睡中苦熬苦想，一定要改变眼前这种被动的状况。终于，他用自己的大牛置换了人家的一头小牛，还倒贴了两石糜子。亲戚邻居一片哗然，以为年轻的父亲在讨亏吃，干傻事。直至父亲去世，提起往事，二舅还感慨再三道："你大爹真能吃亏！"可其中的酸甜苦辣只有父样品味得最清。

## 陶红巴拉

讲述父亲的往事，既让人在同情中叹惋感慨，也让人在尊敬中怜悯痛惜。这样的事，在父亲的一生中时有出现。这里先叙他到了大乌兰敖包诚心诚意所做的第一件令人无可奈何的事吧！

在黑龙贵连续远耕种地的几年，是父亲翻身稳定的开端。新开的牧场地，土地肥力充足，后劲很大，耕种面积不限，又赶上连续几年风调雨顺的好年景，地上的庄稼都长足了，每到秋天，翻金涌浪，遍地丰收，几年下来，粮食急剧多起来。一家三口的小日子，很快就稳定下来：粮食日见充裕，吃的有，放的有，再不是初来时的捉襟见肘，吃了上顿没下顿。这就是父亲苦一点、汗一点换来的现实。

靠天雨吃饭的大乌兰敖包地瘠民穷，十年九旱，老百姓饥一顿饱一顿。隆冬季节，大雪封门，眼看着当地一个老住户生不着火，揭不开锅，面对紧困的折磨，束手无策。危急中，这家的男人急急忙忙找上门来苦苦哀告：请求救他

们一家的命，此人在父亲的面前，力数他家人事关系的可靠、经济实力的雄厚，现在遇到困难是临时的，出来借粮，只是倒个手，转个弯，困难缓解后，马上归还，谁的事也不误，只会牢记新来住户的救命大恩。一席话说得父亲慈心萌动。长期在困境中煎熬过的人，太同情大冬天揭不开锅的人家的惨境。他相信此时伸出援助之手就是从死亡边缘拉回数条生命，也相信人总会有困难、有诚信、有善心，怎能见死不救？满腹的同情驱动着父亲慷慨解囊，把自己的备用粮悉数借了出去。解这样的危难，父亲心里舒坦。这是他一生秉持的信念。

谁知粮食自打借出去之后，便石沉大海，杳无音信。说得刻薄点，就是肉包子打狗，有去无回。巧媳妇难为无米之炊，一家人急得束手无策，眼看生活又陷入绝境。母亲每日以糊糊、菜汤充饥，大人尚好对付，五岁的大哥见这样的饭，一抹两行泪，整日躺在炕皮上，不吃不喝不玩，精力一日差似一日。吃不饱奶水的大姐整日铆足了力气嚎，喉咙都嘶哑了。饥饿使得一家人日夜不得安宁。眼看着春回大地，远耕在即，但家里的光景陷入谷底，还说什么远耕呢？面对母亲的埋怨、亲友的指责、儿女的哭叫，父亲有口难言，万般无奈下，于一九三九年春季，再次逃难似的搬家，搬到了大姑家居住的陶红巴拉。

这是个并不算大，却十分闭塞的沙窝子，状如一片竹叶，横亘在库不其与毛乌素两大沙漠之间。身入其中，但见黄沙起伏，沙浪翻滚，沙峰连绵，棱角分明。沙丘有的如睡婴安详，有的似少女纤腰，有的像酒场莽汉，跌撞翻滚，变换无穷。沙中时断时续的人行道就是隐约在其间的骆驼粪。这静默的明沙湾里，却出人意料地闪亮着明净的沙泉水，其味甘甜，沁心润肺。泉水的四周长满青草，缀满芬芳的野花，蝶飞蜂鸣，暖意融融，绝妙的大漠佳境。伴随着芳草的是茂密的沙柳，层层密密，连绵延伸，惊现远古的风韵。流窜于其间的狐兔增加了寂寞中的神奇。

父亲来到大姑家门上，感到难堪至极。三十刚出头的大姑聪慧敏捷，谋略过人，很有几分女中豪杰的干练。她很清楚两家断然不能长期纠缠在一起，那样，父亲将永远一无所有，只有另立门户，才能找到出路。于是，父亲就在大姑家东面约两里远的地方，匆匆搭建了一座草舍，夏天合伙种地，冬天外出打工。

房子能盖成功，是和这次穿越陶红巴拉的经历联系在一起的。父亲进入巴拉后，看到红花绿草、清泉野兽，越看越惊喜，最终看到葳蕤的沙柳林，更是喜不自胜。这整湾整湾的沙柳密密实实，无边无际，是取之不尽用之不竭的天然建筑材料。就地取材盖房居住，何乐而不为！

清晨，沙原里清爽宁静，只有偶尔升起的炊烟在沙湾里飘荡。父亲提上斧头，拿上绳子，穿过沙海，走进柳林。花草青翠欲滴，空气清爽沁肺，泛着飘飘欲仙的放松。父亲把高大粗壮的沙柳一层层砍倒，整成捆，打成背，穿越沙海背回来。粗细搭配，扎成柳笆，就用这样的材料密密实实码排在一起，盖成房子，取名“柳笆房”。虽然造价低廉，寒碜简陋，但也足以让人生火做饭，暂度春秋。在我们家的发展史上，这也算最初的建筑物了，怎不叫人倍加珍视呢？可惜现在都融于茫茫沙海，踪影全无了。

长城以内的人称父亲现住的地方为“山野草地”，是荒凉、偏远、贫穷、闭塞的别称，构成人们头脑中穷边绝塞的荒漠。其实，初到大乌兰敖包，此处可称为“山野”，所有的山灰暗光秃，无草无树无花，所有的沟皱皱巴巴，一任风吹雨蚀。旷野迷蒙，不见村落，天地间充斥着无声的宁静。第二次去，陶红巴拉才是草地。不必说沙湾里清冽的泉水，不必说泉水滋润的柳绿花红，也不必说沙丘之间成片成片神秘兮兮的竹机，单就茂密在沙丘上的沙蒿、挺拔俏丽的柠条、清爽鲜嫩的梭杨、淡蓝色花香的甘草，就足以让人叹为观止了。大漠是如此神奇，壮实的牛群、机警的马群、珍珠般的羊群漫游其间，构成了鲜活的牧场风景线。细若游丝的炊烟、诚挚好客的牧民，让人倍感亲切与温馨。这里的居民多是以放牧为主的蒙古族同胞。

这是一个友善好客的民族。不论居住在浩瀚的大漠，还是绿茵如锦的草原，它们世代都传承着一个珍视生命的理念：主人离家外出，水兜总是放在井旁，家门从不上锁。只要走到牧民的井上，即可取水饮用，埋锅造饭，方便至极。须知进入大漠，水就是生命。来到牧民的家，就像到了自己家一样，吃喝、休息、住宿都方便。在牧区，不论富家大户，还是独门小院，不论白发长者，还是童稚青年，见人开口第一句话就是满怀热忱的“赛拜呶”，让人情感上亲切，精神上舒畅，心理上轻松，周身出奇的温暖。在与牧民的交往中，如果能证明与之交往者的品德高尚，为人诚信，他们就会倾心相信，终身不变。这种相信的力度是任何高分子金属的硬度无法与之相比的。

牧民的这些特点，对从小生活在孔孟之道熏陶下成长起来的父亲，简直就是一种精神上的默契、人品上的契合、相互交往中的亮点。父亲一生笃信仁、义、礼、信、达。仁者，爱人之谓也。细察其一生，凡与他交往的人，不论位高位低，顺境逆境，于己或得或失，终生抱着真诚友善的态度，一以贯之。这是他做人的基本准则。因此，当地了解他的蒙汉百姓，不论大事小事，始终真诚地信赖他，使他这个物质上的贫者往往成为精神上的富者。这是父亲能在杭锦草原上安身立命的基本原因。义者，严格区分是非界线。不论自己处在顺境逆境，他人之物，非礼不收，自己之事，从不推托。蝇营狗苟之事、鼠首两端之举，从不与他沾边。在朋友们看来，父亲就是这么一位处事端正的钢骨男子，棱是棱，角是角，从不因私利而模糊自己的界线。礼者，尊卑有序，界线分明，自己虽穷，却能善待弱者，终生不变，愈是困境中的弱者，愈能从他的行动中得到温暖。和他交往的人总是以心换心，成为真正的挚友。信者，忠于朋友，忠于诚信，不欺不诈，注重行动，见利忘义之举与他格格不入。虽则贫寒穷困，常常一诺千金。达者，说干就干，有始有终，当行则行，当止则止，干脆利落，从不三日打鱼两日晒网。成功和他的付出是相互为伴的。父亲的这种处事理念很符合牧民的为人准则。因而初到牧区打短工后，用不了多少时间就通过具体小事，清除了思想上的障碍，打消了精神上的壁垒，有一种如归故里的轻松、默契与协调。

## 定居

与陶红巴拉相比，格德尔盖的牧场地在当年父辈们看来，简直就是时下国人眼里的深圳、珠海、厦门等地。那肥沃的牧场地历经千万年的自然培养，在风调雨顺的年代，是真正意义上的滴籽成苗，五谷成林，连年的大丰收。在这样的处女地面前，让无数的农耕者欣喜欲狂，期盼粮仓饱满，都梦想着抢一块好地过一把丰收的瘾。

这是一方名副其实的风水宝地，四周舒缓庄重的山岭紧紧连在一起，有序地围成一个和谐的椭圆，像一道天然的屏障，把西北的库布其和东南的毛乌素两大流沙稳稳地挡在山外，护围着一块舒缓开阔的牧场地。它从山坡上斜铺下来，清清净净、洒洒脱脱地铺展开，仿佛一位高贵的公主，在自由洒脱中保持着迷人的静默。中间是一条流经千万年的倒流水，清朗明丽，一路轻歌，泛着水花，打着微浪，白天映照蓝天白云，夜里映着群星明月，仿佛一条纯洁无瑕的银项链悬在公主的脖颈，梦幻而迷人。山坡下，炊烟袅袅，牛羊隐隐，人来人往，鸡鸣狗叫，一片宁静的吉祥。这片土地是蒙古人昌汉的地盘。这个拥有雄厚资产的人自打认识了父亲，就很赏识他的才干、诚信和实在的人品，并取得了他的充分信任。他把格德尔盖从山坡上拖至清流边的大几十亩的牧场地，爽快地租给了父亲。这无疑是天上掉下的馅饼。当地的老户想方设法要弄到手的地，却出人意料落在父亲手里，人们在吃惊地关注、热切地议论、专注地揣测，对父亲来说，这是他人生道路上最重要的转折点。从此，父亲带着家人稳稳当当定居在了格点盖，赫赫扬扬地创立了一个大家族，最终，这里也成为他灵魂的安息地。

一九四零年春天，二十八岁的父亲异常忙碌，建造新房、按时耕种、田间管理，里里外外的事情纠缠在一起，忙得他团团转，整日里没日没夜地抢进度，出成果。在清流的北岸约五十米左右平缓的沙土地上，建造了走口外以来第一座土打墙的房子。虽然规模不大、用料简单，却是父亲一个人脚手不停忙碌，亲力亲为而成。忙到这一年四月底，狭小院落中，一座黄土打墙，仅用一道梁、十八根椽支撑的小土屋总算完工了。土院墙立起了一个欣欣向荣的家。五月初，由陶红巴拉搬到新居时，田里的糜苗子油绿鲜活，在风中茂密喜人，大田里黑绿黑绿的麻子已是巴掌大，密密实实地威风在后劲十足的牧场地上，煞是诱人，就连色彩平平的山药也正鼓足了生气，破土而出，一副不甘落后的劲头。田野里的每寸土地都预演着喜人的丰收，久经困苦、毫无家底的妈妈看到如此景象，喜欢得不知说什么好，从此，一颗心留在了格德尔盖，一腔暖流倾注在庄稼地上。

生活在悄悄起着变化。如果说，初到陶红巴垃时的打短工是艰辛生活的源头，那么，现在的打短工则是出于对别人发出关照的回报。尤其在秋风飒飒、遍地金黄的秋收时节，满坡满洼成熟了的庄稼摇曳在田野上，急需收割归仓。此时，父亲突然有几天踪影全无了。一时急坏了身单体薄的母亲。秋风中，饱满的籽粒纷纷散落在地上，叫人看了心痛。秋天就是一张娃娃脸，说变就变，山药都没来得及收。如果寒流袭来、土地封动，满眼的丰收冻结在地里，这不是要人命吗？母亲急得眼冒金星，欲哭无泪。

妈妈被那种紧困的生活苦怕了，然而，急又有什么用呢？当时见不到父亲的面，身边只有大哥。大哥虽然生在小户人家，却从小娇生惯养，养就一副不愿受人指使的犟性子。如果母亲不说不顺心的话，他还是拿着镰刀，不紧不慢挥镰收割。如果母亲说得多了，语气重了，他就摆出一副无精打采、懒懒散散的神态；如果母亲心急上火，发起脾气，或打或骂，他干脆不说不动地坐在原地，一副超凡脱俗的神态，似乎所有忧虑、烦恼、恐惧都与他毫不相干。直到太阳落山，星星上来了，父亲才带着困乏的神态归家。

庄稼人对秋的迷恋，绝不亚于任何教徒对主的虔诚。在这争分夺秒、抢收抢拉的节骨眼上，父亲突然不知去向，是因为他的知音昌汉遇到了更揪心的事。如果说父亲的秋收是一年汗水的结晶，那么，昌汉遇到的是半生经营的心血、是丰厚家业的基石。在事情无法排解的困境与失望中，他暗中找到了父亲。

原来，家资丰厚的昌汉既不相信洋行，也不相信国行，把积累的金银分别装在瓷罐里，用瓷碗扣住，于夜深人静之时，神不知鬼不觉地埋在住房西北角三尺深的地下。这是最安全的银行，这是无人知晓的绝密。这一年秋收时，昌汉择定吉日要搬家。首先就是要取回银圆。谁知，在原地连续挖了三个晚上，他越挖越不安，越挖越震惊，越挖越恐惧——那些亲手深埋在地下的银圆竟如石沉大海，杳无音讯。接近绝望的他，最终想到了父亲。他相信父亲的人品，相信父亲的精细与真诚，于是心急火燎地找到父亲，说明原委，请求帮助。紧要关头受人之托，父亲知道其中的分量。凭着金子一般的品格，凭着任意抛洒的汗水，凭着周密细微的判断，在昌汉锁定的范围内又连续翻了三天，最终，第四天中午，在离地面四尺多深的地下，昌汉的银圆显露了身影。从此以后，父亲在格德尔盖的名声比响当当的银圆更有分量。一个普普通通的贫寒人家，终于有头有脸地定居在了格德尔盖。

## 风波

别具情韵的地域铸就了格德尔盖特有的民风：诚实厚道，友善温和、谦恭本分。这种精神溶注于乡亲们炽热的血液，以永不衰老的生命力世代传承。

土屋的落成给原本波澜不兴的格德尔盖荡起了一丝细微的波澜。人们不约而同地把惊异的目光集中在父亲租种的这块土地上。这块地本是当地大户朝思

暮想的宝地，多次想方设法弄到手，却未能如愿，现在却悄无声息地落在一个外来小户的手里，让人耿耿于怀。这平坦舒缓的中心地带，肥沃湿润，土质疏松，易于耕作，旱涝保收，被当地人称为格德尔盖的“眼睛珠子”，怎能不叫人眼馋呢？

一九四四年初夏的一场夺地争锋打破了格德尔盖的平静，撼动了父亲生存的根基，成为他定居以来遇到第一次真正的风险。就在父亲的耕耘连年丰收、生活日渐顺畅时，山坡下一户有钱人家终于按捺不住了。他一定要想办法把这块地弄到手。此人五短身材、白净面皮，一圈浓黑的八字胡子排成一个椭圆，颇有几分令人生畏的阴气，一对深邃的黑眼球诡秘地转动着，泛着丝丝寒光。无论冬夏，他都是一身纯黑的衣裤，透着不易觉察的杀气；骑一匹黄骠马，独来独往，行走如风。他常常行走于父亲的田头地畔，看到农田里大片大片诱人的禾苗、壮实的庄稼，心里总是愤愤不平：像这样肥沃的土地本应由他耕种才配得上他在本地的家境、声望、地位；现在却是由这个毫无名望的外来小户连年耕种，连年丰收，这叫他的面子往哪搁？长久以来，每当走到这地头地畔，一肚子的邪气便在他胸中燃烧。他也曾三番五次给长工下命令，每逢在父亲田地接壤处耕田时，一定要狠狠向那边多掏几犁，以解心头之恨。然而，终究都是些小动作，于大局无碍。现在，他要痛快淋漓地发泄出这几年久积于心头的恶气了。

清晨，田地里的庄稼水淋鲜嫩，随风起伏。凉风中的鸟儿轻快地鸣唱，太阳刚露出东方的地平线，喷光吐亮的色彩，把格德尔盖装扮得清新亮丽。农家的炊烟由浓到淡，由淡成缕。已经做好早饭的母亲，刚出院子不久，便神色怪异地跑回来，睁着一对惊恐的眼睛，慌里慌张地对父亲说：“快去看看，×××家的两支马楼在咱们家的麻子地里毁苗哩！”这消息犹如晴天霹雳，父亲风风火火向麻地跑去。果然，×××家的五个人、两支马楼正拼足了劲，肆意毁坏壮壮实实的麻苗子。毁青苗是犯罪的行为！种田人哪里能容忍得了如此恶行？麻苗子歪歪斜斜地躺在地上，一片一片的，如没娘的孩子，叫人揪心。看到父亲飞奔而来，在场的人不由得倒吸一口凉气，不知道这件恶性事将怎样收场。×××的一张圆脸涨得红中带紫，双睁圆眼，闪着寒光，胡子直立，显示出决斗来临的激动。看到单枪匹马的父亲摆出必胜无疑的架势，他只好向犹犹豫豫的长工们下了死命令：“种！放开马楼给我种！出了人命我顶着！”一场恶斗已是箭在弦上了。父亲义愤填膺，只见他猛地冲到马楼前，左右两手各捉死一条马缰，使劲一推，向上一扬，两匹只顾前冲的马子猛然一惊，嘶叫长鸣，前蹄上举，人立了起来。这个意想不到的举动让在场的人大吃一惊，不知所措。种田的都是些受苦人，平日里互不相扰，今日看到眼前这激烈的对抗场面，自然都不肯添口动手了，只是悄悄地站在一旁，静观其变。本来是想仗着人多势众欺负父亲这个异乡人，谁知转瞬形势突变，只留得两人单独对阵，早先鼓足的勇气已减了几分。他清楚地知道，如果真在此时动手，他三个也不是父亲的对手，只能自取其辱。

在难熬的僵持中，马楼向前不能进，向后不能退，定定地站在原地。父亲的两只手像两把铁钳子，紧紧钳住马的神经，毫不松动。但见他满脸怒气，一副毫不退让的模样，眼睛里闪射着抗争到底的怒火。他清醒地意识到，这是一场关系到身家性命的斗争，在这样的节骨眼上，哪怕只是稍许的松动，便会招致滑坡式的倾颓，其后果是无法估量的。风轻轻地吹着，摇曳的娇嫩禾苗也在梳理人们的思绪。×××大为惊诧，想不到自认为十拿九稳的事竟演化到这种难以收场的地步。只见他急速转动眼珠子，放松了紧绷的脸皮，变换了说话的腔调，小心试探着对父亲说：“咱们两家为了土地的事争起来，现在咱们和平解决：我是这里的大户，你是小户，这块地是格德尔盖的宝，咱们谁也不要独吞了。两家分开来种，我种大半，你种小半，咱们谈判解决。”一边说一边用目光扫视着父亲。此时，父亲的态度异常强硬：丁是丁，卯是卯地答道：“土地是我的，一犁一铧也不能让！”双方就这样僵持着，直到太阳偏西，毫无结果。×××明白，这样干耗下去毫无益处，于是恶狠狠吐了口唾沫，发誓道：

“不信斗不过你，咱们走着瞧！”说罢，赶着马楼，急匆匆地回去了。此时的我已是四虚岁的人了，姊妹三人站在西墙角，远远瞭着身材高大的父亲，孤身只影和×××家僵持着。只有风在来回摆弄他的衣角，其时急需人增援，可惜我们小小的年纪派不上用场，只能站在墙角暗暗发急。

太阳已经隐没在西山，星星闪烁在东方的天幕上。妈妈刚把晚饭端上炕头，突然×××家的长工来了，进门第一句话就是：“掌柜的叫你去一趟。”“在哪里？”父亲问。“在×××家里。”父亲听后二话没说，起身就走。

靠山向阳的长坡下，一所整洁硬朗的院落在夜色中显得格外寂然。在粗厚的麻纸窗上，橘黄色的灯光烘托着屋子里的昏暗与沉闷。只有炖羊肉的香味不安分地在空气里散布、游荡，直往鼻孔里钻。父亲推门进屋，但见高脚油灯的斜侧，昌汉卷曲的身体弯成一张不规则的弓，枕着高高的枕头，正在喷云吐雾地过着大烟瘾。×××端坐在炕头，手脚勤快地传递着烧红的火签子，讨好的神色挂在嘴角、眉梢。此人的歹毒用心昭然若揭，昌汉将会怎样裁决这件事？父亲推门进屋，问候了一声：“掌柜的在了？”昌汉的嘴里吐出一个字：“坐！”接着继续过他的大烟瘾。半晌，过足了烟瘾的昌汉缓缓坐起来，品了口茶，平静地说：“你们两家的争地纠纷这样解决。这块地的上下两头归你种，从中间划出二十亩地给他。如果你的地不够种，从旧营盘壕再给你划。”这就是最终裁决。几句话看出昌汉对父亲为人的肯定。在这场阴谋加财力的排挤中，父亲在格德尔盖这块土地上稳稳站住了脚。这样的裁决让父亲感到无比的轻松，×××的脸色立刻变成刚出腔膛的猪肝子。

## 上学

让孩子上学求知，培养孩子成才，是劳动人民世代传承的一个梦。到了父亲这一辈，这梦变得更紧迫，更具诱惑力。从艰难中走过来的父亲在尝遍酸甜苦辣、遭遇人世无穷的困苦后，磨炼得更加纯熟。他坚定了一个信念：读书可以改变世道，也可以改变穷困，娃娃们需要通过读书过上更好的生活。读书是可以改变一切的头等大事。

三十三岁的父亲已是两儿两女的中年人，算得上儿女成行。就在顾前顾不了后的困苦中，他再度抱定一个信念：为了子孙后代的兴旺，为了苦日子能有个尽头，为了以后的生活更有品位，再苦再累也要让娃娃们念书。这是兴家立业的根本。就在这一年冬天，十二岁的大哥真的上学了。

偏远闭塞的格德尔盖远离都市、远离文明，人们以铁犁耕地，老牛拉车，过着看老天爷脸色吃饭的穷日子。当地人只凭放牧、种地生活，从来没有可以称得上"学校"的存在。如今，要办学校了，困难重重：校舍之粗疏、设施之简陋、条件之低下、师资之紧缺，令人羞于启齿。所谓校舍，就是随意向当地大户人家借上一间空房子，土墙土院，一盘大土炕，按上简陋的门窗，仅此而已。教室、宿舍、厨房、食堂集于一体。上课了，学生们每人自备一张小书桌，盘腿坐在桌前，在老师严厉的监督下，念书、背书、写字，无休止地循环……屋里笼罩着沉闷的压抑，掩盖了鲜花般灿烂的生命。月亮上来了，参星转向西天，孩子们该就寝了，小书桌撤到地下，拉开毡被，就是宿舍。学生们相互挤挤靠靠，胡乱睡在土炕上，冷热只能由迟钝的知觉来感应。要吃饭了，地面的灶台上安一口大锅，炊事员生火做饭，冬日寒冷，水气蒸腾，娃娃们如云里雾里，也许只有在此时，才可以在烟雾的掩护下，悄悄搞点小动作。

学校没有统一的教材，没有教学大纲，没有教学要求，学生要学的是庄稼人常用的字；内容是《三字经》《百家姓》《名贤集》，只是念书、写生字，先生并不开讲；大家不求深究课文的内容，如果能读到《大学》《中庸》《论语》《孟子》，在当地就是令人刮目相看的文化名人了。学制为冬学，即农忙在家中劳动，农闲上学读书。

刚上学的大哥没有书包，没有纸，没有笔。父亲请了当地的木匠在一块平

整狭长的小木板四周，订了高约三公分的边框，装了细沙，用一根削尖的小木棍代笔，在沙盘上反复练习写字。这是大哥上学时唯一的文化用品，伴随着他枯燥的读书生涯。

就在这样简陋的教学条件下，连续几个冬书念下来，大哥的进步令人刮目相看。首先，他的一手毛笔字写得工整秀丽，有模有样，广受好评。须知这在当地农家人的生活中是多重要啊！别的暂且不说，单说庄稼人过大年吧！每逢喜庆的日子，村里不论穷富，家家户户都要贴春联，这是不能缺少的喜庆标志，然而格德尔盖本就缺少文化人，可真是难坏了普通百姓。就说一九四零年刚搬到格德尔盖过的第一个春节吧！父亲心里总是惦着年迈的老母，每逢过年，便不顾一切地回到奶奶身旁，慰藉奶奶那颗孤独的心。于是，留下娘儿几人过年，黑漆漆的年三十晚上，只有七岁的大哥、三岁的大姐和瘦弱的母亲三人在孤独的黄泥巴小屋里。夜幕降临，四周黑暗一片，孤村孤院的小屋内，娘儿仨胆战心惊地围坐在炕头，满怀恐惧地面对新年的庆典。没有人烧香，没有人放炮，没有人挂灯笼，没有人写春联，一盏晃动的麻油灯是唯一的亮点。娘儿仨相互慰藉，惊恐不安，挤作一团，盼不到天明。夜深了，狂风大作，飞沙走石，呼啸的风声响成一片。门窗被吹打得一个劲儿响，仿佛天塌地陷，吓得大哥和大姐直往妈妈怀里钻，气都不敢出，幼小的心灵被刻下了难以抚平的伤痕。如今好了，小小年纪的大哥，毛笔字竟是那么帅，不仅自家写写画画不用愁，也方便了邻里八乡。

即使非年非节的日子里，念书同样带来惊喜。上学后的大哥无师自通地学画，传神的描摹、精妙的画作，常令我们晕晕乎乎，乐不可支。一张普普通通的白麻纸、一池寻常的浓墨、一支并不起眼的毛笔，到了大哥手里，兴之所至，任意挥洒，或淡或浓、或轻或重，用不了多久，妙趣横生的动植物惟妙惟肖地跃然纸上。年纪轻轻的大哥成了我们崇拜的偶像，成了我们的骄傲和光荣。精神生活的充实使我们忘却了物质生活的困乏，增强了我们上学求知的欲望。

大哥念书后的变化远不止此。格德尔盖连年丰收之后，普通村民渴求精神生活的愉悦与文化艺术的享受。在都市文艺团体很少光顾的背景下，逢年过节，村里自选人才，组成文艺表演队，演出节目。队员身着盛装，描眉画鬓，着粉施朱，披红挂绿，扮成各种各样的人物。锣鼓声声，唢呐阵阵，又扭又跳，又唱又笑，把个沉睡似的格德尔盖一下子闹腾得家家喜气迎门，人人眉飞色舞。这期间，大哥就是最令人着迷的焦点人物。但见他头裹纱巾，涂脂抹粉，朱唇一点，手提小篮，伴着锣鼓，舞来扭去，身轻似燕，引得村里男女老幼，指指点点，兴奋不已，笑得前仰后合。表演的是大哥，欢乐是乡亲们的。不知不觉，大哥成了村里不可缺少的人物。

更值得一提的是，大哥的语言文字功底和书法演算能力令人钦佩，在格德尔盖众多的念书人中，是公认的佼佼者。这里的教书先生是由当地有声望的人士从外地请来的。但此处生活不便、报酬低廉，请先生从来都是一件难事，因而，十七岁的大哥由当地群众一致推举为第一个本地的民校教师。这是一种光荣，是当地一件破天荒的大好事。从此，父亲培养儿子上学的信念也更加坚定了。

## 喜迎解放

一九四九年，一种神秘的轻松在格德尔盖反复回荡。饱受穷困欺凌的普通百姓迎来了共产党，迎来了新中国，迎来了翻身得解放，迎来了鲜红的红太阳，人人心花怒放。

早该垮掉的旧政权可把百姓害苦了。单说这两年的过队伍吧，什么骑七师、骑五旅、十三旅；自卫军、自卫团、保安团……那些土匪兵你方唱罢我登场，大股来了大祸害，小股来了小祸害，在百姓面前个个都是颐指气使的太上

皇、坑蒙拐骗的大无赖、吃拿卡要的催命鬼、草菅人命的刽子手。这些人蜂拥沓至，百姓无所遁形，只能任由摆布。就说一九四七年适逢大灾，饥馑难熬，百姓吞糠咽菜，苦度时日，国民党的军政人员，隔三岔五闯进村子催草逼料，简直就是催百姓的命。

如今好了，山清水清天地清，人人盼过好光景。这里是一片崭新的天地。新春伊始，当东方的山色由暗变紫，由紫泛白，空气里饱含着清爽纯洌的新鲜时，父亲已经吆喝着牛，扶着犁，满身轻松地劳作在田野上。高大的身影、亲切的声调、熟悉的举手投足，都成为我们永恒的温暖记忆。每当母亲做好了早饭，我和姐姐把视如生命的糜子窝窝放在大碗里，用笼布仔细包好，把稀饭装在黑瓷羊奶罐子里，急急忙忙去给父亲送饭。每当我们爬起坡，上了梁，只见春风中耕田的父亲高大的身躯微微前倾，手里的牛鞭偶然轻微挥动，喊牛声在晨风中回荡……我们像是久别重逢般兴奋，不约而同地放开嗓子高喊："大爹，吃饭！"父亲依旧缓缓赶着牛犁田，新翻过的田地散发着温暖潮湿的气息，泥土上有序地排列着他深深的脚印……

在轻松的气氛中，人们神秘地传递着一个更令人兴奋的话题：共产党来了！解放了！解放？什么是解放？人们都感到神秘，都想知道"解放"的含意，但又说不清楚。纯朴的百姓从轻松的生活中似乎感受到了解放的真谛，就是没有随意抓人绑人的，没有抓兵拉夫的，没有催粮要草的……这就是太平世界。

父亲接触的第一个共产党人叫王安，四十出头的样子，瘦弱的身体、文静的气质、和蔼的态度，一身灰布军服，打着绑腿，腰上扎着皮带，皮带上别着一支神秘的小手枪。他和蔼的态度、平实的作风，总是把村里的贫苦百姓紧紧吸引在身边。他追述着过去，倾谈着现在，描绘着未来。那亲切的神情、深刻的评述、清晰的思路，如同春风吹过广阔的田野，带来的是无限的生机与迷人的希望。世世代代衣不蔽体、食不果腹的土包子，要堂堂正正当家做主人了，这真是立世以来未曾有过的大好事。

从我记事以来，父亲总是在凄风苦雨中煎熬，日子过得冷冷清清，如今年近四十的他，新生活如春潮涌荡，好政策如春风拂面，他那颗苦水中浸泡的心暖了，热了，亮了，遏止不住的热流在周身涌动。他以全部的热情、全部的精力，投入到全新的生活洪流中。不久，他便被当地群众推选为农会主任。

这是格德尔盖破天荒的新鲜事。世世代代任人凌辱的百姓要自己行使权力，掌握命运，开创新生活了。在共产党的领导下，父亲出人意料地办了三件事：其一，解决了村民世代赖以生存的土地问题。这是历代种田人的一个梦，虽然这梦做得过长过久，好在终于成真了。但这种转变亦是一场严肃的斗争。父亲既是热情的参与者，也是基层有力的领导者。数不清的大会小会后，农民群众广泛地被发动起来，多少年来逆来顺受的泥腿子、土包子，第一次以澎湃的热情、昂扬的斗志、必胜的信念，团结在农会的旗帜下，被迅猛地组织起来，喊口号、讲革命、分田地，像一股扬波逐浪的洪流掀起惊天动地的热潮，冲刷着旧时代的污泥浊水。老百姓第一次堂堂正正地站起来了！

就在群众情绪高昂、热情似火的欣喜中，共产党领导人民办了第二件大事，组建供销合作社，让翻了身的村民，从此不再受奸商的恶意盘剥。政治上翻身后，农民在经济上也得到了翻身。长久以来，偏远闭塞的格德尔盖物流不通，商品奇缺，人民的生活捉襟见肘。流传在他们口头上的“生活经”是：“新三年，旧三年，缝缝补补又三年。”“穿衣裳不要忘了皮子，吃饭不要忘了糜子。”这是乡亲们拮据生活的写照。即使由小商小贩偶尔运来些针头线脑、头绳发卡之类的小东西，也是价格昂贵，令人望而生叹。流传在百姓口头上的经商要领是：“拿上茶布水烟糖，赶走牛马骆驼羊。”格德尔盖的贫苦百姓长期以来就是在这种敲骨吸髓的盘剥中送走日月的，怎么能富得起来呢？现在共产党来了，这种亲民、爱民、保民的政策，人们怎能不为此欣喜若狂呢？

第三件就是在促进生产、改善人民生活的同时，发展教育，兴办学校，培

养未来的建设人才。这是为人父母者的终生夙愿，是世世代代想办而办不到的好事。不论是雨雪阴晴，抑或星消月闭，父亲在这块熟悉可亲的土地上，跑了不少路，操了不少心，办了不少事，取得了人们的信任、尊重与爱戴。

## 奋斗

做任何事情，重要的是过程。有什么样的过程，就会孕育什么样的结果，过程就像春种后的序曲，结果就像金秋时的收获。分得了土地的农民也经历着难忘的进程。他们思谋着在黄土地上，凭着好政策的引导，以勤劳的双手、不屈的心志，把日子过得红红火火，有做有闲，手头不缺零钱。萦绕在他们心里甜美的生活蓝图是："三十亩土地一头牛，老婆娃娃热炕头，家里有个剪发头。"乡亲们都想圆梦，却不知如何去圆，想致富，却不知如何迈步。

新春伊始，村民们把凡能长苗的坡洼平塔、沟岔渠畔，都给耕种上了。但秋收时的景象却是"耗子进去没脊梁，老鼠进去扫肚皮"，"杆杆多，穗穗多，头上顶得三两颗"。这给人们热乎乎的致富心理，浇了一盆凉水。当时，以父亲为首的第一个互助组如雨后春花般灿然开放了。

这是一种新的生产方式，即由七八家农户组织起来，像拧麻绳一样，把零散的生产力拧结成一根粗壮的绳子，用这样的绳子牵引重量的物体，由此显出惊人的力量。一个简单的变化彰显了生产的活力。当互助组的牛车走出村子，一辆接一辆排列在一起，宛如一条扭动的长龙，蜿蜒游动在山顶、山坡、田野，释放出一个圆梦的信息：沉甸甸的五谷，黄灿灿的金秋，吃穿不愁的日子，喜气洋洋的生活。

历史，就是人类的奋斗史，虽然奋斗的主体是人，但奋斗的结果有时却明显存在着事与愿违或始料未及的无奈。

二十二岁的父亲告别了郝家畔塔的贫穷与无助，风餐露宿，颠沛流离，茫然地来到大西北的山岭丛莽格德尔盖定居，真是吉凶未卜，前程难测。老天有眼，在举目无亲的塞北高原，他获得了意想不到的好机遇。其时，格德尔盖正放牧场地，沉睡了几千年的沃土肥得直冒油星，一经开垦，庄稼生长猛劲，经济效益超常，就像时下国人眼里的港、珠、澳特区。神性的土地加上风调雨顺的好光景，真是滴籽成苗，平地起山，五谷成林，人们收获的是天赐的惊喜、精神的饱满、说不尽的赞叹。那些舍得出力气的垦荒者个个铺开身子大干，早起晚睡，无休止地开荒，开荒，开荒，其闪亮的潜台词是：打粮，打粮，打粮！

然而，随着汗水的流淌、镢头的起落，格德尔盖的山岭、沟岔、川塔，平原，渐渐变得光秃秃的，沙蒿不留一苗，柠条不留一苗。这种局面触怒了老天爷，随之而来的是风大沙大，沙尘暴多，干旱少雨，自然灾害频发，其景象正如诗人周雨明描写的："风卷黄沙刮起来，日头也埋住。"到了二十世纪六十年代，格德尔盖进入了一个令人难堪的年代。紧接着，连续开荒的效应是连续的灾荒，人们吃饭都成了大问题。为了解决乡亲们的吃饭问题，四十七岁的父亲辞掉了连续担任十年的农会主任，接任了远耕队长，到乌拉特前旗远耕种地。

绵绵阴山脚下，滔滔黄河岸边，一块块从未开垦的处女地，在黄河的涛声中沉沉昏睡，强劲的红柳、霸道的梭梭承载着驼铃的寂寞，迎送着匆匆时光；山风阵阵，私语频频，诉述着历史的沧桑。民族关系融洽时，也曾是炊烟续断，牧歌飘荡；民族矛盾吃紧时，曾是狼烟烽火，战马嘶鸣，刀光剑影，喊杀震天。至今留下的西山咀、卧羊台，被传为古战场的佐证。

要引黄灌田，也许只是充饥的画饼。仅凭远耕队员的一把镢子一把锹，要在这傲慢的荒原上造就灌溉设施，只能徒增空叹。然而，他们真的动工了。清晨，借着淡淡的晨光，把周身的力气都凝聚在隆起的肌肉疙瘩上，光着膀子，拼足力气，挥锹挖土，在反复的疲惫中，编织着丰收的梦想；夜晚，在寂静的阴山下，黄河水惊奇于他们粗壮的号子，在感天动地的奋斗中，一座三级提水

工程出现了。黄河水欢畅地流进这沉睡的古战场……人的潜能，永远是一道最微妙的数学题，是任何专家权威难以穷其精妙的。如果心甘情愿地把这种潜能发挥到极致，其业绩定然是巧夺天工的美妙和叹为观止的辉煌。父亲的远耕队就是发挥了这种潜能的普通劳动者。

远耕队日夜兼程把几百里之外的粮食拉回来，一算细账，简直是一个得不偿失的美梦、一个高兴不起来的长叹。农民是最清醒的现实主义者。从此，远耕队员们悄悄撤出了黄河畔。

格德尔盖皱皱巴巴的山包像一张百岁老人的脸，沟岔纵横，凹凸不平。就在这清瘦的岩层中，流淌着透明的山泉水，清冽甘甜、凉爽滋润，给乡亲们带来意想不到的惊喜。

远耕路走不通的父亲，要利用自然资源变废为宝，让穷山沟变成新菜园，于是一头扎进山沟里。

山洪冲刷，风雨剥蚀，荒寂的山沟，七高八低，其间的柠条、沙葱、杂草，散落无序，遮盖住地面。那个春天，父亲不论晨昏雨雪，一把镢头一张锹，整日汗水淋漓地忙碌在山沟里。他日复一日改变着山沟的模样，平田松土，施肥成畦，高大的身躯总是汗水淋漓，稳重的步子总是来去忙碌，慈祥的容貌总是专注着菜园，朴素的衣装总是风雨无阻。一个春天下来，荒山沟变为匀称的园子地，水淋淋的白菜鲜美碧绿，壮实的萝卜茎叶繁茂，密密实实的大葱洒脱挺透，地堰四周的玉米迎风畅立，田头地畔的番瓜、葫芦墨绿的叶蔓、金灿灿的花朵、五颜六色的果实，把个荒沟点缀得色彩斑斓，恰似一幅精美绝伦的水彩画。劳动了一个上午的社员该做饭了，不约而同地来到山沟里，摘青菜拧葫芦，欢声笑语，热闹非凡。待人都离散，回看山沟：青翠的菜园里，一眼清泉井，一副打水杆，一位慈祥和蔼的老人。这就是父亲，默默无闻，却奉献了一切。

## 罹难岁月

腊月，是农家神秘而繁忙的月份。从腊月初八以后，时间像山前的小旋风，三飘两转就过去了。老辈人流传下来祭祀的日子，一个刚成为过去，一个又庄重地来临。家家户户都在传统的神秘中忙碌着。尤其是近几年，社会安定，物资充盈，靠票证购物的时代像梦一样消失了，生活过得温暖、润朗、舒心。

腊月二十三，是农家众多祭祀中一个仅次于过大年的日子。这一日，天地通泰，人神放假，巡察着百姓一日三餐的灶君神也要上天述职，大家小户都祈求他：上天言好事，在家降吉祥！为此，人们都要庄重虔诚地拜祭。

祭祀的前一日，一辆半旧的银灰色吉普车拖着一条长长的烟尘，在父亲住处的垴畔上急速打了个右转弯，轻轻一颠停下来。三弟回来了。三十七岁的他，头脑聪慧，才思敏捷，通情达理，处事周详。大年临近，他想让老人的年货档次高点，数量多点，品种全点。这次回来，除带来些过年的必需品，也给父母带来精神上的快慰。回到家里，但见年糕、米酒、烧肉、面食、豆腐、豆芽，油炸的、凉拌的、清炖的，有的已是成品，有的正在筹办，就连写春联的红纸、新张贴的年画、照明用的灯笼，也都精细地准备了，只差打扫粉刷房子。他把这活安排给两个侄儿，放心地回到了锡尼镇。

腊月二十六，锡尼镇的大街小巷处处涌动着喜庆的热潮。清晨，浓烈的爆竹声不时传来，放飞着新春的喜讯，放飞着新年的憧憬；飘旋的烟雾中，散发着或浓或淡的激情。忙碌的市民，家家户户蒸、煮、炸、烧、香味飘荡，裁剪、缝洗，焕然一新。喜庆的气氛像醇香的美酒，陶醉着简朴的草原小镇。

已是上午九点了。清静的院子里，突然充塞着摩托车粗重烦躁的喘息声，随着一阵剧烈的抖动，戛然而止。风风火火推门进来的，竟是多年同村的邻家小弟。但见他神色慌张，急匆匆地说："我拜佬把腿跌了！让我捎个话！"看样子蛮紧张的。我的心立即沉入冰窟：父亲肯定是伤得严重了！我太知道老人家的为人了：平生吃了数不尽的苦，可以说是黄连水里泡出来的，可若是儿女吃点苦，就心痛得受不了。只讲付出不讲回报，是他一生的为人准则。现在专门托人来传话，定然是已超出了他的忍耐力。我急匆匆告知三弟，在旗医院请了信得过的骨科医生，拿了药品、担架，做了仔细的准备，坐着车，向年味浓浓的老家赶去。

阳光无力地洒在山坡上，延续着小村的宁静。院子里静悄悄的，大门虚掩，但见零落的羊草横七竖八地散落着，想是几天没有清扫。淡淡的细尘土隐约覆盖着地面，几只鸡，缩着脖子在墙角打盹，显露出过分的寂静与冷落。推门进来，屋里静静的，母亲坐在热炕上，脸色凝重，一言不发，心事重重的样子；父亲头迎东脚迎西，微曲着身体斜躺在下炕的白毡上，表情漠然，一副可不堪言的神态。见我们回来了，他神情漠然地感叹着："哦，给你们跌皮了！"言语之间流露着深深的自责。

事情太偶然了。腊月二十四的早饭后，一个爽朗的好天气，村里的年味一日浓于一日。父亲就炮制了白泥，收拾了被褥，搬了一架小梯子，踏着粉刷房子。谁知端着白泥刚登上两级，小梯子顺势一滑，人与白泥一同摔了下来。就是这么一个不经意的小动作，医生认定是胯骨骨折。

病是必须治的，只需和父亲商量妥帖，便可迅速行动。神情平静的父亲静静躺在原地一言不发，似乎已经成竹在胸。商量的时候，他却语气坚定地咬死一句话："哪里也不去！"这可难坏了我们。短时间内，行动无法自理的他还可以对付着过，但怎能经受长期的折磨与痛苦？更令人悬心的是，随着岁月的推移，会不会发生意想不到的病变？如果真由小病诱发出难以估量的后果，对一个七十二岁的老人意味着什么？冬时日短，眼看太阳偏西，能照到窗棂上的阳光只留下一条斜线，我们简直不敢进一步往深里想。情急中，我们请来和他相处了几十年的四姨夫做说客。该说的话都说了，直至我们情绪失控，声泪俱下，苦苦求告，父亲仍然坚持那句话。

我百思不解，一生精明的父亲为什么变得如此不近情理呢？直觉告诉我：想来这是他一生的秉性所致吧！

破五的爆竹响成一片，锡尼镇大家小户沉浸在轻松的喜悦中。我们再次急匆匆来到旗医院，当即商定带上医药、小床、手术器械及相关用品，在父亲居住的小土屋就地完成接骨手术。我们深为医生的精诚、细致、周密所感动，于是相继乘车直奔父亲的家。

阳光退却了夜色的寒气，小院子一片敞亮。过年的春联、照明的灯笼，给小院子增添了不少生气。推门进屋，见父亲依然躺在下炕，枕着高高的枕头，平静的脸上不挂一丝表情。往日随心所欲的身子让疼痛折磨得寸步难行，真是有口说不出的无奈啊！救治的手术真成了迫在眉睫的大事。我们恳切地说明了治疗方案及准备的医药，医生说明了治疗过程及效果。一切都在有序中进行着。父亲听着听着，脸色严肃起来，目光坚定，态度坚决，不仅不能动手术，连碰也不能碰！这是完全出乎意料的。无奈中，我们软磨硬缠，好说苦劝，直说得语带哽咽，泪流满面，父亲的态度依然是毫不松动，我们的苦心再次化为泡影。

牧区流传着很多接骨妙方。牧民们说："黄鹞的骨头对接骨有奇效。"我们总算有了一线希望，并在偌大的杭锦草原上查找、求购。真是功夫不负有心人，三弟竟然弄到了一副全黄鹞的骨头。我们真如盗得灵芝草般，马上满怀希望地如法炮制：烘干、粉碎，按时服用，希望奇迹能够出现。然而，我们除了失望还是失望。整个春天，父亲在病痛的折磨中，度日如年，我们也欲哭无泪。

民间传说，鲜黄瓜泡酒三个周后，喝了对接骨有特效。我们欣喜异常。春天的土壤刚解冻，三弟就忙不迭在自己的小院里精心翻土、施肥、拢堰、浇水、下种……待嫩绿的黄瓜水淋淋地闪现在眼前时，赶紧用红布条系好，装入

瓶子，仿佛把一个熟睡的婴儿放进温暖的摇篮精心呵护，生怕有什么意外会发生。黄瓜定型后，用美酒泡起来，掐着指头数日子，指望着能让父亲好起来。然而，父亲的病依然不见起色，我们的心都要碎了。

十七岁的小军，一脸孩子的稚气，一副忠厚的模样。得知爷爷的艰难处境，他决定假期回去照应。

阴历的五月二十六，是杭锦草原上清丽和暖的一天。沙丘上的沙柳、沙蒿，疏疏密密，郁郁葱葱，尽显生命的旺盛。绿草如茵，牛羊漫漫，一辆吉普车在锡包公路上带尘急驰。此刻，我和三弟正送小军回来。

长期卧病的父亲身体僵化，精神郁闷，极需细心地照料和周到的理疗。每当风和日丽、空气新鲜时，小军总是在向阳、出风、舒适的地方，把地面清扫得干干净净，铺上毡子，放好垫的，小心翼翼地把爷爷背进背出，起居饮食，调理服药，尽心尽力。这是父亲跌坏腿以来，过得较为轻松如意的一段日子。

假期生活转瞬即逝，我们回来接小军上学。当小汽车爬起坡，上了梁，行驶在乡间的土路上时，小军远远地站在山梁上，专注地向西张望，清秀的脸上挂着孩子的甜笑，潇洒的身材显露着干练与清爽，一张笑脸闪现着对学校生活的渴求。

回到家里，干净的院子、整洁的房屋，展示着蓬勃的活力与真诚的关爱；平整的道路、满满的水瓮，显露出我们走后对父母生活的关切与担心。看着他临走前仔细地安排，父母心里充满了依恋与无奈。

父亲依然斜躺着，眼中充满了忧虑。看到这里，三弟紧皱双眉，一双明亮的眼睛紧紧盯着我，满怀关切地问："怎么办？"是的，这也正是我心里的疑虑，且别说经过漫长病痛的折磨，父亲的精神、体质、承受力都减了许多，单就季节的变化对父亲的病体来说，就是难以估量的威胁。夏天即将过去，在深秋严冬相继来临的前夕，我们怎能把父亲留在家里，在严寒中重复着春天的艰难呢？如果是这样，我们如何面对老人？如何奢谈良心，奢谈报答养育之恩？

我不假思索地说了一个字："搬！"此时，我仍是满腹狐疑：父亲会不会像反对去医院治疗一样，坚决反对搬家呢？如果这样，我真是进退维谷了。我一边说话一边用眼睛扫视着父亲的脸色。但见父亲脸色凝重，神情黯然，一副无可奈何的样子，再没多说一句话。我知道，一向不服命运摆布的父亲已经让病魔折腾得毫无办法了。时间在我们头脑里永远是最珍贵的。既然父亲已经首肯，就迅速付诸行动：平日精心饲养的十几只绵羊，托近邻照应，衣物食品器具都精心整理打包，众人相帮着装好；在车的一侧铺好一个舒适躺卧的地方，安排父亲睡好，我和三弟小心地分坐两侧仔细护理。得知要搬走的消息，多年的乡邻纷纷来探望、送行、话别。这是父亲走口外以的第五次搬家。以前的四次无论家境如何艰难，前程如何难测，每次都是精力旺盛，企盼着兴旺与进取，既准备吃苦流汗，又隐含着希冀与追求。而这一次，时值垂暮之年、病痛之时，在生活难以自理的困境中，他违心地离开了自己居住多年的小门小院，那所温暖的小屋，心中难免泛涌一股暮秋时节的凉风，翻起一股难以名状的心绪。随着解放牌汽车在震颤中发出粗重的喘息，在抖动中慢慢爬坡上梁驶离故土时，父亲那伤神的眼眶里转满了泪花……经过漫长的治疗、护理、锻炼，伤腿造成的黑暗最终成了过去。

这一年深秋时节，我们自己设计动手，为老人建了一处居所：粗实端正的红松房梁、宽幅匹的白布顶棚、浓彩油画的围墙、青砖铺就的地面、四六眼明亮的玻璃门窗，整整齐齐，清清亮亮，宽展、舒适、宜人，虽然谈不上新鲜、高档、别致，但父亲看了格外兴奋。一九八七年的五月，父亲搬进了新居。一九九〇年的正月二十四，他病逝于格德尔盖村大哥的家中，永远地离开了晚年心爱的家。无独有偶，母亲于一九九六年的五月初七也离开了这个家，竟于三个周后，同样病逝于大哥家。

父亲因偶然跌折了腿，是他最终离开人世的致命因素之一，令我们长痛不已。每想及此，我们懊悔的心总是长久地滴血。

# 第二辑　低吟

说不准是哪一个档次的生活，
或执着地敬仰，或持续地悲壮，
或情有独钟，或自叹自唱，
总之，每当超负荷的情感持续压着心、脑、神、情，
思绪被挤到无路可退的地方，便是请到了诗的催生婆。

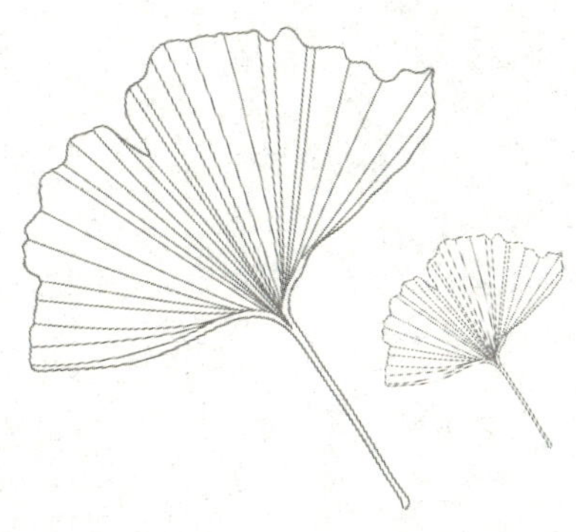

# 怀念二首

## 一

举国庆诞辰，领袖九十春。
伟业神州冠，奇福惠子孙。
马列为方向，实践是证明。
十亿同怀念，江山东方红。

## 二

凝思忆伟人，往事若潮涌。
井冈红旗艳，延安灯火明。
谋略敌胆丧，文章鬼神惊。
浩气盈天地，为求世界同。

# 诗二首

## ——写在抗日战争暨世界反法西斯胜利七十周年纪念日

### 一

灭种亡国忆寇凶，高扬友善任屠城！
铁蹄践踏河山阙，战刀频取妇孺魂；
略地攻城狼烟起，杀人放火热血喷！
阴魂至今存遗梦，恶少年年祭鬼魂！

### 二

紫禁城头启巨声，同心互助倡平等：
山河远隔人心近，协作发展友情通！
汇力情深潮卷地，共谋聚财上苍穹！
五洲四海皆如愿：根绝杀伐庆太平！

# 迎雪二首

## 一

雪落高原碎玉飞，千家万户喜门开！
新楼幢幢居民安，大道条条远客来。
遍地春风时正好，如荼伟业若惊雷！
神州到处虎虫颤，瑞雪平添一片白！

## 二

细干高枝尽叹冷，缘何爱热不喜冬？
寒风瑟瑟晴空少，败叶飘飘寒气增
季节轮回常有道，悲伤体态少安宁！
春来桃李芬芳日，烂叶枯枝可剪裙？

# 说病

平民百姓身无价，病痛折磨益伤神；
至亲拳拳山欲倾，儿孙急急火灼人！
三灾五难寻常事，大限来临苦问心：
如许时光轻弃掷，谁人有力补平生？

# 春节感怀

玉树琼花夜光楼，仙人府第降神州！
街头草木银灿灿，半空彩饰晃悠悠；
舞袖情浓人心醉，歌酣伟业志必酬；
春节设就起跑线，百年宏业涌潮头！

## 家史感怀

### ——有感于万里“读家史初稿诗作”

天公降祸静无声，苦煞双亲几十春！
老屋凄清无暖意，新途不测有贼兵！
家衰总盼吉祥运，身困常思起大鹏！
笑看儿孙多才俊，扬眉吐气话家风！

## 观棋战

恒河两岸起烽烟，劲旅巡疆气如山；
炮马驱敌残阵破，雄兵守关战犹酣；
高层深思前程亮，百姓同心社稷安；
共唱高歌迎盛世，山河日月换新天！

## 大道

通天大道绕高原，似水车流起巨澜；
汽笛频传前进曲，飞轮转过远方山；
心装好梦情犹壮，志夺硕果干劲添；
喜看前程红日照，天时地利正当年！

## 晚年抒怀

岁近八十意若何？家逢好运晚福多；
中华喜庆民生乐，怒对南疆搅局魔！

## 读秉裕兄《往事如烟》

半世辛劳一本书，纯真字句贵如珠；
人生百味研读后，遍地佛音育大儒！

## 贺万长兄八十华诞

八十寿诞意如何？换罢文装换武装；
一世清白人称道，儿孙有志尽成行！

## 悼崔自强兄

落落襟怀兄长意，耿耿气度善慈心；
驾鹤西行留不住，无言眷恋在亲人！

## 题东胜烈士陵园

参天大树气萧森，护卫高原一片春；
烈士英灵常聚此，犹闻历史喊杀声！

## 十一抒怀

去浊扬清气象新，神州大地尽如春；
都城面海谋发展，村落临山话脱贫；
巨器游洋威力大，天宫拔地傲苍穹；
中华一吐凌云志，砥柱狂流环宇宁！

## 故土情

常思故土败渠横，卷地黄风吓煞人！
破牖穿风情寂寂，柴门欲散雨淋淋；
饥寒总叫愁肠结，困苦催发恐惧心；
但见双亲回屋后，金光满地在天宫！

## 感时吟

七十六岁忆平生，痛掷光阴满地金！
故土荒山磨岁月，巴盟圣地铸前程！
教书切切师兄意，育人拳拳赤子心！
晚到时间尤宝贵，分分秒秒总关情！

## 诗神

李杜文坛起岱峰，三闾汨罗唱芳魂！
抒怀舞槊平生志，独处闲楼倍伤情！
铁马冰河凉州梦，人心难述沈园情！
雪山成就红军愿，亘古毛翁是诗神！

## 茔地抒怀

灵山宝地驻仙人，一脉千秋万代根！
曙色初升红日亮，清辉遍地月迷蒙；
松杨列队平安岁，大道通天任意行！
四时虔心勤祭奠，绵延后代尽福荫！

## 望长城

冤灵不死化长城，隐现无涯夕照中！
绝壁深沟随意过，通途险地自由行！
强权硬聚民间力，怨怒齐索二世魂！
亘古帝王为世事，人心一气万年功！

# 晨练

神光未显夜迷蒙，电亮高原遍地明！
巍巍高楼传暖意，绵绵大道送真情！
儿童上学的车快，老者晨练步履轻！
梦起鹏程心亦壮，朝霞染透满天红！

# 清晨即景

冬夏看时针，街头景色新；
长空灯如雪，大道一川平；
白发轻猿步，苍颜势若松；
轮回三百六，盛世唱太平！

## 高原迎春

玉树灵花伴彩灯，金鸡报晓又逢春；
高楼立宇乾坤壮，大道通天任远行；
乐业安居千户愿，国强民富万家心；
中华共祝新年好，笑看神州乐满门！

## 丁酉有感

年催岁月业宜人，想罢先贤看子孙；
旧日难堪魑魅叹，今时火旺大神惊！
中华俊杰齐发力，泰岳连天我做峰；
亿万同心成壮志，神州友谊伴新程！

## 东胜情

地处偏西却爱东，朝霞雨露草青青；
牛羊漫漫掀波浪，宝藏源源化作虹；
大汗投鞭千古叹，毛翁唱雪万世情；
民族友谊同心结，铸就边疆铁壁城！

## 月圆曲

彩树花灯映九天，春来再看月团圆；
光如宝镜尘无霰，色似禅心慧不染；
亮亮清清神女梦，洁洁净净桂花缘；
元宵尽看民间乐，福满乾坤胜过仙！

# 忆父亲

家逢败运恨难消，少小担当面世潮；
幼岁城衙骑马过，青年口外苦煎熬；
人穷暗立冲天志，业困根基忍筑牢；
晓日东升环宇亮，风调雨顺唱今朝！

# 故土

微风送暖草青青，岭下农家正闹春；
老牛摇山云里秀，耕者呼唤一年丰；
茅棚屋顶炊烟淡，稚子缘山早饭勤；
远望阿爹急叫停：窝窝菜汤要凉冰！

## 忆慈父回府谷

家穷岂能忘娘亲，岁末年根府谷行；
塞外风雪常伴路，长城垛口气萧森；
川掌暖水杨家塔，古城塔拉庙沟门；
泪满山乡心难静，慈母翘首小院中！

## 丰年小记

长天雨顺送微风，四野禾田尽若林；
触目麻苗山岳起，穿身黍稷绊难行；
农人盼丰无穷乐，晓日繁星汗水淋；
任是拉车耕地牛，奔来跑去劲频生！

## 忆民国三十六年旱灾

长天断雨地皮红，铁定灾年路安寻；
谷粒无存饥催命，灯香断缺贵如金；
饥时胃热肠灼痛，空肚频传吼叫声；
树草根叶无觅处，荒渠清水解危情！

## 忆儿时

凄清土屋月迷蒙，飒飒风声伴院中；
困苦时节心志壮，贫寒岁月赶前程；
家穷认定书香业，身困恒思起新程；
喜遇霞飞东方亮，冲天大笑话人生！

## 初访河套

天张阔远地无垠，套川茫茫惊煞人；
险峻阴山云影挂，咆哮圣水畅甘霖；
居民尽是天仙手，彩绘北疆换旧容；
笑看山河频巨变，引领当代上新程！

## 题磴口拦河坝

晓日惊涛磴口城，黄河至此意从容；
新图起坝民生意，旧水设门志士情；
塞北钢花银灿灿，河南小麦绿茵茵；
人心汇就千年业，一套河水尽利民！

# 库布其新韵

张老骑驴半空行，沙粒偶失落寰尘；
莽莽苍苍风云路，静静寂寂鸟兽音；
赤帜高扬天地变，愚公立志上征程；
沙原畅设柏油路，亘古阻绝我铺通！

# 忆格德尔盖

格德尔盖故土情，苦难无援几代人；
梁地山田出产少，棉蓬苦菜盼年丰；
茅棚土屋怜寒士，破牖柴门救饥贫；
每叹家乡人性好，山村百姓胜仙翁！

# 吉尔格朗诗抄五首

## 雾

雾满长空降甘霖，迷蒙霰雨有神灵？
茶香厚重人无影，灶火飘忽一点红！

## 南干渠

飞珠溅玉浪花涌，送来西天一片情；
沃土沿河无旱涝，茫茫麦海话民生。

## 沿河月

玉琢长霄月，高悬在九天；
平生身自洁，清辉满人间！

### 夜浇小麦

蓝天麦海两相宜，闪烁灯光醉态奇；
圣水扬波灵气秀，星星泡落水田里！

### 农民

莫道沿河种地郎，青春尽着妙时装；
频蹬飞鸽铃声脆，往来平原酒肉香！

## 锡尼镇

朗朗高原阔，茫茫沙丘横；
白云无定意，牧歌有真情；
草疏黄风急，车稀路不平；
遥望锡尼镇，满眼树森森！

## 题杭锦旗教师进修学校

寂静书声朗，青春妙年华；
心为多彩笔，染透满天霞。

## 父母喜闻家史

九霄云端漫碧游，慈心惠意恋神州；
山村旧貌难堪事，大道豪车浪花流；
墓地香烟传喜讯，家史至宝贵千秋；
从今更得添新彩，笑看儿孙为国忧！

## 高原晨练

银丝漫染曙光明，日日高原弄晓风；
举手白鹤双亮翅，收拳虎啸一山松；
轻呼热气成霜雪，畅流碧血化作虹；
暮年常思回钓岛，始穿戎装上征程！

## 晨跑

冬时谈景致，塞北最宜人；
重彩东方亮，霞飞大漠红；
凉风成佳酿，阔野醉心灵；
近万晨跑者，谁能忘此情！

# 阿门其日格三首

一

无边大漠泣孤魂，昼夜驼铃续断声；
晓烟轻飘愁米面，沙原遗弃废铁铜；
灯香草籽灾年贵，狐鼠豺狼荒岁凶；
翻尽沙峰寻出路，先人辈辈总贫穷。

二

往日此乡实可悲，无柴缺水更少米；
风狂虎啸深冬吼，土聚杂尘倾泻来！
夜半羊羔踪迹杳，天红地旱五谷稀；
连耕几遍灾情重，籽种无影变做鬼！

三

绿柳清风最宜人，生擒降灾大沙龙；
高坡远洼连天树，地畔田头翻绿锦；
五谷逢春齐刷刷，甘霖按季雨蒙蒙；
枝条巧编神奇在，过海漂洋传美名！

# 白音格尔二首

## 一

热浪无云百姓惊，白音恩格旱灾临；
三春不见青青草，晚秋风沙遍地滚；
政府红旗飘定力，职工奋力斗峥嵘；
心齐志坚天地动，牧业丰收捷报频。

## 二

春风遍吹草正醒，苍莽高原泛绿锦；
劲壮沙蒿随意立，幽情牧场淡雅风；
如时雨顺茶香重，百姓安居韵律清；
回味灾年牢记取：危机似火灼人心！

## 题进修学校师一班

半道求学益费神，楚楚一班五十人；
拖家总想柴米贵，业疏方知数理生；
领导无情硬逼才，学员有志苦用心；
明星朗月勤相伴，丽日高悬暖意浓！

## 赠万里

儒商雅号万兴隆，海内蜚声聚远朋；
丽日阳春迎小雨，金秋丹枫叹慕蓉；
西山碧玉家乡美，北方时光励志评；
岁逾七十情未老，高歌奋进唱人生！

## 赠周雨明

沥血讴歌几十年，痴情未改在沙原；
乌达高唱黄河颂，大汗行宫叹北边；
韵律高低唯真意，诗句短长爱接天！
平生呐喊雄风在，更喜亲民盛世传！

## 赠徐怀亮

劲壮田苗秀色浓，春风带雨催将成；
家乡沃土根深扎，大漠奇景笔下凝；
有志文坛勤实践，投身伟业苦用功；
前程正似登山道，攀上近坡有远峰！

# 赠王晓东

幼少求学锐意浓，言辞不显重恒行；
情融往事频催泪，爱在书林敬右军；
立志文章兄尽短，沙场灭寇为国宁；
青青小树枝叶茂，冠盖亭亭快长成！

# 赠果才老师二首

## 一

平生敬业老难停，日夜研读趣味浓；
耿耿经史谈社会，灼灼丽章述人生；
山川草木勤裁剪，道德伦理妙成文；
世界纷繁源正旺，喷珠吐玉总关情！

## 二

书生到老益知勤，放下粉笔即著文；
总伴星辰随冷暖，常为事业话艰辛；
鸿鹄但喜凌云志，路梯常思傍崖伸；
两鬓苍苍无意改，红烛燃烧向光明！

## 五月即景

欣逢五月艳阳天，碧草离离彩色鲜；
漫漫牛羊添动景，悠悠牧歌赞丰年；
新房栋栋人民乐，大道条条畅远连；
展望高原新景致，牧区百姓赛神仙！

## 燕子

精灵燕子驭春回，垒筑高巢口运泥；
育子难却天暑热，寻餐岂惧闷声雷；
频频护佑慈心暖，戚戚言传话未来！
待到雏儿凌霄日，无言冷峭败叶飞！

# 牧区素描

燕语千般意，歌抒一脉情；
朝霞天地艳，大漠护祥云；
牧区闲茶迟，书生上学勤；
江山无限好，塞北最宜人！

# 自题

平生碌碌计谋深，但恐追求有不成；
敬业时或招暗怨，教书午夜伴星辰；
闲来总与文朋聚，感世即兴著爱文
两鬓苍苍情未改，攀登向上是人生！

## 雨中素描

云浓雨骤树凝神，满地银珠乱动琴；
巍巍群山无语意，溪流欢唱海波平！

## 悼学友

曾为解语花，丽质附芳魂；
慧眼千秋事，良言尽惠风；
无常何太愚，索向九泉冥；
道阻无以送，留诗悼英灵！

# 悼慈父

一

天旋地转山岳倾，裂胆摧肝泪纵横；
老父随鹤西归去，唯求深夜梦中逢！

二

六岁为梁举世惊，操持里外幼即成；
艰难练就无援意，挡道豺狼若苍蝇！

三

土屋凄清困厄频，无穷苦恨自身承；
儿孙尽是心中宝，兴业振家看后人！

四

长天大地尽悠悠，悲痛难将老父留；
厚葬穿装表寸意，清明断肠泪空流！

# 忆慈母

## 一

荒坡野洼月初临，夜色朦胧故土宁；
背负如峰人未识，山间踽踽是娘亲！

## 二

儿多女众益清贫，困窘生活地里寻；
夏累三伏冬更苦，轮回日月叹人生！

## 三

绝云断雨叹三春，赤地红天命安存？
灾难如逢八卦炉，转瞬不测定鬼神！

## 四

难去余生分外香，人生古稀得安康；
坟头更有青松伴，护卫平安树绿杨！

## 秋花

秋花颓败更着霜，静立郊原不惊慌；
夜夜魂飞怀旧日，余生光阴醉人香！

## 与高一班老学生相会

风云几十年，东胜再相逢；
君看原头草，花开满地红！

## 别巴盟师专

友去楼空四壁灰，香魂秀骨梦中来；
痴寻倩影无踪迹，叹息频频信步归！

# 送玉玲赴京治病杂诗

二〇〇二年十二月二十四日，经查，玉玲疑患肺重症。小东与瑞霞急陪赴北京中科院肿瘤研究所诊治；我尚病中，每日以电话联络，并以短诗记录感受。选录如下：

## 送玉玲赴京

汽笛长鸣进北京，携从三九雪与风；
忧思化作惊天浪，万种情思慰远行。

## 浇花

见物亦如人，人行草木存；
鲜花传喜讯？寂寂静无声！

## 接晓东第一个电话

一语传来喜庆音，京城驻地洗风尘；
遥知孩子已成器，泪雨纵横落襟胸！

## 遥寄玉玲

此去仙山拜圣灵，唯求立马见奇功！
神医妙手顽疾去，再获花甲健康身！

## 无题

枕上波涛遍地涌，庭前重虑压千斤；
妻儿笑语回来日，便是云消满天晴！

## 夜静思

结发四十最知君，每遇波澜总不惊；
病痛床头何念想？疑难杂症等轻尘！

## 盼

君在京城住院中，魂牵梦绕总劳神；
无限关山连天愿，只盼长途报喜音！

## 手术

一语传来大不安，将施手术夜难眠；
悬空脚踩钢丝过，险处求赢巧弄玄！

## 赠小东

穿山越岭进京城，为母康复苦费心；
重担千斤能挑得，金钢百炼更清纯！

## 元旦

爆竹连绵一岁临，高原翘首望京城；
妻儿住院烦心事，寄语长天慰亲人！

## 赠瑞霞

操持内外敬双亲，服侍婆娘进北京；
女子贤能从古有，瑞霞此举动人心！

## 送小军

母走千程子操心，风尘仆仆进北京；
除疾盼盗灵芝草，救危求佛倒圣峰！

## 接要亲电话

泰岳临头忧虑多，心头滴泪口唱歌！
船行险处需撑舵，古渡风云过险河！

## 接万里电话

言辞亮丽铿锵音，缜密思维道理清；
世上英雄若霄汉，超人万里在其中！

## 接美琴电话

语带豪侠见深情，兄嫂看病勿担心；
花钱自有纱纺在，洞知天命万事通！

## 接姐夫、大姐电话

频频来电话，处处现真情；
友谊若能变，黄河不向东！

## 接玉玲手术电话

闻君术罢一身轻，妙施医疗去病根；
至此恢复人健康，神州美景纵情行！

## 忆旧（一）

枕上相思几十年，频频见君旧时颜；
春花护月无粉黛，巧夺天工色愈艳。

## 忆旧（二）

四十年间坎坷程，酸甜苦辣伴相行；
涛高浪急寻常事，挺起脊梁过一生！

## 送玉玲上手术台

君临手术台，我坐在桌前；
忧虑难扯断，双泪点连点！

## 接东子术后第一个电话

特大惊喜电话传，神医妙手去忧烦，
临危愈觉人生贵，泪雨纷纷洒襟前！

## 待玉玲归来

病去神清圣地归，机车若飞二儿陪；
从今愈爱生命贵，老少安康远离灾！

## 自陈

冷暗悬心二十天，忧心纵唱泪涟涟。
何当笑语同归日，雾散云开心自安！

# 云南游三首

看玉玲与东子一家游云南照片，感赋三首。

## 登机

排风驭电过长空，鹿市登机到昆明；
看水游山玩胜景，陪儿护孙乐融融！

## 一线天

群峰壁立入云端，浪啸涛喧大自然；
岁过七十滇景秀，平生未识洞中天！

## 过玉龙雪山

玉雕雪山探青天，茶马古道近千年；
滇川汉子成帮去，满腔豪情过大关！

## 迎春曲

斗转星移又一春，江南塞北共迎新；
国家合力谋发展，百姓同心话脱贫；
碧海蛟龙先祖梦，重霄大鹏志者心；
中华走上通天路，喜庆前程美酒纯！

# 第三辑　故事

长长的山路，弯弯的流水，
说不尽的人生履历，
诉不尽的悲欢离合，
把带着血、火、情、泪的全部，
诉说给可信赖的知己，
不假、不骗、不诓，这就是小说。

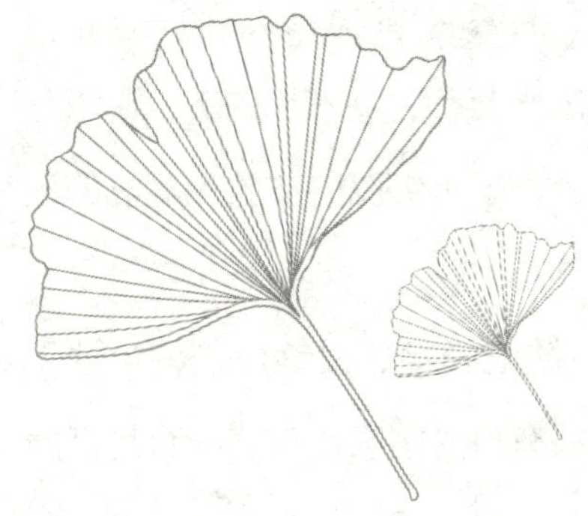

# 荷荷

荷荷是二拜妈家的宝贝闺女，时年八虚岁。虽则出生在小户人家，却一样备受关心疼爱，真所谓是抱在胸口怕冷着，衔在口里怕化了，在呵护中成长起来。

荷荷的模样十分招人喜爱：圆板的身材不高不低，不胖不瘦，恰到好处，手脚发肤，乃至指甲的形色，都十分标致：瘦瘦的圆筒状，泛着浅浅的嫩红，即使是指甲缝间，也总是清清净净的，让人看了十分舒心。最招人赞叹的自然是荷荷那张俊俏的脸蛋，那模样简直就是一件精美的艺术品，怎么看，怎么美；怎么品，怎么香，给人留下永恒的回味。那道发端于双眉近处的鼻梁似初起的峰峦，半掩半露，一线微隆，渐行渐高，把脸庞的原野自然分为阴阳两侧，直至鼻翼的开合处，形成一个隆起的高度，丰隆红润，鼻孔洞开，成就为命门，直贯五腹六脏，启动周身血脉，开启血液的总闸；连着鼻翼的，是浅浅的肉色双线，拼成鼻与嘴的暗槽，简直就是一个艺术的连接，构成了别具的美；若无若有，不隐不显，让人心动；淡雅的双唇，似两片灵动的美玉：浅圆微弧，光泽润朗，配上那似笑非笑，似怒非怒，微露润泽的眼球，光与色相得益彰。这超凡脱俗的匹配，使荷荷成了真正的出水芙蓉，品不尽的美，说不尽的爱。父精母血造就的生命，竟有如此的魅力，再配上细腻的皮肤和呢喃的语调，荷荷绝对是远近村镇最美的女孩。

二拜妈家难以启齿的贫困着实让人心酸：缺吃少穿，没铺没盖，半地下室的柳耙房内，炕光地光，清清净净的，白天只有日光暖家，夜间唯有月亮照

明。艰辛的日子伴着黄连过，生活中吃尽了苦头。人对苦难的承受力是个难以计算的未知数。就在这一手难遮两耳风的困境中，竟能把生命延续下来，这也是造物主的伟大呵！

就说这一家人住的柳耙房子吧，真要让见多识广者咋舌：住址就选在四山围定空旷荒野的不毛沙滩上，荒野、空寂，一览无余；在风雨纵横的苍凉中，一座孤独、狭小的茅屋，似一个敢于抗天命的汉子，倔强地伫立着，迎送寒暑，遍历春秋。茅屋占地不大。初起的墙面还算周正，是村落里常见的造型，随着结构的发展，房子向上，渐行渐收，到了顶部，收成一个圆，平地隆起一个穹顶，两边保持着匀称的坡度，以粗黄泥裹抹，不加修饰，开门设窗，铺炕搭灶，并以其结构特点取名为：就地扒圪洞柳耙房。

二拜妈的家贫寒到不能再贫寒的地步，想到她艰难的生活，就让人心里发凉。然而，她却是个讲究生活品位的人，即使穷，也要穷得像个样。茅屋打理就绪，搬家的前夕，二拜妈做了一次别出心裁的装修。她不知从哪里弄到一块约六平方寸的厚实玻璃，安在独扇窗户中间的方格上，亮度倍增，一下子蓬荜生辉。站在屋里的窗台下，能清楚看到外边的山水河流、人物景象、花鸟草虫、蓝天白云，十分奇特，十分神秘。这个小装置牢牢地吸引住我们的好奇心，有事没事都往二拜妈家跑。我们从心眼里敬佩二拜妈的精巧与能耐，尤其惹人羡慕的是，秋末冬初，寒霜渐重，破衣烂衫的荷荷整天躲在家里不敢出门，为了目送下地的父母，或是盼望回家的妈妈出现在山坡下的小路上，荷荷的两只小眼睛对准那块小玻璃，小脸蛋紧贴窗户，长久地站在窗台前，专注于山下的小路，直至眼泪鼻涕打湿了窗纸。

1946年，是灾难史上一个节点，记忆层面沉重的阴影成为生活中无法痊愈的伤疤。这一年，气息不通，阴阳失衡，天地使性子，闹独立，活生生放下了一个颗粒无收的大灾年。

这一年的天超常倔强，从立春到大暑，滴雨未落，每日起来都是一个火红的太阳，圆圆的、亮亮的，悬挂在天幕上，古板地从东方走向西方。其间没有些许云层或雨意，偶尔起了点雨云，嫩嫩的，低低的，看似有了希望，紧接着就是一场卷天卷地的西北风，疯狂、暴戾、直冲长空，直至雨云被吹得踪影全无，留给人们的只有叹息和期待。

下种的节令就要过去了，老天依然是滴雨未落，一旱到底。眼看着就是一个颗粒不收的黑钵子灾年，人们心急火燎，日夜盼望着痛痛快快下上一场好雨。一场，只要一场就能救人的命！然而，东方升起的红日每天像个醉透了的傻子，圆圆的，红红的，板着个脸，把日胜一日的热量无遮无拦地喷洒在大地上，泥土里布满了火星。哪能落下好雨呢？着急的人们像热锅上的蚂蚁，干着急，没办法。这简直就是等死！

艰难中苦苦挣扎的二拜妈，脸上缀满了凄凉与惊慌，整日恐惧不安，不知怎样应对，只能以细水长流的节俭、吞糠咽菜的苦熬，想法钓住一家人的命。但糠菜又去哪里寻呢？

这些日子的早晨，二拜妈家的烟囱上再也不见冒烟，亮亮的天地、清清的风，房子像没人住似的。二拜妈一起来，头不梳，脸不洗，饭不吃，引着荷荷，提着筐子，拿着铲子下地了。尽管荷荷前肚皮贴着后脊梁，肚子里的清水咕咕叫，直向喉咙窜涌，却像个训练有素的抗饥饿队员，不哭不闹，不喊不叫，跟着妈妈去了河湾地。

那是块湿地，野菜杂草丛生。湿地里，脚印压着脚印，铲痕套着铲痕，几乎让人翻遍了。但不来这里又能去哪里呢？二拜妈幽灵似地游荡在河湾，没有希望，没有收获，磨洋工似地磨了一个上午，筐子里空空的。倒是荷荷每有建树，只见她斜倾着身子，臂挂着筐子，手拿着铲子，睁大眼睛，紧盯着枳机丛、野草中，猛然间就发现了叶片狭长，带白乳汁的苦菜。荷荷的兴奋不打一处来——这就是追求，这就是希望，这就是性命！怎么能不高兴呢？荷荷像发现了仙丹圣药，血往上涌，心咚咚地跳，脸上绽开了花，亮着童音告知二拜

妈："妈！苦菜！苦菜！"她在朦胧中感到手才是救命的工具。

为了挖到更多的苦菜，二拜妈带着荷荷进了毛乌素。这里虽然是边缘地带，依然是沙的王国：黄漫漫的明沙，古板傲慢，沉寂神秘。同色的沙粒聚成浑圆的沙丘、耸立的沙山，连带着曲曲弯弯的沙豁、沙谷，围着浅浅的沙湖，泛着亮晶晶的水花，极具韵味。湖水周围的湿地上，长满了丛莽的杂草、繁茂的野花。其间，不乏大片大片的苦菜，嫩绿嫩绿的颜色，原生态的洒脱，连牛羊都不曾啃食，简直就是天然的苦菜园。二拜妈和荷荷兴奋极了。荷荷的右手舞动着明晃晃的小铲子，左手轻快地拾取苦菜，那清凉清凉的白色乳汁沾满了双手。荷荷不时地用舌头舔舐，或者，干脆把鲜苦菜吃在嘴里，品尝童年生活的滋味。

夕阳的暗影已经模糊了向东的沙坡，清爽的凉风淡去了淋漓的汗水。两条毛口袋已装得满满的，筐子也装得满满的，地面上还分布着大片大片鲜嫩的苦菜。

二拜妈迷路了。在那色泽相同，形状相同，甚至大小也相同的沙海中，一旦迷了路，就很容易辨不清东南西北，找不到回家的出路。天越黑，越着急，越着急，越恐慌。二拜妈心急火燎地爬上这个沙丘，看到另一个沙丘高，上了另一个，觉得还有更高的。几个来回跑下来，折腾得两腿打战，浑身冒汗，软瘫在沙丘上。她不知道迷路会带来什么结果，想不清，也不敢想。听人说：沙窝里是狼群出没的地方。狼是一种极具攻击性的野兽，其凶残暴戾让人胆寒，如果困在沙窝子里，深夜真的遇上狼群，该怎样应对呢？

夜色更暗了。荷荷两条乏力的小腿，不顾一切地爬上了沙丘，真是天无绝人之路。她竟鬼使神差地瞭见大沙湾里冒起的青烟，悠悠的，淡淡的，却很清晰。那是牧民的放牧点！母女俩从死亡中捡回一条命。从此以后，二拜妈再也不敢进毛乌素了。

颗粒无收的秋景，迎来的是地光、场光、粮仓光的年景：人没口粮，牛没草料。一无所有的窘迫，怎样应对严寒的冬天呢！生活没有出路，自己找路也得走。按照男主外、女主内的潜规则，二拜妈和荷荷守家照料，二拜佬则和处境相同的邻居，冒着严寒，相互结伴，赶着牛车，去鄂托克旗的木凯淖碱湖拉碱，经过长途辗转，拉到包头的西垴包，卖了碱，买上生活的必需品，接济家用。

这是怎样的一个家啊！柳耙当椽，黄泥薄抹，防寒能力差，难以有效阻挡老北风的穿透力，每到秋冬，寒风一起，四周那些看不见的小孔穴都是寒流的高速通道。俗话说：针尖的窟窿椽头的风。寒流毫无阻拦，房子很快就成了冰窖，屋子里所有的液体都结成厚厚的冰块，打都打不开。这就是荷荷养命的家！每逢此时，荷荷浑身打战，脸色灰白，鼻涕流淌，像一只逃命的小猪，不顾一切地钻进一堆烂皮子里，双手紧抱在胸前，双腿蜷缩，连头包裹严实，惊恐万状地紧挨着二拜妈的腿，熬过了一个又一个深夜。

寒冬的夜，星汉闪烁，严寒肆虐，夜深人静，正是农家集中处理针线活的重要时刻：一家老小人的衣帽鞋袜，缝新补烂，大的拆改成小的，旧的翻改成新的，全凭女人在油灯下一针一线的连缀，熬夜费力的功夫。这本生活经，家家都在念。二拜妈不时地搓手呵气，借着油灯的微热，获取意想中的热源，然而寒冷像密集的钢针，点刺着瘦弱的皮肤，一波接一波地纷乱袭来，透着清森森的酸痛，好在二拜妈习惯了这种煎熬。荷荷钻在烂羊皮堆里缩做一团，从密的老山羊毛，挡住了钻心的寒气，周身暖和了许多，无怪乎流传在百姓口头上的生活经：穿衣裳不要忘了皮子，吃饭不要忘了糜子。是啊，在这样的寒冬里，有什么能代替这老羊皮呢？此刻的荷荷并没有进入香甜的梦乡，空空的肚子、愤怒的胃流、滚动的酸水、往来的虚气，正在掀起翻江倒海的狂涛，火烧火燎地闹心。肚子在咕咕叫，酸水总在喉头上下徘徊，每一次都想吐，每一次又吐不出。俗话说：饥饿难忍。难忍也得忍！不忍有什么办法呢？荷荷不哭不闹，不喊不叫，闭着眼睛装睡觉！

起风了。塞北的风，速度高，冲击力强，沙尘密。风沙一起，天地间昏黄暗淡，一片狂怒的呼啸，辨不清方向。风沙把一切都掩埋了：埋住了天地，埋住了星月，埋住了村落，埋住了房舍；天地间混沌一片，仿佛走到了世纪的末日。这风暴极具威慑力和破坏力，掀砖揭瓦，卷草拔树，毁坏农田，埋没牛羊，无所不能，常常打得人抬不起头，直不起腰，迈不开步，天地间充斥着风沙的肆虐和横暴。

冷风暴突袭了二拜妈家的茅屋。风暴中的茅屋像大海中的小船，任风暴冲击，任风暴摇晃，随时都面临着灭顶之灾。门在响，窗户在响，柳耙扎成的房墙也在响，处处亮起警报的红灯，孤独无援中的二拜妈感到恐怖极了，那是生死时刻的抉择！风沙却摆出一副一不做二不休的架势，疯狂地咆哮，任性地攻打，仿佛要把这小茅屋就地拔起，送上太空，卷入海天一色的太平洋。

此刻的二拜妈着了魔似的感到恐慌，眼睛睁得圆圆的，散乱着光泽，张开嘴，大口喘着粗气，脸上看不到半点血色，发了疯似的抱起荷荷，用尽全身力气，抱得紧紧的，唯恐只要松开一点，黑风暴就会卷走荷荷，卷得踪影全无，送到神不知鬼不觉，无人知晓的地方。二拜妈眼冒金星，头皮发麻，脸色苍白，惊恐万状，极力想抵挡住恐慌，又不知道恐慌来自哪里，心头泛涌着一种身陷深渊的绝望。惶恐重压之际，嘴里反复念叨着：阿弥陀佛，善点来，不要伤了我的荷荷！不要伤了荷荷！那是绝对的虔诚，那是深厚的寄托，那是唯一的依靠，那是精神的力量。

狂风终归于沉寂，四野停歇了喧闹，大地死一样平静。二拜妈仔细看看：屋顶还在，房子还在，荷荷也在，只是恐怖的气息依然萦绕在心头。看眼前，仿佛大梦初醒，余生得救，重压憋得二拜妈放声大哭起来，声音是那么悲痛，情感是那么忧伤，心灵是那么痛苦。这寒冬深夜的经历仿佛就是劫后余生的侥幸。二拜妈的哭声引起了荷荷饥饿的痛苦，顺着妈妈那苍老的声音，也亮出了深藏在肚里的痛苦。

二拜妈眼圈红红的，眼泡厚厚的，赶紧哄荷荷，很快走到地面的墙角，揭开一个小洞，拿出两颗不大的山药，在炉灶里加上火，把山药埋在火里，嘴唇上念叨着："民国？民国？这民国三十五年，就是收人命的年！"嘴里一边念叨着，一边翻腾着炉火里的小山药。

小洞内的山药只有一碗了，这是家里全部的口粮。无出路、无希望的生活冷得二拜妈浑身筛糠似的颤抖，恐惧的重压严密地笼罩着她，丝毫不得解脱，仿佛是魔鬼咒语变成的绳索，捆得她难以挪动。狰狞暴戾的魔鬼要抢走荷荷，简直是要她的命。二拜妈恐惧得哭了，眼泪、鼻涕一把一把地甩在地上，很快结成一层淡淡的薄冰。荷荷也跟着哭起来。在以往的生活中，荷荷并没有因为饥饿的折磨而流泪，她把泪流在心里，装在肚子里，免得妈妈伤心。如今，妈妈的痛哭让荷荷再也不能自抑，泪水一串一串往外涌，哭声越来越重，每一声都带着绝望的告白。一双已经红肿起来的眼睛总是盯着窗户上的玻璃，希望在这北风怒号的寒夜中，能看到衣衫褴褛，蓬头垢面，脸色暗红，身体佝偻的二拜佬突然回来。他就是这个家真正的救星了！

二拜妈把烧山药剥好，放在荷荷的面前。荷荷恢复了神气，两眼盯着那白嫩白嫩的山药，真是饿疯了，恨不得一口把那两颗烧山药都吞进肚里，压住满肚子胃液叽里咕噜的搅动。但是，理智压制了冲动，一口吃下去，不就什么也看不见了吗？看不到吃的东西，人会绝望的！荷荷用舌尖一点一点舔舐着，似在品味，似在欣赏，求得一种精神上的满足。二拜妈则把两颗烧山药皮一口吞进肚里，还没感觉到滋味就没有了。此刻的二拜妈真的好想二拜佬。

出门在外，冰雪在地的寒冬，二拜佬他们赶着一步三摇的牛车，此刻正行走在四十里平梁。

清晨，贼冷贼冷的。东方的天幕还朦胧在暗紫色的云层中，云像一块冻透了的生铁，冷冷的，一动不动；太阳也躲在地宫，不敢露面，严寒控制了一切。天空、大地、草木、泥土，都用硬邦邦的声音和车轮对话；眉毛、鼻孔挂满了浓霜，手脚冻得没地方放，前后胸口冷风像利剑穿刺，生命的结束，只是个时间问题。出于活命的愿望，二拜佬他们把一头绳子拴在车辕上，一头套在肩上，拼着力气和牛一起拉车，借着血流的增速、内热的提高，对抗严寒，保全生命，急救困境中的荷荷和二拜妈。

山村的生活本来很平淡，最普通的功课无非是一日三餐，粗茶淡饭，日出日落，风霜雨雪；丰年吃穿得好一点，灾年饥饿得多一点；皮袄纳裘，寒窑破洞，祖上就是这样送走日子的，民国三十五年又能出什么新招呢？

然而，荷荷的死却像深水区燃爆的重磅炸弹，在人心的湖面上激起了冲天的巨澜，沉重、持续、一波一波地扩散，揪得人心痛滴血。

噩耗是妈妈带回来的。

夕阳已沉入西山，天寒地冻，清冷昏暗。身材瘦小的妈妈慌忙推开门，一闪身进来，身上带着一股瘆人的寒气，惊慌的脸上泪珠纷纷滚落下来，痛切地说："荷荷有近半个月吃不上东西，现在不行了！"什么？我的脑子里像闪过一声炸雷，心在狂跳，血在上涌，胸口憋闷，头脑嗡嗡乱响，想吼，想叫，但又吼叫不出来。怎么会这样呢？荷荷怎么会死呢！我一个反弹跳下地，一开门，发了疯似的向二拜妈家跑去。

二拜妈清冷清冷的家静静的，没有一点声音。二拜妈坐在下炕靠窗子的地方，失神的眼睛木木的，没有一点活气，怀里是一堆烂皮子，包裹着荷荷。荷荷的脸色像白麻纸一样，没有一点血色，浮肿的面部五官就要挤压在一起了。她的呼吸很微弱，两只失神的眼睛眯缝在一起，模糊中盯着小玻璃，期待着能看到二拜佬回来。

她的这副模样，让我惊呆了，也不知道该说什么，只觉得胸口发烧，眼睛发热，泪珠一颗接一颗滚下来。荷荷貌似很清醒，听到我来了，从烂皮堆里伸出小手。我吃了一惊，只见手背上的血管像树枝一样苍老，枝枝杈杈的，暴露于皮肤表面，怪吓人的。我想拉住荷荷的小手，刚一接触，发觉那手冰凉冰凉的，像是失去了血的热度。我紧握着她的手，哽咽难止。荷荷的眼睛睁开一条细线，有气无力地说：“二哥哥，等天好了，我们再耍！”这是荷荷留给我最后的话。

其后，二拜妈整天起来头不梳，脸不洗，衣衫不振，不管风雨，手里拿点吃的东西，大声呼唤：“荷荷，吃饭！”

# 青春的陷阱

## 一

浅浅的山，围成一个充满人情味的椭圆，留住家乡淳朴与厚道的风俗，留住乡亲们世代相传的谦恭礼让，是故土本色的印记与名片，无语地逶迤在大西北苍茫的荒野中，山上没有惊人的峰峦，没有陡峭的岩壁，只有粗粝的岩石层覆盖着黄褐色的沙石，隆起一个厚厚实实的高度，草长花开，风来雨过，迎送时日，遍历春秋，汇集了亿万斯年的年轮。山间没有名花，没有清泉，没有树木，没有珍禽，也没有迷人的神话，只是杂生着一丛丛硬朗的柠条、细弱的小草、淡淡的野花，生了死，死了生，一茬一茬地轮回，敞亮着生命的倔强、硬朗，短暂与永恒，就像当地坦诚、朴实、谦让、宽容的父老乡亲。

曲曲折折的山是故土永恒的雕塑，是家乡带着体温的身份证，浓烈着这里的民情、民风、民魂。想起这山，就想起故土的散漫、宽容；想起这山，就想起故土的朴实谦恭；想起这山，就想起默默耕耘的父老乡亲。故土的山处处涌动着温暖与亲情，这份情，或喜或悲、或爱或恨、或甜或苦，总在心尖牵挂成丝丝缕缕的永恒。

那是个令人望而生畏的隆冬时日，山顶上空布满了横竖交错的黑云疙瘩，样子蛮压抑的，云块在隐隐地翻腾移动，碰撞、重叠、穿插、交汇，像黄河流动时涌动的冰层，很快就演化成色彩暗淡的巨幔，把天空遮盖得严丝密缝，长天如浓墨新刷，伸手不见五指。往日山顶上湛蓝的天幕、圆圆的明月、淡淡的天河、精灵的星星，都隐没在黑幕中。唯有绝顶硬度的风，从山坡上漫过来，带着密集的严寒，穿刺着生命的韧性，连岩石、土层都撕开了深深的裂缝。故事就是在这样的夜色中展开的。

昔日，在向阳避风的土崖中建就的老屋，此刻像今夜的夜色一样凝重，沉闷的气氛压得人喘不过气来。在水雾迷蒙的模糊中，每个人紧锁双眉，眼带着火爆，胸口憋着怒气，各自思谋着了断的办法：既要让对方承担相应的责任，又要尽力减轻自己的精神负担。母亲坐在热炕头上，静静地，木木地，不断长吁短叹，不断耸肩抹泪，哭成个泪人，只是说不出多少道理来；父亲坐在前炕，脸色阴得像锅底，两手抖抖索索的，拿着陪伴了他几十年的旱烟袋，一副按捺不住的震怒，一副不知所措的茫然；我则如霜打了的茄子，低垂着头，流着泪，打不起一点精神来，懵懵懂懂地斜座在炉台上，左手无意地扣着右手的指甲，度过空虚的时间；舅舅、姑姑、姑夫都满脸怒气，思谋着怎样放掉这股坏水，释放积压的怨气，减轻已经造成的伤害；两个弟弟似两根硬实的柱子，矗立在菜瓮旁边，屋子里一阵沉默。

舅舅感慨再三地说：“真是知人知面不知心，人心难测啊！想不到我们的琴琴能文能武、大方正派、有才有貌、有情有义，却让这个黄毛小子玩得天昏地暗，要死要活的，一玩五六年，最后却铁了心肠闹离婚，真是天理难容！这样的人遭报应，只是个时间问题，就等着看他小子作孽造罪吧！”

小弟圆睁着喷火的双眼说：“对这样连狗都不如的人，没有什么道理可讲的，逼急了，我要让他过一过我的拳头关！”言语间，脸皮涨得通红，棱角分明的手关节搓得叭叭作响。

姑姑以她那老教师的眼光观察问题，胸有成竹地说：“琴琴的婚姻是一个连续错误的过程：一个初中娃娃，稚嫩的苗苗，就深陷爱河，山盟海誓，私订终身，闯禁区、越红线，最终是勾兑了一杯慢性毒汁拌就的蜜糖，坑苦了自

己。热恋时的甜言蜜语、信誓旦旦都是心血来潮的假象，其目的无非是追求当时的非分之想，一旦目的达到了，游戏就到头了，最终是彻底地抛弃。琴琴始终是一个受害者的角色。不过和这种无心无肺、满肚子坏水的人早离早好，免得受一辈子窝囊气。现在正面临着痛苦的结果，也面临着新生活的开头，以后的事咱们稳稳当当另打算，现在一是要吸取教训，走好以后的路；二是要向自己好好交代，琴琴还年轻，世界大着呢，好人多着呢，不愁找不上个好人家。至于你们兄弟两个帮你姐是对的，但不到万不得已，也没有必要和这个喝了点墨水、不知天高地厚的人挥拳论力。他可以昧尽良心做事，我们还要光明正大地做人！”

一直抽闷烟的父亲重重地吐了口烟，像是吐出了一肚子的憋屈，一字一顿地说：“断了这门亲事算了！他跳着要上法庭，我们就和他上法庭，一切听法律的裁决。你们弟兄俩别和那个不知天高地厚的东西动手动脚，法律和民心会给我们一个公道！”

这是亲戚们接到法院传票后，连续几个夜晚商量的尾声，现在都要离去了。

四周黑漆漆的，夜静得让人紧张，只有远处麻纸窗上映着煤油灯的光，像睡意蒙眬的眼睛，闪着橘黄色模糊的光。当屋门打开时，乳白色的烟雾像决了堤坝的飞流，争先恐后地翻滚着涌出门口，急速向上，直窜夜空，消失在厚厚的云层里，消散得无影无踪。

“琴琴，天色不早了，你也去睡吧！”当亲友们带着怒气陆续离开后，父亲用关切的语调对我说，斜着眼皮轻轻地瞭了一下，似乎在暗示着某种情绪，又继续抽他的闷烟。妈妈仍然坐在热炕上，用慈祥而狐疑的眼神看着我，似乎在期待，也在探索。我的痛苦早已控制不住，暗涌到眼角的泪珠如同从心口钻出来的虫子，扭动着冲到咽喉，窜起后又停下，翻转滚动，终于发出控制不住的哭声。

“这是自作自受！”我狠狠地骂自己。这是我自己都不能原谅的事，现在却要父母亲戚朋友们操心、原谅，这算什么事呢！在那个民风淳厚的山村，亲戚邻居都知道我是以孝顺父母闻名的，从来都是让父母省心、省事、省力的人，唯独在婚姻这件大事上，却像跟上了鬼，横竖都是我行我素，一条路跑到黑，直至心操尽，力出尽，情付尽，泪流尽，最终被无情地抛弃，让亲友们跟着窝火、憋气、操心、受累，何苦要走上这样的路呢？想当初，周遭苦口婆心的好言相劝、帅哥们的轮番求婚、不绝于耳的舆论压力、父亲的怒火、母亲眼泪，都被我都铁了心地顶住了。在死心塌地等了他五年之后，在他的大学生涯即将画上句号的时刻，他却下定决心要和我离婚，并且恶人先告状，一纸离婚诉状送到了旗法院，明日就要在法庭上了结此事。此刻，我又能怪怨谁呢？

## 二

事情还得从八十年代说起。那是个社会安定、人心舒畅、生机蓬勃、全面发展的时代，生活的节奏像上紧了的发条，憋足了暗劲有序向前，新生活、新事物层出不穷，新的曙光在前头诱人地引领。普通百姓的日子过得轻松、顺心，绽放着如花的希望。我们这群才不出众、貌不惊人的农家子弟，汇聚在乡戴帽子中学的初中年级，朝气蓬勃地追寻好梦。那是个人人想做梦、人人想圆梦的时代，行动都落实在点点滴滴可利用的时间中。在繁忙的上课、自习、作业、考试的循环中，不时也跳荡着新鲜的浪花，闪现着奋进者的英姿，吴仁义就是这样一个有魅力的人。

至今依然很难忘，那是我们汇聚在一起不久的一节体育课上。穿着一身纯蓝色运动服的李老师，随着上课铃声的节奏，带着青春、带着健壮、精力充沛地来到我们班，发出清晰的口令：“吴仁义，整队！”他目光明亮，语气坚定，为我们暗添了朝气与活力。五十五个人的初中班，在吴仁义清脆的口令声中，

悄无声息地排成了两路横队，站在学校那宽展的红泥操场上，队形整齐，气氛肃静，等待着体育老师的训练。此时，站在队伍面前的吴仁义，好像是电视镜头里的特写人物，全景式地展示在那些男女同学的面前：身段衣着，举手投足，精神气质，甚至眉毛头发都根根清晰自然，蓬乱暗淡的头发似乎很长时间没有清洗，粗糙、凌乱，夹杂着微尘，和青春的年龄并不合拍；寡白的瓜子脸上几乎看不到血色，像一张经历时间打磨的白麻纸，暗淡无光；横竖皱褶的蓝褂子让汗渍浸泡出不规则的图案，一片一片的；一条灰白色的裤子轻飘飘地吊在半腿上，露出了风雨剥蚀的肉色；脚穿一对断了后跟的家做鞋，走起路来像是个瘸子，别扭至极，其形象是个典型的农家穷困子弟，看了叫人心酸。其唯一的亮点是那对黑白分明的大眼睛，闪着异样的光彩，叫人难以忘怀，白得像水晶，清纯润泽，黑得像葡萄，晶莹净洁，泛着灵气，闪着智慧，仿佛是一对能看穿一切的发光体，洞察着隐秘的真相。

青少年处在精力充沛的鼎盛时期，总喜欢动态的生活。尽管大家在课堂上神情专注，鸦雀无声，很有一副悟道的超脱境界，但下课铃声一响，老师的前脚刚迈出门口，教室里的喧嚣就直逼沸点。说笑的、打闹的、掀翻桌凳的，像一个沸腾的农贸市场，大家就在混乱和嘈杂声中度过了课间十分钟。唯有吴仁义与众不同，任别人吵翻天，跳塌地，他却不为所动，默默地座在靠窗口墙角下米黄色的小书桌旁，不说不笑，不耍不闹，像一个文静的女生，低着头，拿着书，或念、或写、或画、或背，真有一份令人敬佩的定力！课余或是周六，要好的同学三五相约，说说笑笑去并不长的一条土街上溜达，顺便去供销社买点生活用品。手头宽裕的同学也常买点零星小吃，感受生活的多彩，其间，从来不见仁义的影子。他总是不嫌单调，不怕乏味，坐在窗台旁边的墙角下，仿佛一座雕像，捕捉着永不停息的时光。久而久之，同学们认定仁义是班上家境最差的一个，也是最肯下苦功的一个。他认定要改变命运，只有好好读书，并把这种信念定格在点滴的时间里。仁义的节俭也是出了名的，生活中能省就省，能俭就俭。在他的头脑里，乱花钱或随便浪费简直就是罪过。他的节俭流露在方方面面，就连作业本上的字也写得极小极小，密密麻麻一大片，正面写了反面写，不留丝毫的空隙，更不要说撕页废页了。即使老师用红笔批改作业的空间，他也要见缝插针地补上。最使人发笑的是，他对那瓶“鸵鸟牌”黑蓝墨水的珍视。这是个约有二两装的扁方形玻璃小瓶，加了一个黑色的圆盖，一两毛钱的东西，挺普通的。但到了仁义手里，其价值似乎要增值许多。他的墨水瓶总是放在书桌最隐蔽的地方，再用书和本子遮起来，生怕有人偷偷蘸上一笔。每次要用了，他小心翼翼从小书桌方阁的拐角处摸出来，双眼紧盯着墨水瓶盖，用三个指头钳稳，一圈一圈慢慢拧开，轻轻揭开盖子，用后严丝合缝地盖好，小心地放回书桌内，天天如此。每逢考试卷发下来，不论哪门功课，他总是一马当先，把全班所有同学远远甩在后面。平日，语文老师常把他的作文当范文读给我们听，每篇都写得蛮优秀，同学们听了总在心里暗暗赞叹：棒极了！棒极了！真是我们山沟里的金凤凰！后来，时间久了，从课间闲谈中才知道，仁义的家境果真不好，父母双亡，有两个哥哥，一个是普通的农家，在生产队里，毫无积蓄可言，平日吃了上顿没下顿，生活过得紧巴巴的；二哥在包头，平日很少往来，只靠紧困中的大哥大嫂接济，勉强上学。同学们听了，都很感慨。

那是深秋一个星期六的下午，不紧不慢的黄风卷着枯草细沙，从山坡前一股一股地飘过，四野光秃秃、灰蒙蒙的，庄稼已经收割得干干净净，村里进入了冬闲时节。上完下午的第二节课，同学们纷纷请假回家。霎时，校门口尘土飞扬，人流涌动，连跑带跳的娃娃们纷纷走向四野的坡洼沟岔，渐渐隐没在起伏的群山中。平日里喧啸沸腾的校园，顿时一片寂静：空朗朗的房子，静默地排列在校院，带着几分孤单；风从院中穿过，摇得大杨树沙沙作响，树叶像跳伞运动员似的，纷纷从半空飘然垂落。此时，正是我潜心读书的好机会。十八岁的我，是父母的掌上明珠、心肝宝贝，是弟妹的领头人。一辈子生活在山沟

里的父母期待我念好书，起好步，为自己念出一份满意的工作，给弟妹们做个好榜样，让他们踏着我的脚印，走上同样成材的道路。这是他们做得最甜、最美、最理想的梦。为此，父母从方方面面无微不至地关怀我。当时，穿衣服仍靠布票，数量少得惊人，但我经常穿着新衣裳，颜色又是最流行、最时尚的，自然与众不同；吃粮仍是定量，每人每天不足一斤粗粮，家家粮食不够吃，但我的零食袋里常有炒米、炒面、大梅豆，这在当时是很优越的待遇；花钱主要靠工分，一个好劳力一天的工分也就三五角钱，但我的兜里从来没有短过零花钱。我知道，我花的是父母的血汗钱，是父母留给我的爱心钱、希望钱。这点，我清楚得很。人心都是肉长的，我哪能辜负父母的期望呢？

这天，我走进教室，极清静，空空荡荡、零零乱乱的，桌面上撒满了细密的灰尘，地面上烂纸团、作业本、铅笔等学习用具到处都是，像一个无人管理的闹市场。就在如此清冷的环境中，仁义一个人坐在靠窗的墙角下，悄无声息地读书，一副旁若无人的模样。似乎享受得很。我的心里暗暗一惊，就在靠门的小书桌前坐了下来。就初中的课程来看，我的数、理、化是比较轻松的，心里总是充满自信，每次考试分数下来，我总是笑得很甜。最要命的是英语，农村娃娃一发音就跑调，又没有过硬的老师，实在是没办法。语文也应付不了，什么人物呀、情节呀、故事呀、材料呀，在我的头脑里总是一团糟，缺乏实在感。一句话，这些理论不能有效地指导我的实践，留给我的只是一个无奈的空悬。困惑之余，我只好趁机向仁义求助，他的回答很诚恳、很认真，每次说的不多不少，恰到好处，就像搬掉我前进中的一块大石头，让人心里轻松舒畅。久而久之，我还真开了窍，连一向挠头的作文也大有长进，偶然也能得到语文老师的赞许。我的劲头更足了，日久天长，我和仁义成了真正的“同学”，互相帮助，共同进步。我也愈加敬佩仁义学业的优异、意志的坚强，以及经久不息的奋斗精神。

一次在闲谈中，我说：“仁义，你才是下定决心、坚持奋斗的榜样呢！是名副其实的持之以恒，佩服！”仁义听了毫无喜色，语带伤感地答道：“我这是无奈中的自我拯救、拼死奋斗。除此，还能有什么出路吗？难道你还看不出我的狼狈处境与无可奈何吗？”话语间一副凄凉沉重的神色涌上面颊。“你的话有厚度，有力度，真有早晨八九点钟太阳的亮劲，你的成功是早晚的事。”我说。“有什么办法呢？我现在不做早晨八九点钟的太阳，就会变成晚上八九点钟的太阳。在我面前只有两条路，不是生气勃勃地奋起，就是黯然失色地沉没。这样的结果，我不甘心！作为男子汉，与其悄无声息地虚度一生，还不如鼓足心志拼上一把，即使没有成功，也证明我还有一把奋斗的骨头。如果连这一点也做不到，我只能是遗憾终身，死不瞑目了！”“说真话，我真羡慕你的志气、才气、骨气。人生在世，只有一张入场券，不经过奋斗，白白耗费掉老本，这样的人生真是亏透了！”我发自内心地说。“作为一个男子汉，肩上自有男子汉该挑的担子。如果没有点血性，没有点骨气，将来靠什么做人？现实点说，眼前的柴米油盐靠谁？吃穿住行靠谁？左右自身的命运靠谁？在这点上，我和你能画等号吗？”言语间刻画出一个处境艰难的落拓书生，一个心怀抱负的热血男子，一个奋斗不息的无畏斗士。一份深深的崇敬和无奈的怜悯交织在我心头。是啊，世上只有父母好，没父母的孩子像根草！看着他破烂的衣服、困苦的神气、无尽的愁绪，想着他不息的奋斗、骄人的学业、非凡的理想，我觉得他是埋没在泥土中的真金。这样的人，只要能搭把手，就会向上攀，只要给梯子，他就敢登天，不信他的运气中就没有这样的机会。

“祝你如愿。我身微力单，也帮不了你什么，但有需要缝缝补补的，我是能够帮忙的。”我情不自禁地说道。仁义那双会说话的眼睛慌乱地盯着我，闪射着难以探测的光。从那以后不久，他就给我写了第一封求爱信，弄得我手足无措，惶恐了好长一段时间。

## 三

山村的夜，本来像孩子的沉睡，在宁静、轻松、酣畅中送别着匆匆远逝的时光，延续着春、夏、秋、冬的轮回。然而，今夜却以不同寻常的烦躁，压得人喘不过气来。傍晚，厚厚的冬云连成浓墨似的大幕，低垂于黑魆魆的山顶上，慢慢地没过长空，留下伸手不见五指的黑暗。严寒像无数密集的钢针向人们的皮肤纷乱刺来，留下钻心的刺痛与麻木。我就要回到父亲为我建造的闺房——一孔简陋的土窑了。

故土永远是亲切、温暖的一号记忆。土窑打在约六丈高的一个向阳避风月牙形的土崖上，深约四米，高约两米，宽约三米，推门进屋，一盘油得光光亮亮的土炕散发着清净的秀气，让人的神情为之一振。灶台下是不甚宽展的地面，平整干净，安放着一只小水瓮。水瓮旁放着脸盆等生活用品，简单而整洁。炕后的土崖上打了个一米见方的方阁，阁中存放着我心爱的书籍等物。厚实的土崖做屋顶把窑洞和外界远距离地隔开，冬日不怕寒，夏天不怕热，也没有透风漏雨的烦心事，人称“冬暖夏凉”。在这里，我一住就是十几个年头，直到如今。

推门进屋，听着父亲屋里的长吁短叹渐次平息，顶门的声音响过一阵之后，我点着了小煤油灯，悄无声息的窑洞顿时亮了起来。趁此夜深人静，一切都在沉睡的时刻，我开始清理这些年来诱我一步步跌入陷阱、至今仍让我精心珍藏的他写给我的三大袋厚厚的情书。我现在要把这些当年曾经视为生命的“至宝”按时标注，公之于众，一者是展示骗子的巧舌如簧、缜密无隙，二者是警戒年轻的姐妹在择偶时要慎之又慎，谨防上当，别步我的后尘，甜甜蜜蜜落入苦不堪言的陷阱而不自知。

我从书阁中固定的地方取出那几个看了无数遍的用红头绳扎口的红色塑料袋，厚厚的，鼓鼓的，整整装了三袋！它曾是我的最高机密和精神支柱，藏在生怕被外人发现、只有自己才能找到的地方。解开扎小袋的红头绳，随手取出按时间先后排列的并编了号的第五十四封信。看着这些牵动着真情、浸润着泪水、憧憬着甜蜜的信，我惊骇得直冒冷汗。现在读起这些信来，我依然感到甜蜜、陶醉，但我真的被骗到要死要活的困境。胸中的怒火无法控制，心头的泪水任意抛洒，愤怒已超越了自控的极限，只能任由情感自由发挥。我真想把它投入炉火化为灰烬，以解心头之恨，但那样做，岂不是让骗子逃避了道德和良知的谴责，随着时间流逝，再祸害别的姐妹？我要把它公之于众！这对我来说，已经不是什么羞耻和隐私了！然而，这样多的信，有些内容又是翻来覆去的甜言蜜语，读来令人作呕。如此廉价的货色，会有哪位编辑愿意刊登出来，警示大众？无奈之下，我只能合并归类，择其要者，选了九封具有代表性的“情书”，并付带当时的情况说明，刊发出去，以期在社会的道德法庭上引起舆论的重视，做一次民意的审判！余者以后再做处理。

被我编为一号的“情书”，是在初二夏季的一个夜晚，由和我要好的小兰转过来的。那是中考后大约一周后的晚自习，数学试卷发下来了。大家都关注着自己的试卷，探究着对错，对比成绩高低，检讨得失原因。我正为自己的成绩暗自欣喜，虽说是九十八分，是因为我的两滴墨水洒在了试卷上，老师以卷面不整洁为由，扣掉了两分！该死的两滴墨水！就因为这两滴，我的数学排名又是第二名，落在了仁义的后面。要压过仁义，可真不是件容易的事。就在我凝神思虑、判定得失的时候，小兰探过头来冲我一笑，神秘地说：“你的信！”话音刚落，就把一个叠成长方形的信纸塞在我手里，样子蛮神秘的。我心里一怔，脑海中的第二讯号系统立即告知我：此信有些不寻常的色彩，要谨慎处理。我不动声色地随手将它装入左侧的衣袋，就像什么也没有发生。直到星期六，同学们纷纷回家，平时挤了五个人的宿舍，现在深夜只留下我一人，这才

翻开那封信，一看结尾的署名是“你一生忠实的崇拜者：吴仁义”。热血一下子涌上头颅，但我还是尽量平静认真地读了起来。信是这样写的：

至亲至爱、能助我一臂之力的琴姐：

是我对你终生不可动摇的真情战胜了反复动摇的怯懦心理，使我在必须向你表白的关键时刻，坦开真诚至爱的情怀，给你写了这封令人极度难为情，但又不能不写的信。我知道，如果把这种纯情的挚爱封闭在内心里，衰老在时间里，腐烂在土壤里，那才是人生真正的罪过！我反复设想，我们不能做这种压抑真情的罪犯吧！

琴姐，在宝贵的中学时光里，我们交往两年了。在这漫长而珍贵的时日里，你永远是我心中圣洁的天使、迷人的偶像、不可稍逝的仙子！琴姐，你也许会不屑一顾地鄙视我这个凡夫俗子喋喋不休的妄语，但是爱神赐给了我非凡的勇气，让我给你写信，让我向你表白，让我向你说真话。我唯一的权力就是向你坦诚直言，一吐衷肠，绝不敢因怯懦含有一星半点的虚假和隐瞒，这是我心中的圣火，它的熄灭就是我爱情的死亡，生命的终结。即使生命真的终结了，肌肤化为泥土，爱火将依然在天地间燃烧，照亮我燃烧得灵魂，令人尊敬的时间老人会为我们永久做证。

琴姐，从开学初见你第一面到给你写这封信，时间是多么难熬啊！你的形象让我产生了太多的冲动、太多的美妙、太多的温馨。你那两梢淡淡的眉毛，如烟如雾如墨，真实而虚幻。琴姐，说真的，这种绝伦的美妙，这种超常的风韵与气派，使得任何人不敢对你轻狂与妄想，不敢企图占有，然而，爱神给我以权力，要我以全部的纯情捍卫这种至尊的圣洁，不受任何亵渎的崇高。还有你那一对水灵灵会说话的黑眸子，含情脉脉，灵光泛涌，风情万种，美得让人窒息；那挺直的鼻梁、不涂唇油的小嘴、不施脂粉的脸蛋，哪一样不是巧夺天工？真是天地绝伦的组合。在如此娇艳的美人面前，不论我此生高低贵贱，愿心甘情愿永做你的奴仆！

琴姐，怀揣着我们至爱的圣火，我对着湛湛青天庄重起誓：如果我的话有水分，我的心有变动，我的行为有越轨，那将是灭十族的大罪，不得轮回的极刑，天地间终生倒立，祖德将从此沉沦！从今往后，你是月亮，我是浮云；你是彩霞，我是清风；你是细雨，我是厚土；你是长空，我是星辰……永远永远伴着你迷人的旅程。这就是我的一颗血淋淋的爱心。急切地渴望你的佳音！

你一生忠实的崇拜者：吴仁义

## 四

夜深人静，万籁俱寂，天地间一派超乎想象的安宁。窑洞里没有了父母的悲叹、亲友们的激愤、小弟的怒火，只有闪闪的煤油灯，孤独地放出柔弱的光，把窑洞照成一片淡淡的橘黄。空气里充满了刺鼻的油烟味，此刻，正是我静下心来，清理思绪的好时光。接到他这封信誓旦旦、情感激荡、文辞讲究、语句诚恳的求爱信，给我的情感层面带来了强烈的震撼，心头由最初的愤怒、躲避，进而变得舒畅、轻松。这难道就是爱情的滋味？

我对仁义的了解，仅止于老师们惯常的作业点评、课间的片言只语、生活中的点点滴滴。他身上确实潜藏着一些深不可测的因素，叫人捉摸不透，但有一点是清楚的，他的文化水平与文字功底明显超出了他的实际年龄和阅历。但如此精细地描绘我的肖像，伴以如珠似玉的文辞，实在令人怦然心动，可细细品来疑点甚多。而这样多的疑点联系起来，使我的头脑逐渐清醒，心理平静了许多。就我们的年龄段而言，远不是谈婚论嫁、谈情说爱的时日。我自有我的追求，父母自有所期待，弟妹自有所希望。我哪敢分出心来顾恋此事？并且我年纪轻轻，阅历甚少，对婚姻这等大事，哪能拿得了主意，下得了决心？哪能探清爱河的水是深还是浅？还有，老师一再提醒中学生不能早恋，我怎能不顾

父母和师长的良苦用心？仁义年纪轻轻，话却够辣，竟用祖先的人格来担保发誓，这让我想到老人们嘴里流传着一句文绉绉的话：美言不信，信言不美！这句话是不是评价这封信的谶语呢？我不能不严肃对待这样的大事。

信的内容也是让人不能接受的。他迷恋我，是看上了我的眉毛、鼻子、眼睛和嘴。换言之，就是看上了我的姿色、我的青春、我的仪表，而非我的精神、我的学业、我的奋斗目标和持续一贯的决心。如果有一天青春隐退，人老珠黄，他还会像现在这样热恋我、追求我、忠于我吗？还会对我如此甜蜜，如此着迷吗？鬼才知道！爱情并非全部甜蜜，或通向幸福的天桥，或落入痛苦的深渊！要警惕啊，姑娘！

打那以后，我还是一副若无其事的样子，正常上课、下课、作业、考试，保持着温柔和顺的态度、不苟言笑的淡静，脸上总挂着浅浅的笑容，步子亦不疾不徐，但实际上却发生了细微的变化。而仁义在我面前则表现出更体贴、更温顺、更加细微的样子。每次分发语文试卷、作业本之类，仁义都将其他同学的随手丢在桌子上，有的干脆隔着桌子飞过去了事，而对我的总是双手拿着，仿佛拿着一件精巧的玉制品，生怕摔碎了似的，亲自放在我的桌上，临走还要回头再看上一眼，才放心离去，天天如此，从不马虎。值日时，他不仅把我的凳子好好放回原位，且擦得干干净净，一尘不染，在色彩暗淡的凳子群中显得格外眼亮。打饭了，别的同学总是一窝蜂挤上去，抢先打上一份，狼吞虎咽地吃起来，我则原地安静地站着等，仁义则不由分说拿过我的饭盒，抢先帮我打好，送到我面前。总之，凡是与我相关的事，事无巨细，仁义无不上心关照，叫人怪难为情的。此后，每次打饭，我故意姗姗来迟，避免因仁义过分热络而引来尴尬。有时，他也故意找我说话，而且显得极为热情，我则故意装出置若罔闻的样子，或敷衍一下就过去了，心里总是怨他自讨没趣。

这期间，我更加勤奋地学习，天天忙于看书、练习、做作业，紧张有序，不敢有少许懈怠。熄灯了，宿舍里黑而寂静，同学们都沉浸在睡梦中，伴随着模糊的呓语和轻微的鼾声，我则躺在枕头上背古文、背公式、背定理，反反复复，直至进入梦乡。要通过中考这条独木桥，不拼一把死劲不行啊！当然，也有一些小小的变化。周六下午自习，我把小桌子搬回宿舍，一个人清清静静地钻研课本，常常是夜深人静，独伴明灯，学到兴奋处，睡意也悄悄消退。这段日子过得极充实，久而久之，我把先前帮着仁义缝、洗、补、缀的事也晾在一边了。

## 五

这年冬天格外寒冷，老北风裹挟的低温像针一样刺向人的肌肤，撕心裂肺的难熬，大家都不敢外出活动。几十人的教室，门不停地开合，寒风肆意窜入，冷得人直打寒战。值日生扫地洒在讲台上的水很快就结出一层冰，从早到晚都化不了。破衣烂衫的仁义坐在靠窗子的小书桌前，脸色灰白灰白的，几乎看不出血色。为了适应这样的环境，他两臂尽力向里勾着，身体缩得很小，握着笔的手在不停地揉搓、呵气，情绪也很低落，泛着一脸的忧郁。他把学习的弦绷得更紧了，像个不知疲困的机器人，分分秒秒都过得充实而有效。小兰曾替他求情，要我给仁义回个话，哪怕只有一个字，她说仁义实在等得太苦了。我的态度很坦然：这是他自己的事，和我没关系……

打这以后，仁义显得更加沉默郁闷了，脸色像擦了一层草灰，暗淡无光，唇边结了一层淡灰色的硬皮，皱皱巴巴的，裂开了细细的缝，渗出淡淡血丝，不得不时时用舌头舔舐滋润；破烂的衣服由片连片变为条连条，蓬乱的头发也不见清洗，像狂风中的枯草。所幸，他在学业上干劲不减，成绩不降，天天如此，简直是在玩命。说来也怪，在那样恶劣的环境中，仁义连个伤风感冒都没得。真是穷人的命，天照应！

年根将至，同学们都盼着早点放假回家，闻一闻大年的味道，尝一尝香甜

的饭菜，享受家庭的温暖。就在离校的前两天，仁义有几首小诗连续在旗广播局自办的文艺节目中播发了。这个消息在校内引起了不小的轰动，师生们无不对其赞许有加，纷纷竖起大拇指。我也深为他的优异表现兴奋不已。就在即将离校的前一天晚上，小兰在上厕所的路上，鬼头鬼脑又塞给我一封信。信是这样写的：

仁慈可敬的琴姐：

满腹的狐疑夹杂着沉重的忧虑，长期以来管束着我的一支怯懦的笔，不敢再给你写信，怕的是因为我的浅薄、我的不周到，给你带来精神上的不快、感情上的伤害和思想上的负担，进而影响你的学习，耽搁你的前程。

这一段时间，我的心在煎熬中苦苦折磨，饱受痛苦，只是不敢轻举妄动。然而，我不能违背爱神的意志。是虚渺中的圣灵指责我这个只知在肚子里胡思乱想，不敢见诸行动的蠢货，指责我这个只知苦苦煎熬，不知敞开心扉的榆木疙瘩！在爱情潮水的冲击下，我的一切犹疑、懦弱、恐惧、自卑被冲得七零八落，荒芜一片，推动着我拿起笔来，把我的赤诚心灵展示在你的眼前。这也许是一种不顾后果的举动，祈望你能理解我的心。

琴姐，我知道我袒露真情的第一封信给你带来了不快，全是我的粗疏和鲁莽所致。但是，你知道我是怎样感受你冷落的态度吗？琴姐，简直太妙了！我从中感受到的竟然是满足、幸福和无限的陶醉！在你这种冷漠表情的背后，隐藏了一个女子心明眼亮、头脑清醒、善于决断的深思熟虑。我怎能不为我心爱的人除了拥有迷人的外表、超群的风度、不俗的言谈、优异的学业外，还有一对敏锐的眼睛和果敢的决断精神而欣喜若狂，兴高采烈呢？从这个意义上说，你对我的不理不睬，倒成了我精神上难以言传的陶醉，这种陶醉是为你、为我，也为了我们的将来。此种心绪涌起的幸福波涛是没有止境的，幸福的境界是任何优厚的物质无法取代的。

当然，琴姐，咱们退一步说话，即使你真的不爱我，也无法阻止我爱你。爱，是一种复杂的心理过程、一种精微的情感元素，它不由人的主观意志为转移，却左右着人的思想与行动。这应当是一个人最基本的权利吧？也许一个人终生都爱着另一个人，而对方却始终一无所知，这种爱，就是人们常说的单相思吧！这才是人生真正的悲哀！祈求上苍，别让我遭受这样的折磨，别让我罹患这种可恨的单相思，别让我过得生不如死。但愿，我真诚的语言不会造成你精神上的负担与痛苦。急切地渴望你的回信。

你毕生忠实的崇拜者：吴仁义

## 六

院子里格外安静，连风也停止了骚动，没有一点声音，苍茫的夜空迷蒙一片。四野的自然景物都隐没在浓重的夜色中，静静地入睡了，只见窗棂上映着隆起的一道道黑影——下雪了。小煤油灯结着碎纷纷的灯花，伴着我清理这些伤透心的信。

坦白说，接到仁义的这封信，我的心境平静了许多。首先，他说得对，爱是无须争议的个人隐私，是任何人也无法剥夺的微妙情感。如果因为有人爱自己而生气，那人的一生要生多少闲气呢？为此生气是十分无聊和可笑的。再说，没有人爱就不生气了吗？其次，他在这封信里并没有把我当成花瓶或消遣品，而注重了我的人品、我的志向与奋斗精神。我想，这是我找男人首要的基本条件：人生的价值决不能在婚姻上掉价！但一想到仁义那叫花子式的形象，心里就凉丝丝的。尽管我知道钱财乃是身外之物，生不带来，死不带去，但冷落的心情就是缓不过神来。

光阴似箭。在乡亲们相互祝福的喜庆声中，新学期开始了。面临初三毕业的我们，在精神上、时间上、态度上不敢有丝毫的怠慢；老师们也整日泡在课

本、作业、测试、补课的无限循环中，忙得不可开交。我终日逗留在教室里，两耳不闻窗外事，一心只读中考书，无休止地熟悉着考试的内容。每当我遇到难题停住笔，眼神呆滞时，仁义总能有所察觉，并悄无声息地走过来，看看我手头的难题，也不多问，轻轻几句话，就把困扰我的难点解开了。真是难家不会，会家不难，不服气是不行的。他的头脑、功底，以及语言能力，真的很出众，在班里无人可比。就这样，我们常在一起学习、讨论，收获着点点滴滴的进步。长话短说，中考已迫在眉睫，学校放假三天，让我们回家准备，然后去旗政府参加升高中及中专考试。

五月是梁外最美的季节，悠远的蓝天广阔无垠，坦坦荡荡，其间缀上淡淡的白云，仿佛是淡雅的水墨画，说不尽的出神入化，精美绝伦。风轻轻吹过，大地上绿树涌动，芳草青青，鲜花翻飞；虫飞鸟唱，牛羊点点，农人辛劳，五谷似锦。大家高高兴兴踏上返家之路，会考的重压暂时像流云般消散，一路上赏景说笑，不到半天工夫就看到了故土的旧容：纯朴庄重的小山包，静默无语，释放着本色的温情，如故土的父老乡亲，不事张扬，厚实诚恳，让人满心都是亲切与温暖；舒缓的山坡地飘摇着生命的青翠，从半山坡铺下来，一直伸到山脚的溪流旁，青翠欲滴，流露出生机无限。

回到家，土院依旧是老样子，大门虚掩，屋门上锁。院子里静静的，猪在栏，羊出圈，几只鸡侧着身子急切地梳理着羽毛，恬淡中露着几分冷寂。就要收工了，父母即将回来。像我们这样的农家子弟回家，并没有什么特别的奢望，只要父母健在，兄妹相亲，家庭和睦，就算再清贫，心里也是甜的。恰在此时，母亲扛着锄头回来了，只见她满身尘土，满脸汗渍，一身倦意，疲惫的双目仍闪着慈祥的光泽，消瘦的脸上泛着开心的笑容。她身穿一件白底碎花的半旧褂子、粗黑布裤子，黑里透红的脸上绽放着欣喜，见了我，特别高兴，好像我就是她的宝贝、她的希望、她的未来。可怜天下父母心！自己整日受苦不觉苦，只要儿女好，就心满意足。我眼里一热，泪花直转，动情地叫了声“妈”，双手抱住她那满是汗香的双肩，依在她的身上，泪珠扑簌簌地滚了下来，一句话也说不出来。恰在此时，玉琴和小琴也回来了。她们抱着我的双腿，小脸灿若春花，两对会说话的小眼睛甜甜地盯着我，一副喜出望外的样子。不一会儿，父亲也回来了，疲惫的脸上爬满了深深浅浅的皱纹，两鬓黑白头发蓬乱地杂生着，十分刺眼。他对中考显出很浓厚的兴致与期盼，一边抽旱烟，一边打听我学习考试的事。听完我的话，他缓慢道：“不要管家里有钱没钱，好好念书，只要你能考上学就好。你考到哪，我就供你到哪，不要考虑学费，日子总会好起来的！”

此刻，母亲已忙活起来，准备开饭了。原来，听说我要回来，她早早起来做好了米凉粉，这是当时我们家最好的吃食，一切都就绪，就等着我回来。我吃着饭，享受着家的温馨，体悟着父母的期盼与良苦用心。长话短说，转瞬到了要走的日子。旗政府离家本来不远，也走不了几天，但母亲给我换上了崭新的确凉白褂子、淡蓝色的裤子，穿起来特别亮眼；父亲则不知从哪里弄来两百元钱塞给我，这在当时的农村是多难的事啊！乡亲们硬是从黄土坷垃里往出刨钱，谁能有几个呢？更令我惊奇的是，父亲还为我拿出十斤全国粮票！我不知道他们是费了多少周折才弄到这些东西的。我的思绪在翻腾，眼泪在涌动。临走前，母亲给我吃的送行饭是鸡肉蘸糕。当地人说：鸡是会飞的，“糕”与“高”是谐音，送行吃鸡肉蘸糕，预示着前程无量，越飞越高。

到了旗政府所在地，我们目的有二：其一是感受高考的气氛和积累必要的经验，以备后用；其二是参加中考，开启新生活。七月十二日早晨，时钟刚到八点，嫩红的太阳从东方地平线上升起，把四野照得一片亮丽，薄薄的水蒸气在空中浮动，又是一个风和日丽的艳阳天。此时，街上已是人潮涌动，一完小的院内外早已人山人海，气氛紧张而神秘。人们都想探听到最有用的讯息，哪怕是听到监考老师的名字也好。大家个个踮起脚尖，伸长脖子，向院内张望；三三两两的老人，在靠树林放自行车的长廊间，打起遮阳大伞，身边放着汽

水、雪糕、冰淇淋，焦急地等候着自己的孙儿孙女。城镇的一个考生考试，至少有两三个家长在大门外守候，每人都悬着一颗心，为孩子着急。我的父母不也和他们一样吗？不同的是，他们守候在举首可望的校门外，而我的双亲是在遥不可及的田地里牵挂着我。

考试很快结束了。仁义准备上大学，报考了高中；我则准备先参加工作，再解决学历问题，报考了师范。我知道，仁义考得肯定不错，而我的英语是彻底考砸了。不管怎说，中考已成为历史，明日就要回家了，以后的事情留着以后再说吧！我们放松地闲走在旗政府所在地的小街上。这时，小兰突然又给我转来一封信，让我很惊奇。信是这样写的：

我终生亲爱的琴姐：

这是一封用理性压制着情感的冲动而写给你迟到的信。为的是在决定咱们命运的紧张学习时期，让你集中精力，别无牵挂，全身心投入到中考前的复习准备中，进而实现咱们的奋斗目标。现在，不管结果如何，中考作为一个过程，已经成为过去，在我们精神相对放松的情况下，我再一次以无比的真诚向你坦言。

琴姐，你在中考前昂扬的精神、不懈的奋斗、执着的追求，让我从内心深处感到宽慰、幸福。想不到与我并肩奋斗的竟是一位毅力超常的才女，这样的天赐良缘，是我们吴家祖上修来的福分！我怎么能不自豪与骄傲呢！但我清楚，自己的狼狈处境，前方是否还有无数困苦的折磨在守候，这对我自己来说都是一个沉重的大问号。我这样一个穷困潦倒的凡夫俗子怎能向你这样的绝世才女求爱呢？但是，琴姐，请相信我，请相信我的人品，相信我的人格，相信我的骨气，相信我作为农民后代的良知和血性。我将战胜一切艰难困苦，努力摆脱穷困的羁绊。钱财是身外之物，别人能得到的东西，我同样能得到，我不相信我的智商就比那些有钱人差！我将不计时间，不计条件，持之以恒，奋斗到底。常言说得好，“功夫不负有心人。”我就是要做一个叫世人刮目相看的有心人。我一定要走出困境，从潦到中崛起，一步步走向人生的辉煌，找回生命中那份本来属于自己的价值！在这样的过程和结果中，除了我自己的奋斗，就是你给我的精神动力。你我相扶相助，唱一出无怨无悔的人生！琴姐，别再犹豫了，请下决心答应我吧，让我们共同创造一个美好的未来。纸短情长，知心话很多，千言万语，一句做结，我将和你终生相伴，有滋有味地度过天赐的人生。急切地渴望你的佳音。

你最忠实的崇拜者：吴仁义

汽车在高原的简易公路上颠簸前行。干硬的风从耳畔劲峭地掠过，清冷清冷的；路两旁的景物急速后移，抖抖索索躲闪着远去；远处的黄沙、绿草、井架、牛羊，构成了高原的极简风俗画。车上的年轻学子不计较成绩的好坏，不思量人生的前程，作为人生一关的中考已成为昨天。虽谈不上春风得意，却也浑身轻松，歌声笑语撒了一路，给高原带来少有的生气。我们乘的是一辆浅绿色无坐敞篷汽车。几十个同学相互依靠，站在车上兜风，说笑嬉闹，畅快至极。有几次，正当歌声飞扬之际，随着汽车上坡一颠，下坡一摔，颠得人们前仰后合，我竟生生跌进仁义的怀里，引来一阵哄笑。下车时，小兰悄声对我说：“十天内给个回话。”我冲她淡淡一笑，没说别的话。

## 七

说真的，我被仁义信中的真诚、毅力、痴情、理想实实在在地打动了。我觉得他是一个不服命运摆布的真男子，是一个认定目标有志气的奋斗者，是一个爱惜生命、珍视生命的人。目前，困顿中的他是浅水中的蛟龙、落难中的才

子、奋斗中的强者，这些都是毋庸置疑的。他最终在社会上出人头地也是早晚的事，但他现在就要定下婚约，这怎么可能？首先，是我那至亲至爱的父母对此事一无所知，按当地习惯，这于情于理都是行不通的。在我们家乡，真要订婚，必定是要以家庭同意为前提，至少要把姥爷、舅舅、姑姑、姨姨等亲朋好友请来，共同商量，相互沟通，设酒请客，操办喜庆，才能定下此事。可就仁义现在的情况而言，根本没有操办此事的能力和条件。其次，像我这样各方面条件都不错的青年女子订婚，要有德高望重的人保媒——当地叫介绍人，这样操办才名正言顺，而我们的介绍人是谁？难道就是小兰这个一说话就傻笑的黄毛丫头？其三，在我们这里订婚，从最简单的准备来讲，我的内外衣服、脸盆、杯子、镜子、梳子、脂油、零花钱、订婚仪式的一切费用及父母至亲的礼物都是不能少的，细算起来，也是一笔不小的开销，这些东西叫仁义去哪里寻呢？缺了这些东西，就我个人而言，倒无所谓，可家人的脸往哪里搁？世人又会议论些什么？可话又说回来，如果现在不定下此事，让相互看准的人再牵肠挂肚地等上三年，谁知道三年时间内又会发生些什么变化！我不敢想，也想不清，此事成了心头解不开的疙瘩，导致情绪异常低落，郁郁寡欢，还不便说出来。父母问得紧了，我只说身上不舒服，马虎搪塞。

艳阳高照，长空清亮，不紧不慢的小南风悠悠吹来，村里一片宁静。清早起来，门前的大杨树上喜鹊或紧或慢唱个不停，叫人心里怪烦的。

父母下地后不久，仁义真的在第十天上来了。他衣服略作更换，头发也打理了，鞋袜还算整齐，仿佛换了个人似的，只是晃悠着两手，空落落的，不提一点礼物，还不如一个走亲戚的派头呢！我们在大门外相遇，一时语塞，彼此都不知说什么好，只是站着傻笑。还是仁义首先打破两人之间的尴尬，提议一起去外边走走。

静静的山村阳光融融，微风阵阵，到处泛涌着生活的温情。偶尔传来大公鸡亮开嗓子的鸣叫，更增添了山村宁静的色彩。缓坡下是一片浓密的柳树林，树干粗壮，树皮开裂，枝叶茂盛，遮天蔽日，其间浸透着一种清冷的神秘。树的北面是望不到边的糜子地，庄稼像水平尺打过一样，齐刷刷的直至人的半腰；西边是一块浓密掩映的葵花地，粗壮的主干、硕大的花盘、金黄的花瓣、阵阵的花香，兴奋得蜜蜂嘤嘤嗡嗡唱个不停。我们漫步来到葵花地。风儿不吹，叶儿不摇，静密清爽得令人灵魂出窍。我随手折了一枝小葵花，毫无规则地胡乱晃动着，为的是摆脱内心的烦乱和空寂。他则是一脸的探求与焦急，张口就问："琴姐，考虑得怎样了？"说话间脸颊微红，大约是心血伴着情愫上涌吧。"你是催我的命！"我半嗔着回答。说这句话的时候，我分明感到自己的声音在轻轻颤动。"自己的关口总是要自己过的，我们命中注定要过这一关。"想不到此时的仁义竟参禅似的冒出这样一句暗中撩拨人的话，一下子就理清了我烦乱的心。此时，我真是激情如流，赶着来了好多的话，机关枪似的连续扫射："就算你的话是金口玉言，就算我对你死心塌地，但眼下窘迫的处境，你让我怎样举步？路在哪里？就这样两手空空、身无分文定终身？你让我怎样面对老人？怎样面对亲友？怎样面对世人？怎样在风俗习惯的尘世中保全颜面？"我越说越激动，越说话越多，只是为了缓和情绪，才硬是把话压了下来，但结尾时，我的声音带着明显的颤动。仁义听了很沮丧地说："我明白了，琴姐。你是看死了我的穷，这是我目前无法改变的现实！"他显得很失落，也很无可奈何。"不是嫌你穷，你的穷我是早就知道的。"我缓了缓语气，庄重地说，"你急着要订婚，我不反对，但咱们确定婚姻大事，总得让父母在心里过得去，在亲友们的关注和社会的舆论中能过得去。可你想想，我们眼下具备这些条件吗？"

此时，我们在葵花地一个隆起的土堆前坐下来。仁义显得胸有成竹的样子说："你的话全对，我们是应当首先征得两位老人的同意。老人不同意，无非是怕我们过得不好；如果老人明明白白地看到我们能过好，而且是青梅竹马，情投意合，他们会不同意吗？"话语间，他显出底气很足的样子。我吃惊

地盯着他的脸。“至于社会舆论、亲友们的闲话，如果真看到咱们的结合是天造地设的好姻缘，他们羡慕还来不及呢，何来难堪一说？你是不是有点杞人忧天了？”听了他的话，我的心剧烈地跳动着，迅速过滤着他吐出的每一个字的分量。“至于聘礼，”仁义继续说，“我将来不论有多大能耐，都要以你做坚强的后盾，无论有多少财产都要交给你一手掌管……只要你愿意，老人会没钱花吗？简直是岂有此理！”他的话真诚、坦率、滴水不漏，说得我情通气顺，心里甜丝丝的，第一次在他背上重重地扣了一巴掌。“看把你美的！”我兴奋地说。仁义趁势攥住我的手，想往自己怀里拉，我触电似的反弹起来，抽出手臂，推了他一把，顺势甩开，警告他说：“别这样，仁义！我们山村里可不兴这一套！”仁义含笑道：“我可爱深闺小姐，即使我想做张生，你可是比莺莺更金贵呢！”我说：“这是我们当地闺女共同遵守的一条精神防线。在这条防线上，始终要保持哨兵的敏锐感。”仁义听了笑得前仰后合，开导似的对我说：“有机会我们去城里逛一逛，去看那些相爱的青年男女做些什么！相拥相吻都是情之所至，有什么难为情的？”“那样做，对你们男人当然是很惬意、很开心的事，可对女人来说，就是在舆论中自我毁灭！”还没等我说完，仁义一把搂住我的左肩，满脸堆笑地央求说：“好姐姐，你就别思古忧今地给我上民俗课了。反正从今日起，你就是我的，我就是你的，在这点上没有退路！你就慈悲一回，让我在你的脸上尝尝新鲜味道吧……”说着，他的头勾过来，双手把我搂得更紧，让我在慌乱中喘着粗气。长空大地无比安静，金黄色的葵花林亦很静谧，除了蜜蜂嗡嗡的情歌之外，静得让人不知道世界的存在。“这就是我们在订婚？”我盯着仁义问。“订婚只是个仪式，我俩现在就举办一个庄重的订婚仪式。不是说天地对人的恩情最大吗？我们现在就对天起誓。”说着，他拉我向隆起的土堆跪下，庄重地说：“天在上，地在下，我们两人对黄天厚土庄重起誓，从今以后，我俩相亲相爱，相互体贴，永结同心，生死相依；天地长存，我们的真情不变；天塌地陷，世界毁灭，我们的灵魂将永远相伴！厚土苍天为证，共鉴此言。”然后，深深地叩了三个头。

就这样，我们在葵花地里相约三条：其一，为了自己、为了家庭、为了美好的未来，我们私订终身，发誓永不变心；其二，待条件成熟，征得父母的同意重新操办仪式；其三，此事只能到此为止，严格保密，天知地知，他知我知。

其后不久，仁义以高分被旗一中的高八班录取，生活虽拮据，但学校每月能提供一定的补助，学习条件也比先前好。他这时倒真有点春风得意的样子了。我则以一分之差，堵在了梦寐以求的师范大门外，被村里聘为民校教师。

## 八

葵花地里的订婚虽然似小孩子过家家的游戏，但在情感层面引发的变化却是深刻持久的，像横亘在原野上的分水岭，把过去和未来划出了清晰的界限，终止了过去，开创了未来。过去，我们生活在黄风肆虐的小山村，日子过得寻常，从来也见不到什么新鲜的亮点；未来，我们将要居住在闹市街区，住的是外表美观、样式新颖、高低适宜的安居楼房；我们将双双按时上下班，按时到幼儿园接孩子，节假日和好友们相互走动，在轻松的氛围中共同探讨一些感兴趣的话题；年迈的父母也要离开他们长期居住的山村，同我们一起生活在舒适便利的城市。这是我们的目标之一。

古人说，家和万事兴。在人生路上的每一步，我们都要相互关心，相互鼓励，共同奋斗，办好眼前的小事，更要成就最终的大事。现在要紧的就是照料好仁义的衣食住行等生活琐事，让他在公众面前树立一个清净高雅的文化人形象。为此，我要提前进入角色，担起家庭主妇的担子，协助仁义迈出新步伐，踏上新境界，迎来新希望，取得新成果。人生一世，光阴紧迫，在生命的进程中，可以输银子输钱，但不能输掉追求与理想，如果轻易输掉了这个亮点，人

生还有什么意义？

我任教的民校简陋得不能再简陋了：在一个东西走向的荒山沟里，在座北朝南的土崖上挖了两孔大小不等的土窑，在大一点的土窑里垒起高低不等的土台子，就是学生的桌凳。孩子们的身体整天接触到的全是冰凉粗糙的泥土。教室里坐着十六个衣衫褴褛的学生，个个尘土满身。人们说我们的民校是“土屋子，土台子，里面坐着土孩子”。最叫人难堪的是，深冬的一日，教育局局长来视察，小汽车已经响在我们的垴畔上了，局长的双眼还死死盯着远处发问：“还有几公里？还有几公里？”弄得随从哭笑不得。

然而，就是这样的教学工作，我也觉得很充实。孩子们离学校近了，上学方便，入学率提高了。那些期待着子女出息的庄稼人，对我的工作寄予了很大的希望，不论什么时候见了面，脸上总挂着甜甜的笑，极亲切地打招呼，问长问短的，有事没事都要说上几句暖心的话。就连那个最不爱言语的羊倌大叔，见了面也总要笑眯眯地问上一声：“去学校？”然后赶着羊群不紧不慢地走向山坡。更让人感动的是，那些衣着不整的土孩子在我的身上寄托了梦幻般的期望，他们几乎把我这个老师当作知心大姐姐，总喜欢和我拉近距离，探讨一些稀奇的话题。不论在哪里，只要远远地瞭见我，他们就会撒开小腿，不顾一切地跑来，伴在我的左右，一路上问个不停，说个不住，好像我这个只有初中学历的人一旦被冠以“教师”二字，在他们眼里就变成无所不知、无所不晓的大知识分子了。更令我欣慰的是，仁义的信像时钟一样准确，每月总要来上一封，每封都情意绵绵，关怀备至。他说的话就是我心里想的事：讲到我们的现在，他心里总是甜甜的，虽然物质生活紧困，但有我们相互体贴关照，心里总有说不尽的幸福与欣慰；讲到今后的前途，他的心总是敞亮的、阳光的，眼前都是坦荡的康庄大道；讲到奋斗，他的态度就像炼就的铁、炉中的钢，带着可抗阻一切压力的硬度与亮度；讲到他的成绩，效果是显著的，前程是看好的，意志是坚定的。看着这样的信，我的心犹如浸泡在蜜罐里，甜得周身都在细细地颤动。每逢此时，我那不听话的眼泪总会簌簌地落在信纸上，长久沉迷在陶醉中，这大约也是一种幸福的境界。这些信是我情感的寄托、未来的路标、生活的轨迹，是常存于心头最珍贵的秘密。时间就在充实、甜蜜和幸福中静静度过。

转瞬已是腊月，学校都已放假，家家户户都忙着准备过大年。就在此时，村里吹起了一股颇为强劲的风：人们私下纷纷议论着我的婚事，说我和仁义的婚事已是板上钉钉，葵花为媒，天地为证，山盟海誓，双方自愿。本来不大的村子把这样的新闻炒过来、炒过去，不知炒了多少遍，不少人听得都乏味了，我还蒙在鼓里。

这些日子，乡亲们见了我也是怪怪的，甚至带有几分神秘的意味，让我很费猜疑。一次，我顺着山坡下的小路往回走，正碰上羊倌大叔的羊出坡。要在平日，他总会笑眉笑眼地跟我说句暖心话，可这次看我迎面走来，他却毫无表情，什么话也不说，可能是为了填补沉默的尴尬，才没事找事地用羊叉拾起一个硬土块，顺手一丢，向西扔去，嘴里喊了声“呔”，头也不回地向西走了。当时，我心里就很纳闷，理不出个头绪来。还有，前两天，我去供销社买红纸、麻炮什么的，准备年货，回到村头碰见喜贵嫂。对方见我来了，手提衣襟嬉皮笑脸地偷眼看我，好像憋了一肚子话，可一句也没说就回去了。更叫我气愤的是，今日下午我从外面回来，玉琴正在外面拿着棍子戏小羊羔，见我回来了，三步并两步就往家里跑，让我满肚子都是火，我叫了声：“你慌什么？”她跑得更快，似乎想要赶紧躲开我。我知道事情正在发生变化，而变化的中心就是我。家里似乎正在形成一场难以预料的风暴，我心里禁不住打了一个寒战。家里的气氛果然不对，父亲铁青着脸，闷声不响地抽旱烟，暗自生气；母亲也少言寡语，显然憋了一肚子话，似乎在等待时机。我已经明白了事情的原委，并试图平息这场危机。

晚饭后，母亲终于发话了：“琴琴，听说你和仁义订了婚？”

我知道事情瞒不住了，其根源就在仁义。他信誓旦旦、言之凿凿之后，为

什么要弄得满城风雨呢？是为了给我施加某种压力吗？是为了事情朝更有利的方向发展吗？真是百思不得其解。

“妈，谁说的？”我试图缓和气氛，以消弭父母的愤怒。

“你不要问是谁说的，只看你是不是真有这样的事！”

为了不把事情逼到无路可退的死角，为了让父母能轻松起来，我平生第一次向妈妈说了假话，而且说得有头有尾，连我也惊诧于自己的撒谎功力。又能有什么办法呢？总不能让父母气出病来吧！

母亲听了我的话，半信半疑地说：“琴琴，你大了，要真能找个好女婿，妈比你还高兴呢！你是妈身上掉下的肉，妈是为你的一辈子前程操心哪！如今嫁男人不是过去那种嫁鸡随鸡，嫁狗随狗，可那山曲里都说‘寻上好男人满天飞，寻不上好男人揉成鬼’。妈哪能不操心啊！”说着，她灰白的脸上滚动着晶亮的泪珠，流得好伤心。我心情沉重地低头流泪，知道已经伤了父母的心，却束手无策。此刻，父亲磕了磕烟锅子，叹了口气说：“琴琴，在终身大事上你要想明白。我不是嫌仁义赤条条的光身子、无依靠，我是气他们老吴家做事也太不地道了！”

事已至此，看来此事很难瞒过两位精明的老人了。我既不想使父母的精神长期受压，又不想毁掉对天地发下的誓言，只好把一腔乱糟糟的怒火集中在仁义身上。

## 九

高一第二学期开学后不长的时间，仁义又给我寄来一封信。抄录如下：

琴姐：

近期又收到你一封燃烧着怒火的信，叫我心里万分不安。在紧张的学习之余，再给你写一封至忠至诚的信，借以叙述原委，一吐衷肠。

到校以来，我在努力编织自己的美梦，这梦是清晰的、阳光的、充满生活情趣的，闪现在头脑中的形象是：乳白色的高楼、暖融融的阳台、明晃晃的玻璃、室内走动着你秀发飘逸的倩影；摆放着古朴的花盆、隐约的字画；楼下停放着我们银灰色的小汽车。这些就是我在高中拼死拼活苦学的部分动力。这种动力如清泉喷涌，日夜冲激着心头畅快的浪花，推动着我如火如荼的精力，取得一个又一个满意的成绩。琴姐，原因很简单，因为我是一个男子汉，我是一个从父辈身上继承下来咱山区人特别能吃苦的男子汉。是一个有理想、有抱负、有毅力的血性男儿，这种气质让我杜绝一切偷懒怕累、畏缩不前。有这种精神做支撑，我会把自己编织的美梦变为精彩的现实。

亲爱的琴姐，我的亲人，就现实生活而言，我正被这场旷日持久的苦战拖得精疲力竭、狼狈不堪。每晚，我甚至要到十二点才能脱掉衣服，拉开铺盖，和枕头打交道。那是一段迷迷蒙蒙的时间。进入梦乡前，我把头脑中杂七杂八的意念统统清除掉，专心一意地默默背诵。那是一个奇妙的境界，往往能收到难以估量的效果。大脑背到糨糊状态时，就开始做梦。梦中走来第一个迷人的天使，就是你啊，我至亲的琴姐！你那脉脉的情态、微笑的脸庞、烟雾似的眉毛、粉红的双唇、温柔的话语，令我疲困尽消，飘飘欲仙。这种境界别人是永远也享受不到的，我该有多高兴啊！

琴姐，现在我的一切努力都是为了你，奋斗的一切动力也只有你！就我个人而言，丢掉爱情也就丢掉了一切！

到校以来，我只收到你一封充满愤懑怨恨的信。你说我不守承诺，不顾你的颜面，不顾你的死活，随意泄露机密，是精神领域的出卖和背叛；叫你遭人白眼、遭人议论、遭人轻贱，整日面临难以承受的压力。琴姐，我知道你说的都是肺腑之言，这使我十分心焦。时至今日，我知道你仍在怨我、恨我、骂我，甚至对我无终结的奋斗和真诚的纯度也产生了怀疑。这是多可怕

的思维！

亲爱的琴姐，我出此下策，泄露机密，纯属事出有因，被逼无奈，而非心血来潮，信口雌黄。我这样做完全是出于对你的一片痴情，对咱们神圣爱情的忠贞，对咱们幸福生活的护卫，是为了阻止别的求婚者的盲动与冒进。谁知事与愿违，弄成今天的样子，这是我始料未及的。

琴姐，既然我们真心相爱、忠贞无悔，你就原谅我一次吧！我知道你承受了难以承受的压力，但千万不能因此而疏远我，不理我，抛弃我。我精神的支柱只有你温暖的爱情了，少了它，我不相信自己会奋斗下去！不相信我的前程还将金光灿烂！琴，请相信我，不论生活如何艰辛，不论路途如何坎坷，顺境中我们是碧波里的戏水鸳鸯，相随相伴，彼此唱和；逆境里，我们是风雨同舟、患难与共的生死伴侣，相互救助。大千世界，无奇不有，薄情郎、负心汉，从古至今何止万千，但他们跟我风马牛不相及，我永远永远都是你忠实的迷恋者。

你痴情的仁义

这封信对于我这个在舆论的狂风骤雨中陷入困境的人来说，是一剂极有力的强心剂，使我再次看到仁义那不屈的形象、坚定的目标，以及对爱情的忠贞。此信成了我精神上压不垮的支柱。读他的信，犹如虚弱中吃了人参果，顿觉神清气爽，青春洋溢。从此，我铁了心地拒绝了所有来自其他异性的诱惑。

直到春节后，父亲这个从来不知请客的农民，要请人吃饭了，并对此事看得很重，一再告知妈妈：咱们今年要请客吃饭，把用得上的东西多留些，桌面要丰盛点，不要让人觉得咱们寒酸小家子气。请人的前五天，他专门去乡教办李主任家。当时李主任不在，父亲硬是把人家等回来，临走时一再叮咛："您可别忘了，可别答应别人家的请，可别让我再跑来回……"

到了这天的中午，家里家外收拾得干干净净，连羊圈、鸡窝、猪栏都被细心地清扫过了。父亲自己不会喝酒，专门请了喜贵哥来陪酒招待，务必做到让客人舒心；母亲则准备了满满的四大盘硬菜，一小盘凉菜：猪肘子、猪耳朵、炒鸡蛋，都是自产的，满满的一大盘凉粉，是中午前做好的，还有一盘酸蔓菁。这可是村里人喝酒不可少的一道菜。俗话说：酸菜一盘，喝上没完。烟、酒、碗、筷都放在桌上了，喜贵哥也坐着等了老长时间，就是不见李主任的面。家人都很着急。天色已经黑下来了，妈妈包好的饺子用笼布遮罩着，看看天色，担心自语道："不能不来吧？"父亲则焦急地随口答道："都是订好的事，哪能变卦呢！"喜贵哥安慰道："再等等看！"但谁的心里也没底。

就在大家快要失望散伙时，李主任带着一身酒气推门进来了。灯光下的李主任脸色红红的，目光明亮，行走稳重。看着他进来，在屋的人连忙让座、客套、递烟、倒茶、上酒。一家人各司其职地忙碌起来。喜贵哥笑着说："我们正担心您贵人多忘事，把今天这事给忘了呢！"李主任点上烟，喷了两口，兴奋地说："今天已经三家了，现在是第四家。"喜贵哥趁势说："谁不知李主任是海量，还在乎个三四？常言说得好，'正月里请人有点早，二月里请人正好好。'进门三盅是咱的老规矩，先干上三个就没马打了。"父亲在一旁笑着劝："快喝，快喝。"

李主任到底是场面上下来的人，坐得端端正正，喝得潇潇洒洒，话也说得拴拴整整。喜贵哥很机灵，酒场上也很会应付，和李主任推杯换盏，不一会儿，就喝起一个小高潮。就在此时，父亲端起三盅酒，恭恭敬敬对李主任说："没什么好酒菜，主任担待点！"李主任脸色红润，反应还算灵敏，说话却有点力不从心了。喜贵哥在一旁说："李主任，这三盅酒可是高价酒，喝了它，是求你把琴琴能给调一下！"李主任那不太听话的手接过酒杯，眼皮也没瞭一下，嘴里有点含混不清地说："喝酒管喝酒，不要扯荆州——"赶到母亲的水饺上来时，喜贵哥的话很多，李主任的手已经指挥不动筷子了。酒喝也喝着，酒也洒着，到后来，李主任干脆不喝、不睡，也不走，一直坐到太阳上来。只见他醉眼蒙胧地说：“彩琴，你的事，你要唱上满。”我说：“李主任，不要唱了，我怕你醉了。”李主任歪着头，醉眼红红地盯着我说：“你不唱，我就唱！”然后就放声唱道：“太阳上来一点红，照见主家的大酒瓶，三盅五盅尽管上，盅盅上来见底清……”

谁知在那以后的不几天，我真的被调到公立学校任教了。

## 十

开头与结尾、起点与终点、原因与结果，总是在无休止地循环，使世界显现出新鲜别致的色彩和不同境界的心情。结束了短暂的民校教学生涯，进入公立小学，一个小小的变化竟让人惊奇、赞叹，成为农闲时节充实的话题。

那是个十分熟悉的地方，在一个低矮、坚硬、静默的山包下，坐落着一块狭长的小平原，平原的东西两侧，是裸露的季节性河床，人们在平原上打起土院墙，院墙内竖立起两排整整齐齐土木结构的建筑。其间活跃着几百名憨厚的农家子弟和二十多名年轻的男女教师，这就是乡中心小学。校园的中间是一条贯通南北的人行道，人行道尽头是厨房、水房、炭房、菜窖；门前的横木架上，挂着一节废铁轨，是上下课的讯号铃；校园的两侧排着数十棵苍翠葱郁的大杨树，赫赫威威，茂茂密密，整日在风中沙沙鸣唱，自有一番韵味；山脚下的季节河，平日河床袒露，沙石粗粝，雨涝则翻波涌浪，山洪湍急。

和我同时调来的还有郑有为老师，一个文静谦和的年轻人，二十三四的年纪，电大文科班毕业，白皙的皮肤、稳重的个性，人长得极标致，衣着朴素整洁，话语很有分寸，一米七以上的身材，像一棵细雨滋润就的青杨树，洋溢着浓郁的生命力。他代语文课，在教学中以知识新、内容精、讲述清、好理解而著称，教学上很有一手。他讲课，不翻教案，不翻书本，不讲套话、空话、废话、闲话，而是根据学生的知识根基、接受能力、学习兴趣，选择轻松灵活的教学方式。他讲课不是固定在三尺讲台、一块黑板、一本教科书和一本教案上，而是针对知识的难易、课堂的气氛、学生的精神状态、理解程度、接受能力，深入学生，贴近学生，与学生近距离交谈，保持心灵上的沟通，配以形象的语言，到位的体态、手势，形成教学的新亮点、趣味的新高潮。听他的课是一种知识的提高、艺术的享受、精神的旅游，即使是最调皮的学生只要上他的课，都是一副全神贯注的样子，仔细听讲，仔细记录，情趣饱满，生怕漏掉一星半点。久而久之，郑老师在学生中树立了很高的威信。

郑老师是个助人为乐之人。我刚去时，代一年级语文，对个别拼音的发音拿不准，一时间心急火燎，唯恐耽误了学生，很是无奈。求到郑老师面前时，他不推脱、不厌烦，而是一副谦和的态度，耐心地帮助了我。后来才知，他是教办李主任的妻侄儿。

谁知半年下来后，郑老师竟托我们的教导主任向我提亲。这件事让我惊诧不已，不知所措。如何应对才能于人无伤、于己无害呢？在迷蒙的慌乱中，我的脑海总闪现出仁义没日没夜下苦功的形象，只能对郑老师说声抱歉了，谁让你在爱情的竞走比赛中慢了一步呢？恐怕是今生无缘了。

就在这前后，仁义连续来过几封信。聪明的郑老师似乎从中已看出什么，从此，悄悄退居二线，好像我们之间根本就不存在什么暧昧的话题。

时间如东逝的流水在悄无声息中季节轮换着。已是新年后的第八天了。学校已经放假，老师们纷纷回家。就在此时，父亲在大雪天赶了几十里山路来接我回家。我的心里涌动着幸福与轻松。父亲脸色红润，绽放着喜色。他穿着挂了黑布面的绵羊皮袄、黑棉裤，戴一顶羔皮帽子，敞着耳，胡子和眉毛上挂着细碎的雪粒。看得出父亲在路上赶得很急。

“爹，你怎来了？”我惊喜而关切地问。

“路不好走，还是坐车回家方便吧！”父亲不紧不慢地说。车上顺铺着沙

毡，多放了一件棉羊皮袄，还有父亲在供销社给我买的一块极鲜亮的红围巾，既实用又入时，我心里有说不出的高兴。稍事收拾后，我便坐上毛驴车，父亲斜坐在车辕后吆喝着，甩一甩缰绳，小毛驴放开四蹄，颤悠颤悠地奔跑在山道上，车轱辘转动的节奏声，回响在飞扬的雪花中。

冬寒日短，转瞬太阳已过中天。我们回到熟悉温暖的家。这个院落，我已经住了十几年，虽则这次离开只有半年光景，但一看到打扫得干干净净的院落、虚掩的大门，心里怪亲切、怪温暖的；院子和四野一样，覆盖在洁白的冬雪中，回荡着一股股寒风；鸡缩在院子的向阳处，小羊羔在羊栏品尝嫩草。进屋一看，母亲把屋子收拾得干干净净，一盘红油大炕闪着光泽，一尘不染，炕下的被褥叠得整整齐齐。母亲在灶下忙碌着，把猪头、羊头、猪蹄、羊蹄烫得嫩黄嫩黄，洗得白嫩白嫩的，正往锅里放，看了就引发人的食欲。玉琴坐着小凳烧火，见我一进门，跳过来抱住我的腿，连声叫：“姐姐回来了！姐姐回来了！”兴奋得她脸蛋像两颗熟透的红苹果，怪可爱的。她闪着一对很俊的毛花眼说：“三姨夫也要来！”我摸了摸她的小脸叫了声：“妈！”妈笑得很开心道：“急什么？快叫你姐暖和暖和。”我稍事休息后，便和母亲做饭，屋子里很快就热气蒸腾，弥漫着诱人的肉香和家的温情。

饭快要做好之际，汽车清脆的喇叭声从远处传来，在山路上流水一样轻轻向前滑动。车后的山湾里拉起了一道淡淡的雪粉线，寂静的山村顿时泛起了生机与新奇。眨眼的工夫，一辆乳白色流线型小汽车轻巧地停在我家大门外，车上下来的第一个人就是在财政局工作的三姨夫。只见他情绪极好，满脸笑容，上身穿深蓝色中山服，纽扣一直扣到领下，没有一点折皱；笔直的黑裤子，火车道拉得很帅；皮鞋擦得油亮。他在父母的说笑声中进了家门。在他身后还跟着一位二十三四岁的青年，中等偏高的个头，文文静静的模样；胖胖的圆脸上泛着青春的气息，鼻梁上架着一副金边细腿眼镜；一件合体的浅灰色羊绒尼大衣烘托得整个人蛮有风度的；乌亮的皮鞋没有星许污点。

两人进屋上炕，父母忙倒茶递烟，热情招待。三姨夫是我们家最受信赖的贵客，说话办事向来很让人放心。待饭后送上茶碗时，三姨夫正儿把紧地向我介绍起来。他亲切而庄重地对我说："琴琴，你学校毕业了，工作安排了，年龄不小了，也该成家了。三姨夫给你介绍一家"。说着，环视了一下全家人。父母静静听着，互相交换了个眼色，都没有作声。我本能地低下头，右手指撮弄着左手指，脸上泛着一层莫名的愧色，胸口像装着野兔，慌乱地跳个不止，不知该如何回应三姨夫的美意，只好坐在炉台上一动也不动，心里却乱作一团。"人家不用你打听。共产党的三反五反，上纲审干，多少关都过了！正儿八经的放心人家。组织上用人放心，我们找对象也可以放心。"三姨夫兴致很浓地说，"这个青年叫赵亮，在旗商业局人事股工作，大专文凭，其父是劳动局的一位副局长，母亲在新华书店上班，就是这样一户没有任何负累的人家。琴琴，想你不会有意见吧？"说到这里，三姨夫目光紧盯着我，似乎要看穿我的内心隐秘。我则更深地低下了头，心事重重地玩弄着指甲，一声不吭，屋子里的气氛一下子沉重起来。三姨夫说："要不你两先谈谈……"母亲见我不说不动，毫无反应，用眼神示意我要主动些，不要把话谈僵。我心里更慌乱了，只顾玩弄指甲。三姨夫看我不说不动，忙开导道："琴琴，你听姨夫的，保准没错，像这样条件好的人家，打着灯笼也找不上。待亲事定下来后，城镇户口、正式工作、调回旗里，这些事统统包在姨夫身上。现在重要的是千万不能错失机会，过了此村可真没有此店了！"我低着头，一句话也说不出来，肚里如打碎了五味瓶，酸甜苦辣一起涌上来，一时理不出个头绪。母亲轻声劝我："琴琴，你怎也得说句话呀！"沉默……父亲不住地抽闷烟，沉默……三姨夫看着态势不对，改口说："琴琴，暂时没想好，以后说也可以，你给个话儿。"我强抑制着慌乱的思绪扔出了四个字："以后再说……"听了我的话，父亲气得两手直抖，一拳砸在桌子上，震得酒杯茶碗纷纷乱响……

## 十一

事情明摆着，我是在作孽，专往父母带创的伤口上抹盐，流血的胸口捅刀子，这是无法洗刷的冤孽。我给父母带来的精神重创在短时间内是无法愈合的。他们痛心疾首，正是怕我在爱火的燃烧中昏了头脑，失掉理智，走错路子，落个终身悔恨。我明白，长期的自我折磨相当于隐性自杀。此刻的我真是无地自容。我的荒唐举动在父母情感的天平上，是永远也找不到平衡点的，我的心都要碎了。

父亲这个苦水里泡出来的梁外人，天天在吃苦，天天不觉苦，好像生活的味道本来就是苦的，生命也只有在苦味中熬炼才是本色。在经济困难的年月里，生活是极苦的，整年辛苦下来，没有见钱的机会，买什么都要票——人们又能买到什么呢？最普通的交易也不过是用鸡蛋换点灯的煤油。种地的人每天平均七两粗粮，该如何吃？不懂事的姊妹五人嗷嗷待哺，每当吃饭时，好的我们吃，差的父母吃，稠的我们吃，稀的父母吃，饱肚子归我们，饿肚子归父母，这就是生活。

我小时候，破衣烂衫的，不管风天雨天，由着性子疯跑，动不动就感冒。八岁那年，眼看要过年了，家家忙碌着，我则火烧火燎的像块着了火的炭，连昏带抽的几次直瞪白眼，家人急得呼天喊地，求神拜佛，毫无效应。是父亲连夜跑了三十里山路，请来医生救下我的命。父母的大恩我终身难报。上学行走在山路上，面对着连绵无序的群山，我在心里无数次起誓：我要争气，我要活出个样子来，为困苦中的父母出一把力，撑一把腰，让他们也过上有滋有味的好日子，让他们年轻时受的苦在晚年得到回报！可眼下竟是这个局面，我还有什么话说呢？一筹莫展之际，我只好给仁义写信，把满肚子怨气发在他身上。

此招还真灵，很快就收到他的来信。原文如下：

至亲的琴姐：

你是我生命相依的伴侣、苦苦寻觅的知己、滋润灵活的圣泉；是我在狼狈处境中的倾慕对象，青春时期狂热的追求目标，为达到一劳永逸的效果，我不恰当地抖漏了我们相爱的秘密，造成你目前的艰难处境与痛苦情绪，实在是始料未及的罪过。这大约是我生前的冤孽未尽，理应再受爱神的折磨吧！琴姐，真的，现在只有你，只有你的温暖、你的爱心，才是抚慰我生命的天使，舍此，我不知道生命还能凭什么延续！

琴姐，请记住老人们说的一句话：天阴了总要晴，天黑了总要明。你我目前的困难处境是会过去的，你的付出是会得到回报的。这种回报的本和利都是可观的、丰厚的，随着时间的推移，我们绵延的真情会温暖你那颗倍受煎熬的心，点燃你亮丽的青春，带给你幸福的人生无尽的愉悦。我也会用同样的心情，回报两位老人，让他们轻松地生活在满足里。我这个农村长大的男子汉是有良知的，说出的话是有分量的，请时间老人对我的诚信做历史的裁判吧！

琴姐，我现在仍然是分秒必争地苦读苦钻，这是我唯一的出路，舍此，就要承受难以估量的风险了。辛苦总是成倍于人，成绩也总是名列前茅。须知蝼蚁之穴，犹可溃堤啊！我哪里敢掉以轻心呢！眼下，只能横下一条心日夜奋斗，在高考前的这段时间里，仍有很多不确定的因素在干扰着事情的走向。我相信生命的全部价值就在于奋斗，奋斗是成功的催化剂，一切诱人的成果都是在奋斗的激情中发芽、开花、结果的。

琴姐，你的条件很好，只是有太多的负面因素纠缠着你，让你深陷其中，难以招架，我也希望你能摆脱重压，坚持奋斗，把人生的航船引向朝霞灿烂的彼岸，引向晨光喷涌的黎明，迎来一个光辉灿烂的境界。师范要以带分配指标的形式招收民校教师，这是一个绝好的机遇，希望你能抓住。我虽无力与招考

老师通融，但想办法给你弄点资料还是能办得到的。这点请你放心。

琴姐，苦读之余，我偶尔也想咱们未来的生活。天生我才必有用，前景总体是乐观的。就近期而言，我上大学，你屈就中专，咱们相互照应，比翼齐飞。我想时间老人是最公正的，别看我们现在身无分文，两手空空，相信用不了多久，城市里宜人的环境、优雅的设施、漂亮的高楼将会有我们的一席之地，绿树婆娑的阳台上，将会出现你主妇的英姿。这一切不过是个时间的问题。当然，也会出现两位老人满意的甜笑和幸福的晚年。这一切并不是梦！

琴姐，千言万语化作一句话：只要我们把握住现在，就是把握住了将来；把握住了时间和机遇，就是把握住了命运；坚定地走好关键时期的每一步，就是一生中最要命的大事。我们没有任何理由耽搁，这就是我们的全部！

你忠实的痴迷者：仁义

读着他的信，我的心剧烈地颤动、狂跳，热泪涌到眼眶，一滴滴打在信纸上。从此，我再次转入正常的生活轨道。

## 十二

夜阑人静，雪花飞扬，山岭、沟岔、原野、村落，都沉默在纷飞的雪花中。窑洞里的煤油灯放纵地喷吐着黑烟，细密的烟云布满了窑洞，熏呛得鼻孔辣麻辣麻的；门缝的冷气不住地往屋里窜，带来尖厉的寒冷；风卷着雪花不时袭击着糊麻纸的门窗，发出嘶嘶沙沙的响声。为了驱赶困倦，我推门出来，放眼天地间，只见夜风卷着雪花一股股地飞旋，大地一片银白，映射着锅底般低沉的夜空。回到窑洞，我重新清理自己的思绪。自打三姨夫走后，父亲更沉默了，整天生闷气，无法消散的阴云黑沉沉地堆满脸，一坐下来就拿着烟袋抽闷烟，每一口都抽得很重很重，带着难熬的压抑，试图寻求解脱。我看在眼里，急在心上，却没有一丝一毫的办法。心病难医啊！这都是我的罪过。我痛苦的心在滴血。

这个假期，我放下一切杂事，抓紧时间，系统地补习初中课程，凡是考试涉及的内容一点也不敢马虎，定理、公式、练习，一遍不行就来个两三遍，力争闯过这千人万马拥挤的独木桥。为了获得满意的结果，我时刻把目标、对象、干劲统一起来，努力呈现生命的活力与价值，否则，人和草木有何两样呢！

这期间，连做梦也是师范招生那些事儿，我是如此期待命运的转折点。然而，一想到今后的生活，总有一丝隐忧暗暗袭来。万一考不上怎么办呢？那时，我面前是不是就山穷水尽了？我和仁义的差距是不是更大了？这将会带来什么样的结果？于是，脑海里总闪现出他上了大学后抛弃我的画面。一想到这些，我就心慌恐惧，无所适从。我把这种担心写信告诉仁义，并提出要他重新考虑我们之间的关系：现在从头开始，一切还来得及！

就在此刻，父亲病倒了，整日高烧，不吃不喝睡在前炕，昏昏沉沉的。只见他脸色深红，痰中带有血丝，时而清醒，时而昏迷。清醒时，他用舌尖舐着干裂的嘴唇，一声不吭；昏迷时，则不住地说胡话，不住喊我的名字，不住地叫冷。父亲是一个非常坚强的人，以往的日子里，不论有什么病，都是扛一扛就过去了，这回，想是已经到了撑不下去的地步了。母亲慌作一团，却拿不出什么好主意。此刻，已经没有多少回转余地了，我便和两个弟弟火烧火燎地赶着毛驴车，把父亲送到乡卫生院。

这是几排土木结构的房子，围着并不算高的土院墙，刷得粉白粉白的，看着让人安心，似乎这就是乡卫生院救死扶伤的本色。这里的医务人员出奇的好，看到父亲病得不轻，没有任何为难，直接让抬进重症病房抢救。我们感激地不知说什么好。屋里很亮、很清静，几位医生为父亲听诊、切脉、询问，并做了相应的化验，最后确诊为重感冒引起的大叶性肺炎，随即给予了准确而细

致的连续治疗。父亲的病总算有盼头了，我的心情也放松下来。医生中有一位年轻的毕业于盟卫校的王大夫，格外令人敬重。平日里，他言语不多，脸上总是挂着笑，显得很是谦逊，办起事来却老练稳重，一丝不苟。只要病人需要，他总是站在病床前，为患者排忧解难，不让病情延误，不让病人花冤枉钱。为此，患者及家属们都很感动，打心眼里敬佩他，都觉得他就是最可爱的人。

过了几日，父亲的烧退了，身上轻快不少，人也清醒了。每次看到医生，都带着一种难以言表的感激。父亲在这里一住就是二十天，其间，我又收到仁义的一封信。内容如下：

亲爱的琴姐：

很吃惊地收到你的来信，想不到我们的爱情小舟在顺水顺风的漂流中会再起波澜。你这样胡思乱想的天方夜谭、这样不着边际的杞人忧天，惊得我目瞪口呆，不知所云。琴姐，我知道你又遇上无法排解的难事了。但不论事情有多难，也不该没来由地折磨自己，玷污纯洁的爱情。我们的爱是与天地长存的，动摇了它，就是动摇了我们的心，动摇了它，就是动摇了我们的命！在这个世界上，有不同类型的夫妻：富贵夫妻、享乐夫妻、柴米夫妻、露水夫妻、恩爱夫妻，不论外界条件怎么变化，我们永远都是最后的一种。琴姐，我求你了，求你在这个关乎人命的事情上，不要再疑神疑鬼、无缘无故折磨自己了！

琴姐，请想一想，在咱们的交往过程中，难道你还没有认定咱们爱情的坚贞？如果连这一点都不确定，我们还有什么资格彼此相爱？我平凡的外貌、家庭的困苦、处境的狼狈，有哪一点值得你爱？之所以你还对我有所期待，还不是我们两颗年轻的心喷涌着理想的火焰、奋斗的激情，使我们拨开浮云，排除阻拦，坚定信念？琴姐，我们就是要实践“你有情，我有义，知恩不报非君子”的祖训。请你相信我的忠诚、我的血性，相信我胸膛里有一颗永不变冷的心！将来你上得去，我们比翼齐飞，共展鹏程；你上不去，我将以更深的感情让你幸福，让你一生无忧！

琴姐，请记住：爱情是纯洁的，是不能用金钱去置换的，因为它是无价的。倒是有一件事情，想提醒你：我已经进入高二了，高中的紧张生活很快就要成为过去，迎来的将是大学深造的好梦。请你斟酌一下，是否应在上大学前，最终办了我们的终身大事，迈开美好生活的第一步。我并不是心血来潮，急于操办，而是出于对我们纯洁爱情的负责，解除我们再次分离的后顾之忧。这倒并不是说，你怕“书中自有颜如玉”，而是我担心“乌雅强夺凤凰巢”。了却此事，永绝他患。万望向二位明智的老人先露露口风，以便到时你我遂愿。

你忠实的终身伴侣：仁义

读了这封信，我倒真的吃了定心丸，心里更充实了。在父亲的病情日见好转后，又赶忙拿起书本，边照料父亲，边复习功课，日子又恢复了原有的平静。

就在我们要出院回家的前一天晚上，医院领导再次来到我们的病房，竟然代小王大夫向我提亲……这是一个真正的烫手山芋，动不得，扔不得，吃不得！让我手足无措，只觉得血液上涌，胸口憋闷，退了血色的脸上撒了一层霜。不要说当时的场面有多难堪了，我心里明白，在爱情的天平上，砝码的重量全让仁义占了。父亲当时也不敢贸然决断，我则被逼在墙角，不得不坦言：“彼此了解太少，以后再说。”

这又是一次对人生的艰难考验。

## 十三

五月的山区风景是最是宜人。清晨，嫩红的太阳从东山露出圆圆的笑脸，喷光吐艳，温暖敞亮，大地焕然一新。天高云淡，让人有说不尽的畅快。小南

风吹着青青的柴草烟，由浓而淡，由淡转无，传递着早饭的信号。洼地上，湿润的水汽凝成半透明的轻纱，漂浮在半空，留住一天梦幻的朦胧。田野上的禾苗碧绿地泛着灵气，随风起伏，展示着生命的神秘。山坡上、沟岔边，野花织就的图案色彩斑斓，千娇百媚，装点得山村梦一般美妙。

结束高考的仁义回来了。很快，他就引起村里人的新奇与关注。经过高考的磨炼，仁义有所改变，本来白净的脸色更显瘦削，泛着书生的文弱气息；衣服虽是旧的，但洗得干干净净，穿起来很合身；举止比以前讲究，谈吐文雅得体。看着他来了，父母在欣喜中藏着一丝隐忧，热情里伴着几分凄凉。

话题当然是围绕着他刚参加的高考。虽说分数还要过些时日才能下来，但他显出极有把握的样子，兴奋而肯定地说："虽谈不上超常发挥，但还算正常吧！"言语之间显得意得志满。二老认真听着，父亲开始平静地抽烟，母亲的嘴角露出一丝不易觉察的笑意。我的心却出奇的舒坦。苦尽甘来啊！他在经历了磨难之后，就要迎来敞亮与温暖了，真是善有善报！

"录取时，即使本科第一类大学上不去，也绝不会落在三类大学里！"他自信地推断着，"要是真的意外落榜了，再拼上一年的命补习，上大学这条路，咱是走定了！"言语间充满着胜利者的豪情。

此时，他看了我一眼，似乎在探询什么，有些欲言又止的样子。父亲仍在默默抽烟，不时点头赞许；母亲也说了一些充满关切的话，气氛轻松不少。我心里同情和感慨交织在一起，说不清是什么滋味。他这个不服命运摆布的苦命人，横下心不要命地苦干，现在就要有个结果了。多少年的苦熬，不就是为了现在吗？但一想到他那些让人着迷的话，我的心里总是空落落的。我们相随走出来，又到了葵花地。

满坡的葵花杆都有锄把粗了，顶着嫩黄嫩黄的花盘，散发着淡淡花香，每一片花瓣都泛着季节的灵气，只是还没有酣畅地开放呢！仁义像是被那些花迷住了，眯缝着眼睛呆呆地看着。

“累了吗？”看着仁义消瘦的脸，我轻轻碰了碰他的手，微笑着问。他的脸红扑扑的，闪着一层亮色。“高兴还高兴不过来呢！哪有累的工夫！”他兴奋地说。

“这个假期你放松放松，恢复一下精力，赶上学走以前，我给你把衣服鞋袜都收拾好，你可是要去见大世面了！”说的时候，我的心在狂跳。

仁义还没等我说完就急不可耐地说：“不，你要给咱们两人收拾，而且收拾得能在社会上说得过去！”

“啥意思？”我疑惑地问。

“如果通知书真的来了，咱们马上就结婚，来个祖祖辈辈做梦都想不到的双喜临门！”他兴奋地说。

“结婚？”听了他的话，困惑的云团涌向脑海。我低着头，满肚子的话不知从何说起，反倒像个木偶人，站在葵花林里，摆弄着一枝小葵花，反过来倒过去，做着无序的循环。

看着我茫然的样子，他吃惊了，双手扳着我的肩膀，轻轻连摇了几下，盯着我的双眼问：“怎么，你不同意？”

我懒懒地瞭了他一眼，问：“那这些年顶着压力等你是为了什么？”

“嫌我没钱？”

“这是我早就知道的。”

“怕我将来丢下你？”他一个劲儿地追问。

我低下头，长时间说不出话来，心里乱糟糟的，理不清个头绪，眼里转动的泪珠竟然不听管束地滚落下来，显得很难堪。

“我的好姐姐，别再犯傻了！”他一把将我紧紧搂在怀里，热烘烘的脸颊紧贴着我的发鬓，央求似的说：“别老是这样多愁善感、自寻烦恼，折磨自己的心灵了！我以前说过的话都是算数的，随着时间的推移，将一件一件落实到咱们的生活里，这点你就只管放心好了！同时请你转告老人，如果大学的通知

书来了，我们只结婚，不典礼，为的是把咱们的关系以法律的形式确定下来，免得往后有第三者涉足，让我们的好姻缘节外生枝，让我们相距遥远，劳心劳肺，受无谓的煎熬。待条件好了，咱们再补办一个高规格、上档次的婚礼。这对所有的人都公平。”果然，不出二十天，大学录取通知书来了，举村同庆。父母对我们的婚事也表示赞许了。就这样，我们低调、简朴地去公社正式办了结婚手续。从此，他上他的大学，我教我的书，父母也总算了却了一桩心事。

## 十四

煤油灯积聚的烟尘愈发浓重，屋子里越来越暗，空气也越来越沉闷，让人头昏脑涨，浑身直冒虚汗。时间越来越难熬，我只好打开窑门，清除一下油烟，继续清理这些孽债。

门刚打开一个小缝，疯狂的白毛风呼的一声就窜了进来，让我浑身的汗毛孔猛然紧缩，周身一颤。看外边，风搅着雪花从地面直卷到半空，相互撞击，纷乱一团——又是一个难于行走的风雪天。我下意识地用双手反复搓擦着脸，用手指梳理了几下散乱的头发，借以理顺思绪，重新整理这些带给我致命创伤的信件。

初婚的女人大多带着新奇、充实、幸福、别致的感情，乐观地面对新生活的每个细节、每件琐事。仁义即将上大学了，我的心自然也是围着他转。为了让他感受到家庭的温暖，一日三餐都选他爱吃的做。每次见他吃得津津有味，打着饱嗝，冒着细汗，放下饭碗，我便觉得幸福甜蜜。此时，用我微薄的工资补贴为他上学做着准备：把他的棉衣、棉裤、鞋袜全换成新的，内衣、内裤都准备停当，打包就绪，让他可以随时准备迎接崭新的生活。两个年轻的生命相互关爱着开始了人生的新里程。

仁义也真会体贴人。他想方设法让我远离烦恼、远离压力，过得轻松。尽管我们的物质生活简单，精神生活却充实而温暖。假期里，他总是陪我说话，陪我干活，有出力气的活，总是抢在手里，生怕我累着。我们的小日子过得很温暖。他走后，对我也是无尽的牵挂和关照。这些情愫都是借由他那带着关爱的信准时传递到我手上的。我本来是在山村成长起来的，生活中没有任何隔碍，但他的心里却是一百个不放心。如放学回家，他总担心交通不便，山路荒寂，生怕我孤独受累；春天里气候多变，风起沙飞，怕我心情郁闷，生活得不开心；盛夏时节，夜间常有闷雷，又担心我精神恍惚，睡眠不好。看了这样的信，我心里又是甜蜜，又是好笑：真是杞人忧天，我哪里有那么娇情呢？

大二开学后，来信像流水被闸门闸住了，突然就久等不来了。生活一下子失去了精神支撑，变得空落落的。我期盼邮递员的到来，期盼着他的信件。往日，每当骑着草绿色自行车、穿着草绿色衣裤的邮递员出现在校门口，笑眯眯地把信件递在我手上，都能感到一种沉甸甸的温暖。然而，曾经的日常竟成了一个长梦，变得遥不可及。我只能自我安慰：也许他是在清苦地奋斗吧！也许是忙于学业，就别给他添乱了！放假就会回来，一切都好好的！

话是这样说，但心思还是凌乱的，甚至一进入梦乡就看到仁义。只见他衣衫褴褛，蓬头垢面，饥饿困乏，茫然在荒野，找不到出路，叫人心如刀绞。这样的时刻，我总是惊恐地大叫着追上去，眼看就要追上他了，然后就把自己吵醒了。醒来后，更是心慌意乱，不知所措。如此反复，我自觉都要抑郁了。

腊月已至，家家户户都在忙着准备过大年。我尽可能多地准备些过年的食品，如年糕、米酒、面食、肉食等，尤其是仁义爱吃的红烧肉、清蒸肉、猪羊的头蹄杂碎等，都是精细加工，精细制作，力求让他在假期里恢复精力，养好身体，迎接新一轮的奋斗。日子就在忙碌中悄然逝去。

已是腊月二十九了，家里家外都收拾得干干净净，娃娃们剃了头，换了新衣服，拿着鞭炮，在院子里奔跑，乒乓作响，年味催得人心花怒放，可就是不见仁义归家的身影。我疑虑重重，不知道迎接自己的将会是什么。直到春天开

学，才接到一封望眼欲穿的信。抄录如下：

爱妻：

见信如面。

过年没有回去，也没有去信，想你的心里别是一番滋味吧！放寒假前，原打算是要回去的，好鸟思故林嘛，何况我还是一个有丰富感情的文化人呢！但包头的二哥多次来信，让我今年放寒假后无论如何要去他那里过年，言辞恳切，期待殷殷，看样子是推不脱的，我只好去了。

大年过得还是不错的，物质与文化的品位自然不是山沟沟里的土屋可比，但精神上的重压与煎熬却是此生最难忘的。

吃年夜饭时，满桌子的好菜伴着竹叶青的醇香，应该是上档次的享受，理应满足，但在喝酒之时，二哥对我毫无顾忌地批评了很多，指责了很多，分量是很重的，句句都戳在我的心口上。其核心意思就是，我们的婚姻是青涩的、幼稚的，没有经过深思熟虑的，经不起生活的磨炼与碰撞，是中学生的心血来潮，是情感、精力、悔恨、泪水的浪费，必将是个充满悲剧色彩的结果，并警告我：丢掉幻想，及早清醒，回到现实生活中做人做事，这才是切实可行的。他说："你们相爱，我不干涉，这是个人的自由；但你们相爱的基础是什么？是经济基础？思想基础？事业基础？都没有！单凭情感相合，心生爱恋，就结婚成家，这样的婚姻会带来什么样的结果呢？你现在是大学生，不论做什么事情都要注重现实，离开了社会的实际，一切将变得寸步难行。我们面临的现实是什么？有一天，你大学毕业了，政府将统一分配，可你已是结了婚的人，媳妇该如何安置？要迁入城镇，就必须解决媳妇的户口问题。可你哪里知道，像我们这样无权无位的人要办成这样的大事，该有多难啊！请客、送礼、跑门子、拉关系、投其所好、看人家的脸色、听人家的腔调，简直就成了人家的应声虫。办这样的事叫人窝火至极，难堪至极！谁愿意低三下四看着人家的脸色过日子呢？户口解决了，还有工作问题。这样的问题不解决，就没有生活来源，总不能住在城市过没吃没穿的农村生活吧？解决这些问题，需要很硬的社会关系，你刚出校门，去哪里寻这样的社会关系？我见得多了，书读得越多，社交能力就越差。你没有这样的能力，我也没有这样的能力，总不能叫人家在山沟里等你一辈子吧？”

我只是喝闷酒，心烦意乱地听着二哥喋喋不休。但他还是反复强调：“人醉话不醉，你在社会的碰撞中就清醒了！”

最后，二哥结论式地警告我：“如果社会关节打不通，生活的步子迈不开，只能离婚了事。人常说‘迟不如早，早不如快’，我看你们尽快了结此事！”听着二哥的话，我的心绪坏透了。我想哭、想喊、想狂跳，想立刻离开这烦心透顶之地，但在竹叶青的诱惑下，竟昏昏然睡去了。最终，我带着一颗破碎的心，回到了学校。

祝你顺利！

仁义

这封信是真正的晴天霹雳，沉重地击到我的致命处，震得我头晕目眩，不知所措。我不知道如何面对这样的人、这样的事和这样的变化，也不知道这样的人家还有几分人性和道德可言。对这位二哥，我虽然没有正面交往过，但我向来怀有敬重之心，敬重他的年长、他的阅历、他的思想觉悟和做人的素质，但就年夜饭时他发表的言论，可见其灵魂之丑恶，形象之卑微，心理之阴暗，人品之歹毒，是个十足可憎的疯子。表面看，他唯恐小弟将来走向社会会因家庭压力过重而一筹莫展，其实是因为仁义头顶上有一圈“大学生”的耀眼光环，由此对我采取一种居高临下的蔑视。他只想着自家兄弟以后的难处，怎么就不替我想一想？这其实是一种极端自私的处世哲学。他难道不想一想目前为止，我为这个家庭做了多大的付出？为了维系和仁义来之不易的感情，我承受了多大的压力，付出了多大的牺牲，冒犯了多少亲友，得罪了多少乡邻！我曾气得母亲以泪洗面，心如死灰；气得父亲火冒三丈，焦虑成疾，差点一命归天。我在条件优越的求婚者面前，无悔地站在仁义的一边，难道仁义口中的"绿荫高楼、鱼跃龙门、比翼齐飞"，都是骗我上钩的诱饵？我不敢想。

二哥的话是极其恶毒的。他挑唆仁义和我离婚，其结果是，仁义带走的是轻松与甜蜜，留给我的是创痛与苦果。这是我绝对不能接受的。常言说得好：男人是风筝，女人是牵线者，风筝飞得再高，永远被地线所牵引。如今，我该做好收线的工作了。为了爱情之花得以结果，为了维持这个充满温馨的小家庭，我要用真情和心血来培育它，说到做到，立即行动！我把每月领到的补助工资一分不动地保存下来，全部供仁义上学使用。接到信的当天，我去公社的邮电所一次性买了五十张邮票，打算把我的真情、我的真心，以信的形式频繁地传递给仁义，借以清除二哥那不负责任的言辞带来的恶果，焐热丈夫那颗变冷的心，厘清我们神圣的爱情和美好的未来。

教学之余，一有空闲我就精心打毛衣、打毛裤，这些都是仁义防寒用得着的。我想通过生活上的点点滴滴，抚平交往中的坎坎坷坷，帮他追回往日的温馨。然而，在我去了十几封信后，他只是在放假前夕，淡淡地给我来过一封信，说他暑假不回来了，准备勤工俭学，以解决学费问题等等。看来，事情已经不是那么简单了，我的脑子乱成一团，眼泪大滴大滴滚落下来，引来母亲的询问、叹息和怨愤。

我的心越来越紧张，越来越痛苦，越来越空虚。父母的忧虑也越来越沉重。亲朋好友着急上火，再三规劝，但我还是一如既往地给他寄钱、寄物、寄信，试图把我的心掏给他看。终于，收到他的一封来信。原文抄录如下：

彩琴：

很吃惊地收到你寄来的钱和包裹，这使我羞愧难当。你是用感情这把软刀子刺我的神经，让我羞愧痛悔，无地自容。彩琴，我是一个男子汉，竟然会困落到让女人来养活的狼狈境地，真不知自己还有何面目自立于天地之间！如此为人，何不坠崖、上吊、投井、跳河？一死以了耻辱！

你在信中喋喋不休地表述对我的深情，表述你在经济上如何全力以赴地支持我，让我安心上大学，但请你记住：用'大团结'是买不到真情的。你要明白一个简单的事实：我是大学生，是有独立人格的男子汉，不是只认得纸币的妓女：以为只要花了钱，就可以为所欲为！

当然，我也要痛苦地告诉你，目前我倒是真正陷入困境了。大学是禁止已婚者入学的，学校当局得知我已婚的事实后，班主任、系主任、总支书记轮番找我谈话，个个都神情严厉，嗓门粗壮。学生中侧目者有之，议论者有之，贱视者亦有之，我成了真正的过街老鼠，看来是厄运难逃了。精神上的重压使我愧悔交加，真不知是老吴家上几辈子造下多少孽，集中在我这一辈子来偿还，尤其可恨的是那个鬼班主任，凭着比我早念了两天书，凭着自视身高的地位，凭着是我的顶头上司，居然在众目睽睽之下，训斥我如三岁童子。我却毫无血性，强压着怒火，唯唯诺诺，扮演着一个既叛逆又顺从的两面派角色。可我又能怎么样呢？近来，学校勒令一名大四的已婚者退学。杀鸡给猴看，下一幕的好戏就该轮着我了！

彩琴，自打咱们相逢，你给了我太多的帮助，无数次在困境中搭救过我，让我绝处逢生，化险为夷，坎坎坷坷一路走到今天。这些好处我没齿不忘，今生不能回报，来世做牛变马也一定回报你！现在我又面临灭顶之灾了，望你在我人生的紧要关头，在我即将落入地狱前，再着力地拉上我一把——咱俩暂办离婚手续吧！你也许要说：这是最无耻的背叛！但我要告诉你：时世然也，我又何能？过了此关，咱们仍是和美夫妻。琴，请答应我！

仁义

## 十五

一个人若想寻找不容人的理由，就像在库布其沙漠里找沙子一样易如反掌。接到这封信，我清楚地意识到现在的仁义凭着大学生的牌子、城市生活的圈子、鱼跃龙门的冲动、曙光在前的诱惑，是再也容不下我这个山村的代课教师了。看他提出的理由，哪一条拎出来都是相当过硬的。从农转非讲到人际交往，从学校规定讲到已婚者退学，从二哥的训斥讲到家庭的态度，从个人的处境讲到离婚后的结局……其实，最过硬的理由是仁义的心，是大学生的光环下滋生出的那颗急剧膨胀的阴暗心灵，是以我为中心的个人主义在作祟。

只是，这出闹剧编导得如此周全、如此绵密，使我在致命的创伤中，竟很难抓到多少有力的把柄，只好暗吞苦果。信誓旦旦的恋爱、如愿以偿的结婚，不过都是私欲沉浮的儿戏过程，去哪里寻找纯真的感情？到头来，只落个竹篮子打水一场空。

这件事成了我们村里的头号新闻，闹得沸沸扬扬。面对即将失控的局面，姑姑提出了三套方案：其一，我继续给仁义写信，追忆过往。姑姑说：“往事可以钩起旧情，旧情可以唤回良知，良知或许是解开这场婚姻困局唯一的金钥匙。此事办得越快、越细、越真诚，效果就越好。”其二，由她帮助我准备材料，向各级妇联组织求援。“妇联是妇女的娘家，相信娘家人出面，对事情会有帮助的。”姑姑言之凿凿。其三，让家里人低调处理此事，不事张扬，不要把弦绷得太紧了，留下回旋的余地。

我们真是把死马当成活马医了，小心翼翼地展开相应的工作。这期间，再也没见着仁义的人影，只是有信件来往，现将他最后一封来信抄录如下：

琴姐：

请允许我永远这样称呼你。这是我以合法夫妻的身份给你写的最后一封信了，从此以后，我们夫妻的事实将永远融入历史，存在于微茫的记忆中。回想起来，我还是要真诚地感谢你，感谢你一贯对我的宽容、理解和支持；感谢你在我们的婚姻陷入危机时，并没有像很多亲友规劝的那样，亲自来学校找党委，找系主任或总支书记，才使我的学籍有幸保留至今，没有被大学扫地出门。但是，琴姐，我要坦诚地告诉你，虽然你通过各级妇联组织出面化解矛盾，虽然这些可爱的阿姨们做了很多善意的、尽心尽力的工作，虽然她们抱有善良的愿望，但学校执行的是上级明确的规定，都是红头文件，白纸黑字，任何一个校长或书记不可能因事情的特殊性而违背具体的规定。在事情陷入僵持、很难取得进展的情况下，我只好反复向法律部门咨询，就咱们的现实情况该如何处理，才能取得一个较好的结果，请他们从法律的角度帮我找一条最好的出路，让我们双方一劳永逸。他们一致的意见是，如果达不成协商离婚的协议，我就单方面向当地法院民庭起诉，请求法院判决离婚。这是目前条件下最好的选择，我已照办。想来，民庭的开庭通知书不久就会送到你的手上。

琴姐，回想起我们的婚姻过程，是一场不堪重负的精神折磨，是一个迷人的美梦和甜蜜的陷阱。它使我们备受折磨、痛苦不堪，留下了一生不堪回首的教训。此时，我们还能有什么话可说呢？现在，我们不应只沉沦在情感的痛苦之中，而是应当理性地心平气和地认真思考一下：我们为什么在生命的美妙阶段，开了一个令人震惊不已的玩笑？这件事对社会、对后人有什么借鉴和教训？这也许是事情真正的意义所在。

首先要检讨的就是我们过早地涉入了爱河，在不成熟的时期盲目行动，过早地品尝禁果，过早地闯入了禁区，而且越陷越深，没能迷途知返。当时有一千个、一万个理由让我们为彼此欣喜若狂、神魂颠倒，但是，琴姐，请想一下，我们这种过早的爱真的经得起推敲和考验吗？难道它不是一枚酸涩的青苹

果？历史的变迁、人生的沧桑都在不确定的因素中变动着。这些需要去探索、把握，三思而后行。我们那种天国里的纯情只能被社会的风雨吹打得百孔千疮，体无完肤。

琴姐，这是我作为你的合法丈夫的最后一封信，我怎么想的就怎么写了，请原谅。就夫妻关系而言，我当然不同意《红楼梦》中说的“夫妻本是同林鸟，大难临头各自飞”，但是，琴姐，我真的相信，作为社会细胞的家庭是永远无法逃脱社会对它的制约，孙大圣逃不脱如来的掌心，家庭逃不脱社会的规范。白居易说：“在天愿做比翼鸟，在地愿为连理枝。”谁人不想那样？但这种“比翼”和“连理”的双方应落在同一个层次上，如果一个在天，一个在地，相距遥不可及，这样的夫妻能“比翼”吗？愿望是虚的，生活才是实的。我们还是活得现实一点吧！

我也常责备自己：为什么就不能生活在山沟？为什么就不能做一名民校教师？为什么一定要进城？为什么一定要上大学？鱼争上水人争气，生活的法则本来就如此！唉，晚了，说什么都晚了。现在最无情的是法庭的裁决。法律重如山，法律大于天啊！

琴姐，现在我说得再真诚，你也认为都是谎言，我的心再实，你也会认为是一钱不值的狼心狗肺。我也知道，你即使是个铁人，现在也只能是个泪人吧！这都是我终身的罪过，我只能以这些诚实的文字向琴姐你谢罪了。

旧友 仁义

## 尾声

这场使人痛不欲生的婚姻巨变，让我认定了一条：不论干什么，事实胜于雄辩，事实能揭穿一切隐秘，除此以外的甜言蜜语，鬼才知道有什么意义！身陷困境的我，心力交瘁，以泪洗面，就是因为过分地相信了对方的甜言蜜语、山盟海誓，过多地相信了他的理想前程、天地良心，才落了个凄凄惨惨戚戚的结局。如今，我的心里只有怨，只有恨，只有痛，其教训是终生难忘的，但我依然把这些信公之于众，让人们做一个道德的裁决，让年轻的姐妹们引以为戒，走好自己的青春爱情路，选好生命的航程，渡好人生的爱河，留下光彩的旅程。

吹灭了小煤油灯，拉开窑门一看，雪满天地，四野茫茫，狂风卷着密集的雪花，飞舞、飘荡、撞击，迷蒙一片，打得人睁不开眼，迈不开步，茫茫不见尽头……

# 第四辑　品味

文字对文字的审视，

情感对情感的发掘，

把精品酿成蒙古老酸奶，

把粗糙物制成奶豆腐，

和文友师弟们慢慢品尝。

# 多彩的生活，喷涌的激情
## ——读万里的诗集《松风万里》有感

### 一

万里的诗是生活的积累、情感的沉淀、思虑的结晶、心血的花朵。诗集《松风万里》出版后，获得广泛好评，取得了良好的社会效应；适时组织研讨评论，总结经验，吸取教训，对提高创作、繁荣文艺，无疑是有好处的。

万里出生在鄂尔多斯高原的西北部，杭锦草原一户贫苦农民的家中。故土的辽远铸就了他宽容、谦让的个性，生活的历练启示了他聪慧敏捷的思维，父母的秉性留给他睿智灵活的头脑，家庭的熏陶养就了他能言善辩的口才。从童稚时的可爱到特殊时期的精明，从基层工作的干练到领导岗位的才能，大半生的时光中，他换了不少新单位，接了不少新任务，迎来了不少新挑战，迈出了不少新步伐，取得了不少新成就。长期以来，受到领导的表扬、同志们的信赖与尊重，是大家心目中公认的老大哥与知己。其几十年纷繁的社会活动，留下了不少灼目的亮点，创建了不少骄人的业绩，书写了平凡人生中不平凡的充实与成就。

退休之后，耳顺之年，他领军自办经济实体，依然呈现出花开别样红的态势。在繁多的工作重压和紧张的时间内，毅然独树一帜，另起炉灶，转轨易辙，涉足诗歌创作。这样的举动，让熟悉和不熟悉他的人为之咋舌。就其所

发表作品的内容、形式、深度与广度来看，万里的创作绝不是一时的心血来潮，不是简单的投石问路，也不是名利的驱使与诱惑，而是多彩生活推动着他喷涌的创作激情，把生活的积淀、社会的巨变、人生的坎坷，经过心灵的思辨、组合、创造，用流畅的文字写成跳动着生活脉搏的诗歌力作。从2011年开始，其诗作先后散见于《鄂尔多斯文学》《鄂尔多斯日报》《诗潮》《雪莲》《草原》《诗刊》《中国作家》《人民日报》等报刊。《松风万里》出版后，在鄂尔多斯电台分篇配乐广播，产生了热烈的社会反响和积极的社会效应，甚至有人把2012年归结为“王万里诗歌创作年”。这样的势头，这样的成就，促使我写下了《松风万里》的读后断想。

## 二

鄂尔多斯这块热土是作者生命的摇篮、奉献的舞台、创业的福地，是名副其实可爱的家园。每天，新太阳照到的是高原的巨变：城市变大了，人口变多了，楼房变高了，环境变美了，市民得到实惠了，人性化管理普遍了。人们有说不尽的舒畅与幸福，农村更是好事连连，喜庆不断：该免的收费都免了，不该免的收费也免了；合作医疗、生活低保、老年补贴、各种政策性补贴，让人们无忧无虑享清福，睡梦里也偷着乐。农民心里一百个顺。鄂尔多斯的有识之士和城乡广大建设者一道，在党的政策指引下，创造了举世瞩目的“鄂尔多斯”现象。高原上的历史巨变如春雷阵阵，春潮涌动，激励着作者放声高歌这个天遂人愿的好时代。请看作者在《鄂尔多斯我的家园》中的诗行：

遵循规律注重实践，

图发展谋富裕谱写新篇；

科学决策扬起信念的风帆，

腾飞的经济风暴席卷草原。

……

富足的自然资源令人垂涎,

机采的乌金滚滚流向世界;

伊泰的产业转型科技领先,

汇能的蓝图宏伟深谋发展。

鄂尔多斯羊绒温暖世界,

天然气在城乡升腾着火焰;

煤化风电打造能源产业大链,

教育文化是提升文明的摇篮。

面对目不暇接的多彩现实，作者不是生活的旁观者，不是时代的清谈者，不是指指点点的评论者，而是自觉地把自己摆在主人翁的位置，既是肩负使命的探索者、科学决策的参与者，也是腾飞经济、和谐社会的实践者，和鄂尔多斯的建设大军一道，共同推起腾飞的经济风暴。这是一种责任、一种使命、一种担当，是历史的光荣！如此的作为才是生逢其时的真男儿。作者在诗行里充分展现了这种积极进取、大步迈进、毫无退意的精神风貌，他像一个担当历史使命的行政首长，清醒地审视着昨天，关注着今天，规划着明天，突显了一种鞠躬尽瘁的进取精神。

要特别指出的是，作者没有把诗摆成空架子，也不是虚浮的花架子，不是情节上的假、大、空，也不是境界上的雾里花，而是以一支饱蘸着激情的笔，直面生活，捕捉亮点，谱写动人的诗篇：由“绿树阻拦库布其风沙”的绿色发展，写到“城乡建设添新颜，高耸林立的楼群风采相连，公民居住环境快速改变，‘百佳城市’的荣誉辉映在大街”（鄂尔多斯我的家乡），其情如江如河，如波如涛，由自然资源的丰富写到激活资源、开发资源、利用资源的伊泰煤炭股

份有限公司、汇能煤电集团公司、鄂尔多斯羊绒集团等实力公司的更新换代，研发新能源、新产品，由单纯的资源型转换为科技型，拉长产业链，提升附加质，提高科技含金量，迎接鄂尔多斯新一轮的经济腾飞。作者在诗中，由“腾飞的经济”想到立体交通的便捷，由物质文明的繁荣想到精神文明的建设。时代的使命感催促着他踏上新里程，开拓新境界，迎接更加辉煌的明天。

万里的诗是有厚度的，《父亲的皱纹》就是典型的一篇。在短短的六节诗里，他以明快的语言、喷涌的激情、厚重的叙事手法，概括了父亲艰辛劳碌的一生：由孤致穷，由穷致苦，由苦致累，由累导致无穷的折磨刻下了老人脸上“数也数不清的皱纹”。皱纹是苦难的产物，皱纹里也记录着苦难的历程。这段历程是人生中难以忘却的记忆与痛苦，然而老人定格在儿孙心目中的形象却是阳光的、慈祥的、宽厚的、大度的。诗中父亲的形象就是千千万万个面朝黄土背朝天的中国农民的标准像。父亲的慈祥与宽厚，就是中华民族传统美德的准确诠释。

万里的诗中不乏扛鼎之作，《火车站剪影》和《伟大的母爱》就是其中很有代表性的两篇。火车站是个很独特的地方，是重要的人流集散地。作者要体验生活，观察人物，剖析社会，去火车站寻找素材，寻找灵感，是十分明智的选择。当作者真的进入这个动感强烈的特定场所时，首当其冲涌入视野的就是“人流像回巢的蚂蚁”般的返乡民工潮。面对现实，作者不夸大，不缩小，不遮掩，不粉饰，用一支饱蘸情感的笔，几乎以实录的形式记下他们的现状、希望和追求：天寒地冻，滴水成冰，老北风卷着雪粒在疯狂。火车站的现状却是“一票难求”。蹲守在候车室买票的人“睡不下，坐不起，站着没有棉大衣”，滞留在候车室外的人是“强气流把雪粒吹进衣领，紫黑色的脸上吊着鼻涕”，抵挡寒风的唯一办法是“耸一耸肩头，擦一擦手背，抽一袋烟火星冒出一丝白气”。大人的无奈同样延续到孩子的身上，“小妹把米饭喂进孩子嘴里，小酒窝绽出了笑容，大口吞咽着塞北的寒味！”他们返乡乘车的条件非常有限，“只要有个站脚的位置，再不用接受这死一样的寒冷。”然而现实是残酷的，对人们的需求是否定的。连作者都无限焦虑地大声呼喊：“一票难求啊，我的农民工兄弟！”这就是农民工的焦虑，这就是他们身处的困境与无奈。民之所存，国之所本。虽然《火车站剪影》剪出的是三农问题的一角，但已经成了人们焦虑的现实和关注的焦点，足以引起各级政府的重视，督促其尽快化解矛盾与协调处理。

如果说，《火车站剪影》是作者有目的捕捉生活、搜集素材的采风活动，那么《伟大的母爱》中所用的材料则是司空见惯的街头琐事：在林立的高楼，宽敞的马路，热闹的商场，豪华的酒店僻静的垃圾筒旁，不时活跃着捡破烂者的身影。这些人收入低微，地位低下，生活简单，舍得出力气，忍得了辛苦，不怕秽气恶熏，不怕破烂肮脏，浸泡其中，往往一泡就是一整天。诗中，作者描写的大嫂已经孤身一人默默泡了九年！社会上不少人对他们的行为习以为常，不屑一顾，也不多说一句话，任其自忧自乐，自生自灭，作者却怀着深切的同情与无尽的忧虑，通过对其特殊经历的剖析与逼真的陈述，揭示出大嫂超常的辛苦、超常的忍耐、超常的付出、超常的自我封闭背后隐藏的却是坚强的意志、圣洁的灵魂、美好人性的本色，比金子更纯更亮的心。大嫂的地位是低贱的，但她的人格是可敬的，在厄运降临，家将破碎，儿子面临辍学之际，她不回避，不退缩，不怨天尤人，挺起脊梁，坚定信心，顶住压力，天天翻腾在垃圾堆上，忙碌在卖破烂的路上，终于迎来“爸的身体有好转，我的学习很努力”的结果。像大嫂这种腰板硬，敢抗争，选定目标毫不动摇的女性，在现实生活中，是真正的凤毛麟角，茫茫人海，百里不得其一。如果说，世界上黄金最纯，那么大嫂的心灵比黄金要纯百倍；如果说，用香水、香料能熏出迷人的俏美，那么即使用上一吨香料也熏不出大嫂美丽的灵魂。无怪乎作者在诗的结尾饱蘸着深情写道：“妈的爱比五颜六色的鲜花美丽，妈的爱比价值连城的金钱珍贵，妈的血液里流淌着伟大的母爱，妈的爱是奋进人生最大的动力！”这

样的诗句无疑是《伟大母爱》的主题词。

就万里诗中情感层面的表述还想说几句。《火车站剪影》一诗中，有这样的句子：“一票难求啊，我的农民工兄弟！”“小妹把米饭喂在孩子嘴里”；在《伟大的母爱》中，开头两句就是“天刚蒙蒙亮的早晨，大嫂弓着腰在垃圾堆上翻腾”。诗中称困守在火车站的农民工为“兄弟”，年轻的女民工为“小妹”，对那位捡破烂的中年妇女始终直乎为“大嫂”。这使我想起了诗圣杜甫和唐代另一位大诗人白居易。杜甫这位“语不惊人死不休”的诗坛圣人，写了一系列震撼人心的、关心人民疾苦的诗句。他在《石壕吏》中写道：“老翁逾墙走，老妇出门看”，尽显他对劳苦大众的悲悯之心，很受世人称道，因为和那些“吏呼一何怒”的官员相比，二者对人民的态度相差何止十万八千里？白居易则在他的名篇《琵琶行》中有这样的句子：“同是天涯沦落人，相逢何必曾相识？”作者面对的是社会最底层的弱者，她无权、无势、无钱，随时都受环境的左右，作者身处其中，不摆官员的架子，不摆文人的清高，不显铜臭的优越，而是把自己和这个无权无势的漂泊女子放在同一位置，千百年来一直受到读者的尊重和赞赏。万里在诗中，则对那些身处困境的弱势群体，寄予无限的同情与关爱，直呼这些人为“兄弟”“小妹”“大嫂”，其情也切，其爱也深，其震撼力也强。这样的胸襟和态度在我们这个崇尚纸币、欲壑难填、人心浮躁、精神滑坡的环境里是多么可贵啊！难怪作者在诗的结尾前，由一个热心的旁观者变为心怀良知的代言人，直面孩子，语重心长地教诲道：“孩子，你可知道妈的工作岗位在哪？你在认真学习还是玩耍？她没有手表，每天正点在岗位，就像你一步一步解析数学题。”作者的一颗涌动着关爱、同情、希望与祝愿的心，都凝聚在这些燃烧的文字中了。

## 三

万里的诗是很有特点的，下面从三个方面略作概括：

一、清晰的人物形象。万里的诗里总活跃着清晰的人物形象。读他的诗，众多的形象如影相随，伴着读者的阅读、思索、品味的全过程，或是父亲的坚毅、或是母亲的辛劳、或是普通职工的可爱、或是街头民警的可敬，感受其人生经历、生活滋味、独特个性；不同层面的人都带着时代的烙印，折射着生活的进程。这些人物与我们情相连，心相应，气相通，鼓舞着我们抓住好时光，尽好社会责任，过好宝贵人生。

二、强烈的抒情色彩。万里的写作题材不论是来自淳朴的农村还是繁华的城市，不论是至亲骨肉还是普通职工，其同情、关爱、赞赏之情总是浓浓地融于诗的意境中，给读者的情感层面以强烈的冲击：面对困守在火车站的农民工，作者疾呼："一票难求啊，我的农民工兄弟！"面对风雪中以米饭充饥的婴儿，作者关切地注视着孩子："大口吞咽着塞北的寒味。"面对着困苦不堪的捡破烂大嫂，作者高声赞扬："她的血管里流淌着伟大的母爱！"正是生活中酿就的纯真激情，使得作者的形象也活跃在诗意中，激情喷涌在诗句中，脉搏跳动在诗篇中，让他的诗可亲、可信、可读，受到人们的喜爱。

三、精巧的比喻。文学作品中的比喻是常用的修辞手法。万里诗中的比喻，给人以特殊的细腻享受，既品味到了艺术的高超，也品味到了生活的魅力，收到了非常好的效果。例如作者在《山歌》中写道："从舌尖上弹出醇香的山泉，绕着年轮不知道长度与深浅，那山里的姑娘，平川的大爷，歌声飘荡着五谷杂粮的情感。"多巧的比喻，多美的山歌，多耐品味的诗句。这样的诗，即使放在语文课本里当教材，也是饱受当地师生欢迎的作品。鄂尔多斯民歌本

来就是令人痴迷陶醉的极品，经过作者超脱的艺术再现，简直就是仙乐飘飘。听这样的山歌，真要让人三月不知肉味了。类似的句子在诗集中不胜枚举：如《村庄》中的“农人的肌肤亮起土地的光泽，宽厚的双肩拉着历史的纤绳”；《年味》中的“是谁挂起数不清的天灯，是谁把太阳装进灯笼”……这里就不一一赘述了。

读了万里的诗，觉得也有些待改进的地方。仅提两点供参考：一是同一事物在诗意情感层面的基点应当是一致的，思绪可以自由驰骋，情感脉络始终畅通；二是注意仿造词语的准确性，如把“夜以继日”仿改为“日以继夜”，在表意上就不够准确。

# 沙漠军号

## ——读周雨明诗集《在沙漠》有感

### 一

周雨明先生在诗歌这方净土上辛勤耕耘已三十个春秋，在漫长的历史进程中，他沥血讴歌，硕果累累，成就辉煌。他那颗战士的心总是应和着奋斗的旋律跳动，伴随着前进的理想思索。在创作中，不论写人叙事、抒情状物、议论白描，总是起伏着昂扬的激情、豪迈的格调，让人感受到战士的忠诚、战士的奋斗、战士的无畏，是读者深深敬爱的诗人。近来，他的第一本诗集以《在沙漠》为名，由内蒙古人民出版社出版。不论从那个角度讲，这都是一件值得值得庆贺、值得赞扬的大好事。他的诗品就是他的人品：旋律高昂地歌唱，脚踏实地的做人。读着他的诗，仿佛是从瀚海的大漠中，吹起清醒昂扬的进军号，给人以充沛的激情和无穷的力量。

读先生的诗，深为他那种大巧若拙的匠心所折服：普通的沙漠、荒凉的雪原、残缺的边墙、腐烂的铜铁，他总是抓住特点，自然描摹，由景成境，由境成画，收到点石成金的效果。在这些诗篇中，凝聚着时代的特点与历史的变迁，融合着社会的沧桑和人物的命运。不能不叹服先生深厚的艺术内功。看到卧羊台，他就立刻想到身陷穷边绝境、孑然牧羊的苏武，无限关切地感叹道：“风紧夜黑虎狼吼，不见苏武牧羊来；卧羊台下怀古代，沉沉两千载。”看到残

石断砖的边墙，作者立刻想到峥嵘岁月中，在这块神奇土地上的刀光剑影、铁马金戈，情思凝重地写道：“战马萧萧，哪里？狼烟烽火，何在？”看到一年三百六十天风沙的腾格里大漠，作者苍凉地唱道：“大雁何时叫？何处飞春燕？柳荫何时绿？百花怎样鲜？”读着他的诗，强烈地感受到：他有一双善于观察的眼，他有一颗善于感受的心，他有一支善于遣词句的妙笔，他有一颗点石成金的匠心。在写作中，尤其是诗歌写作中，很多人非常重视灵感。周先生是怎样看待这一问题的呢？他轻松地回答道：“此刻 ，我最健康；此刻，我最开朗；此刻，我最清晰；此刻，我最明亮……”创作情绪处于最佳状态的诗人面对现实，往往是精骛八极，心游万仞。抒天地之豪情，叙古今之英烈。面对万里蓝天，挂几朵云彩的朗朗天宇，登上古长城的作者立刻想到：“几朝干戈沉沙底，长夜漫漫人难耐。”读着这些诗句，让人沉思，让人品味，让人咀嚼，让人探索；让人心潮起伏，昂扬向上，提高人生的品位，净化人们的灵魂。

先生才思敏捷，涉猎广泛。社会中的一切都是他关注、审视、品评、歌唱的对象。但有一点也是确定的：作者一生中奋斗、献身、生活、歌唱的主要舞台，就是一代天骄长眠的鄂尔多斯高原。这是一方神秘的宝地，也是古今兵家必争的战略要冲。然而，在当年作者视野中的鄂尔多斯是草原沙漠化、土地干旱化、交通闭塞化、生活贫困化。由这“四化”主宰下的鄂尔多斯，成了真正的穷边绝塞、荒漠边关。究其基本原因就是——沙。西南有毛乌素，西北有库布其，西面毗邻 腾格里。几大流沙，相互策应，瀚海茫茫，沙浪翻滚。狂风一起，沙尘横飞，闭日遮空，混沌一片，掩埋了农田，掩埋了草场，羸弱了畜群，贫困了人民。

面对如此肆虐的沙害，作者不回避，不粉饰，以战士的激情、独特的视角，用一支如椽大笔分别描摹了沙原的历史真貌，留下了千古绝唱的诗行。作者对不同的流沙采用了不同的描述方法：面对毛乌素，主要描写其浩瀚起伏，茫无涯际，风沙迷蒙，混沌一片，由直观的“千里茫茫大沙漠，人家无一户”

的静态描写到“风卷黄沙刮起来，日头也埋住”的动态刻画，写了沙大、沙狂、沙害，带来环境的恶化和人民的苦难。面对“沙浪滔滔黄漫漫”的腾格里，除了描述其横无涯际的傲慢，更主要写了“三百六十天，风的地，沙的天，一群羊羔随风去，绵羊埋在沙浪间”，横暴的腾格里带给人类的灾难近乎是毁灭性的。几股大沙相继为孽，使得鄂尔多斯高原成了“风不清，月不白，黄风卷黄沙，天地一齐盖。对面闻声不见人，白天的屋里点灯台”，闭门难出的绝域荒原。

然而，风狂无法动摇战士的决心，沙险难以拒绝战士的脚步。面对波涛滚滚、曲折幽深，一半在崖下，一半在云头，只洒着零星骆驼粪蛋的沙海无形小道，作者放声高唱道：“沙漠的路，红军开来红军走，沙漠的路，星星之火从此流……”沙原是横，沙海是险，沙漠的路是难。但是，在那些“面对绞索，偏要把真理呼唤，冲着魔鬼，硬要把断头台踢翻”的有理想、有抱负、有追求、不怕死的革命者面前，沙原人民义无反顾地把“大儿子送在延河畔，延河畔上饮战马；二儿子送在游击队，日出奔三边，日落走宁夏”。他们把自己的儿子送给红军当战士，把杀敌归来的红军战士当儿子。军民一家，相互依存，彼此不分。就连守候在深沙里的老妈妈也是“早晨，您给游击队员煮饭，晚上，您给游击队员烧茶；大风雪里，您那慈母手中线，缝补着游击队员绽开的鞋袜”。读着这样的诗句，让人感受到鄂尔多斯高原的神秘，鄂尔多斯人民的可敬，诗人沙漠军号的深沉。

作者也写了新中国成立后上下同心协力，持久有效的治沙工程。面对瀚海毛乌素，作者昂扬地唱道：“我们是治沙队员，要绿化毛乌素！”面对神秘的库布其，作者深情地赞扬全国治沙劳模：“你从黑风暴里挽回了春天，曾经惊散的雁群重又归来。”面对“风呼呼，沙满天，”狂傲的腾格里，作者描写了飞播绿化的动人场面：“撒下春天的雨，撒下初冬的雪，撒下兴安岭的白桦，撒下了江南的牡丹。”经过持久有效的治理，作者登上古长城放声高唱：“北望鄂尔多斯，鄂尔多斯是葱绿地台。”这块神秘的土地已经发生，并将继续发生历史性的深刻变化，我们期待着诗人更多的好作品问世。

## 二

周先生的诗是很招人喜爱的。记得他初登诗坛、崭露头角之际，就立刻引起广大诗歌爱好者的关注、品评，甚至连老诗人臧克家都满怀喜悦地以“鲜果初露”为喻，期待他有更好的诗作。对他的诗，人们爱读、爱背、爱咀嚼、爱探究，读后，往往给人留下无限思索的余地和甘醇甜美的享受。能有这样的轰动效应，除了诗的内容之外，和诗人独特的风格是极有关系的。现在试从四个方面谈一下诗人的风格：

一、浑厚豪迈的格调、热情奔放的旋律和娓娓动听、如叙家常的哲理相结合。这一特点，在诗集中赫然放于卷首的《边墙赋》就是极有说服力的证据。作者几笔下去，就勾勒出鄂尔多斯高原天高云淡、地域广阔、和平宁静、协调自然的景象。读了让人神清气爽，心旷神怡。面对着生机勃发的环境，诗人激情喷涌，驰思古今，既写了“几朝干戈沉沙海，长夜漫漫人难耐”的往事，又写了“信天游伴着袅袅炊烟，和春天一同升腾起来”的那种繁荣祥和的现实。读了真有余音饶梁，不绝于耳的享受。这样的诗怎能不叫人喜欢呢？这种特点也表现在作者巧用动词上。如这首诗开头两句中的“登”和“放”，就词的顺序而言，是先登高而后远望，也就是人们常说的：移步换景。一个“登”字，看出作者神清气爽、心胸开阔，自由自在，一身轻松；一个“放”字，看出朗朗天宇，满目清亮。面对此景，作者思绪翻腾，佳句迭出：“谁人见过青青草？谁人见过红花开？”这激情的诗句如清泉喷涌，自然而来。这种格调的作品在诗集中比比皆是：如《乌达夜歌》中的“地下是光和热的源泉，千万吨乌金从黑壁上脱落；煤在聚集，煤在滚动，犹如这地面的黄河……”作者高歌的是新崛起的工业城市、大干快上的劳动热情、稳产高产的喜人场面；而在《边塞之花》中唱道："而大河的滚滚洪波，也被大坝一口吞下，水和林带并肩向前，让麦浪滚滚，水稻扬花。"抒的是人们改造自然的勇气，唱的是夺取丰收的赞歌，字里行间流露出一种决战决胜的豪情。然而，在诗集中也有另一类型的作品：如《星空》《考验》《天鹅》等，这些诗写得清醒娟丽、婉约可爱，如溪流之潺潺，似夜雨之润物，但都写得蕴含深厚，富有哲理，同样让人爱不释手，品味咀嚼……

二、抓住特点，形象逼真，简洁描绘，画卷诱人。如《卧羊台》，摄入作者视野的无非是冰冷荒寂的雪原、阔野倔强的红柳。作者面对此景，思绪翻腾，凝聚成令人爱不释手的诗句："山杏雪里埋，红柳枯成柴，日出又日落，难得红花开。"作者看到原野生长的马耳菜，往事、现实俱涌心头，于是，奋笔疾书，深沉歌唱道："谁能说野菜苦口，难以下咽？谁能说谷糠粗糙，不适肚肠？正是它，哺育了无数惊天动地的英雄，才顶住了敌人那惨绝人寰的扫荡。"这是写马耳菜吗？这里赞扬的不正是国难当头、民族危亡的血腥年代，铁骨铮铮的英雄吗？他们是民族的脊梁，他们是民族的形象，他们是民族的希望！

三、古典诗歌中整齐的句式，优美的旋律，精心炼字等特点，在作者的诗歌中被很好地继承下来。如《黄河水流进沙漠来》中的"啊，黄河，一泻千里，啊，黄河，苍天无奈"；《银燕在腾格里大漠盘旋》中的"机声如雷吼，展翅如闪电；树籽纷纷落，撒满大沙原"；《重访苏吉》中的"刨光了沙柳，惊散了马牛，夜夜噩梦里，泪绕心窝流"……这些诗，字数相等，朗朗上口，好读好记，韵味无穷。显而易见是受了我国古典诗歌的影响。至于字的凝练，是作者诗作的一个基本特点，这里不再赘述。

四、巧妙的仿造句子、翻新词义，收到极好的艺术效果，表达了强烈的思想感情。如《情思》中的"黑色风暴突然袭来，情感像拔去草木的荒原"，这个"黑"字翻的就是"文化大革命"中说的"红色风暴"中的"红"字。仿造一个句子，翻新一个词义，其情感相去何止万里！

长久以来，一直迷恋周先生的诗。在他第一本诗集面世后，写下以上粗浅的文字，姑且作为一块砖头，抛向社会吧！

# 生命的绝唱

## ——读刘志成的《舞蹈在狂流中的生命》有感

以现实主义创作手法为写作基石的刘志成，往往在精思熟虑之后，抓住生活中震撼人心的细节，用一支痛骨彻髓的如椽大笔，饱蘸着赤诚的碧血，往往几笔下来，所述的形象便如浑圆的大佛，其形伟岸，令读者形成强烈的视觉冲击，观其形，闻其声，会其意，品其神，从而给人以振聋发聩的启迪。《舞蹈在狂流中的生命》就是这样一篇佳作。

《舞蹈在狂流中的生命》，也可以微调为《在狂流中舞蹈的生命》。舞蹈，是形象地描摹生活的艺术。文章中，舞蹈的特定舞台是指似乎聚集了几个世纪的沉闷与狂怒的窟野河。世代居住在盛产贫穷的陕北黄土高原上的人民，在这响彻天地的洪涛中，女人只穿一条裤衩，男人一丝不挂，演绎着一场激昂高亢的扶炭归岸的号子，形成了一场真切极致的生命绝唱。在特定的环境里，生命力的剽悍、进取，人心的壮烈、奋斗，灵魂深处的亢奋、血泪，搅和在一起，让人们分不清其中的酸甜苦辣。这就是生命进程中曾经令人战栗的大西北。

全文四千余字，结构上严丝密缝，手法上，正面侧面相互映衬，虚写实写，各显功效，收到了令人折服的效应。落笔伊始，就是“天空如墨汁漫过”的大背景，在炸响了几声闷雷后，“雨点如鼓，噼啪噼啪的掉了下来。”短短几句，静态描写与动态描写相互辉映，展开了一个苍茫辽阔、有声有色的大自然立体画面，为全文的成功展开做了功力深厚的铺垫。随着山洪的汇聚，往日毫无生气的窟野河霎时间变得威猛、狂放，任意横行，摧崖裂土，折树漂炭，所向无阻，仿佛是千军万马挥杀无度般的疯狂，显示了自然力的非凡伟大与不可阻挡的震撼；而作者用赤诚的热血、凝铸的灵气绘成的文章，以不可抵御的精神力量，沉重地碾过我们的神经，令我们内心激奋不已。

此时，河岸上聚集了黑压压的人群，急切地渴望着投身洪涛中捞炭。“男人们裸着宽阔而结实的胸膛，浑身赤条条的一丝不挂，女人们比男人们多了条裤衩，身子一动，两个嫩白嫩白的奶子也跟着美丽地颤动。”为了让贫困的生活得以延续，关键的时候，人们连命都可以搭上，哪还能顾得了礼仪和羞耻？人们顾不上这种全裸带来的新奇与诱惑，只顾盯着河中漂流下来的柴炭。他们胸中熟记着前人捞河炭的宝贵经验：“头水猛、二水稳，赶上三水不落空。”这种原始人式的劳动着装，这种为了创造基本生活条件的疯狂举动，这种舍命求生的剽悍与悲哀，这种天人相搏的无奈与痛楚，这种斗争中的相互扶持、相互依从、相互救助，是以我们的老祖先为开端的，中间的历程如那条汹涌激荡的窟野河的冲击涌动，一直传承到今天捞炭人的身上。这是黄土高原上民族的历史，是他们的物质生活史。这种历史沉淀下来的气质，一直流淌在今人的血脉里，从而形成了人们淳朴、厚道、刚烈、悲壮和坚忍不拔的性格。

接下来的文字，作者以写意的手法、灵巧的笔调，从正面展开了人们捞炭的悲壮场面，字里行间充溢着激情、喜悦、亢奋和原始的磨难与奋斗不息的精神。当“一片浪头伴着浑厚的吼声匆匆涌来，象头马领着一大队不见尾的马群，浩浩奔腾”时，人们一窝蜂地涌入滔滔洪水中。尽管混合着山体杂物的水流冲刷在身上，“像残棱的碎石子往身上撞，划得生痛”，但抢在前面的“舅舅已经稳稳接住一块大炭，顺水势向岸边扶来，迅速的推上岸，又奔下水去了”。在这条冲决一切的洪流中，就正常情况而言，风险和收获是成正比的，冒的风险越大，其收获也就越多。人们正是在这种心理的指使下，才抓住机遇，展开了争分夺秒的生死决战。于是，第二次下水的舅舅又捞了一块几百斤的大炭，扶到岸边不上来，“喊我的名字呢！我们忙过去帮忙。”舅舅便喊起了高亢而雄

浑的号子：一——二——上！一——二——上！

此时的河面上，已不是人们的险地、生命的鬼门关，而是解决一冬半春烧炭的绝佳机遇，换取窑洞温暖的天赐良机。求生的热望鼓起人们无穷的干劲，盖过了疯狂洪涛的恐怖。“舅舅涂满浊泥的肌肉腱子鼓得一疙瘩一疙瘩的，像拳击手蓄满了劲。”此时，作者的笔下，听不到雷声、雨声、洪涛声，盖过一切的是窟野河边男女老少滚炭上岸的号子声。就在收获越多、热情越高、干劲越大的循环中，第三次入水的舅舅捞了一块十几间房子大的漂浮炭。就在这时，舅舅却“叫那股水流冲得仰了几仰……几乎冲到了呢。”写到这里，“我惊恐的心已悬到了嗓子眼，唬得浑身软作一团，心里一个劲地念着“菩萨”。读到这里，我们分明感到：这个时刻的这种举动，如果不出人命，真是有“菩萨”保佑了。

随着情节的发展，作者以移步换景的方式描述了窟野河的水由大变狂。面对更大的柴炭和环生的险象，眼看“又有一片像水蟒狂澜搅动似的浪头，远远地涌来了，发出了雷鸣般的响声，仿佛将几个世纪的呐喊凝聚在一起膨胀得再也容纳不下，再也承受不住，疯狂而野蛮地发出沉闷的咆哮，直震得人脑仁嗡嗡作响。”河水的凶猛狂放、自然力的超常伟大、人在自然力面前的渺小、生命的脆弱易逝，这些迫在眉睫的大事如灼亮燃烧的火球，在“我”的五脏六腑焦灼地滚动，向定格在捞炭河上的苦难生命发出了战战兢兢的祈祷，而且“我的肚子早已咕咕叫了”，然而眼前的现实是“谁也没有离开河岸，终于由天地间绝无仅有的人间喜剧转瞬间变为二牛生命轻易毁灭的人间悲剧！”顷刻间，沉痛的哭声直冲云霄……

这样的悲剧在大西北这块干旱贫瘠、苍凉浑厚的土地上，绝不是个案，绝不是偶然，也绝不是二牛的贪财不要命所致，作者通过妗子看似平常的几句话，道出了事情的原委：“老命，敢要生活了哇。死的是死了，活的敢没留下喝西北风哇。这一百多里的沿河畔，哪家没为那点烧的死过人？”这就是大西北的生活史：为捞河炭死了人，死了人继续捞河炭。如何来解释眼前这种令人恐惧的恶性循环呢？作者无奈地通过两个碎脑子娃子稚气的歌声来寻找答案：

哭了笑了都在庄家人的脸上，
死了活了都在二砍球的河上。

志成写了不少散文，每一篇都是令人爱不释手的精品。这是一种才气、一种功力、一种追求、一种境界，一种把生命的活力和文学的圣洁融为灼灼大爱的结晶。希望作者在总结经验的基础上，佳作源源不断，在这个钞票金光灿烂、文价低谷滑动的年代，在散文领域打出一片敞亮明净的新天地。

# 倾情于文
## ——读白才的散文有感

近日，有幸读白才的散文。文字刚入眼帘，首先感受到的是：扑鼻泥土香，满目玑珠色。作者对故土的山水草木饱含深情，以此作为写作材料，看似信手拈来，却能收到点石成金之效，读后给人以沉思、咀嚼，回味无穷。他是在用心灵感悟，用生命的汁液写作。现在就以他的《扎萨克河岸早晨》《小河秋夜》为例，略作分析。

这都是些织锦式的美文。作者以扎萨克河、扎萨克盆地为写作素材，面对故乡的白云、绿树、河流；鸟唱、芦苇、燕子……都是那样的深情，那样的牵挂，那样的朝思暮想，那样的情意绵绵。即使是一些很平凡的景物，如清晨淡蓝色的炊烟、村口的牛粪烟味、树枝顶上的布谷鸟、风中穿梭的燕子、悠扬的蒙古长调，都在作者童年记忆的屏幕上牢牢烙下永不磨灭的印记。在离开故土的日子里，即使在轻眠的梦呓中，那些熟悉的风土人情仍历历在目。正是这种刻骨铭心的眷恋，织就了这一篇篇歌颂故土的美文。

故土孕育了自己的生命，故土养育了自己的生命，故土留下了作者童年终生难忘的记忆。虽然这里没有多少迷人的童话人物，没有热闹的卡通，没有难忘的乐园，有的只是作者和小伙伴们抓雏鸡、套兔子、找鸟蛋、挖野菜、在清风雨幕中疯跑的画面。累了，就跑到黄澄澄的沙丘上，放开嗓子吼几声带着野性的山曲儿。但这种带有时代苦涩的童年往事，却留给作者更深、更亲、更难以忘怀的记忆，使得作者长大离开后，屡屡在梦中重游故地，感奋着提笔著文。

一方水土养一方人。如果说童年往事是令人难忘的，长期生活在这里的人和事，同样也令作者难以忘怀。在平日生活中，他们朴实得像泥土，丑不掩饰，美不炫耀，坦露出一种恬静古朴的本真。但当客人来了后，他们豪爽好客的热情如大漠敞开了火热的情怀：黄灿灿的炒米、香喷喷的奶茶、上好的酥油奶皮、诱人的手扒肉，还有酒席间的歌舞相伴，真是酒不醉人情醉人！作者常为这种真挚的情感飘飘欲仙，心境为之透亮。其实，离开故土后，作者更关心这里的人事沧桑、社会变迁。这些普普通通的乡亲们，白日里，以他们那牛高马大的身躯，赶着骡子车往返于乡间的黄土路上，车轱辘发出吱吱咛咛的声响，将力之美与声之韵展现得爽快淋漓，而在星星点点灯光闪烁的静夜里，他们结束了一天的辛苦劳作，荷锄背草，扛袋提筐，脸上挂着一串串晶莹剔透的汗珠，为改变家乡的面貌，创建和谐与幸福的生活洒尽勤劳的汗水。更令人肃然起敬的是，一位植树造林的老英模事迹感人至深，他为治理黄沙、绿化家乡，成年累月地植树造林：插扬栽柳，护苗育林，年年如此，奋斗不息。死后，他就埋在沙柳林，甘愿把自己也变做一棵柳。有这样好的故乡人，怎能不使作者深切地感动与眷恋呢？正是有了这样的好乡亲，使得故土旧貌变新颜，发生着日新月异的变化。请看作者的描述：一幢幢鳞次栉比的建筑傲然矗立、繁华杂沓，喧嚣声此起彼伏……这就是作者独具匠心勾勒出的今日家乡风貌。再看作者笔下乡亲们的生活：宽敞的高厅宅院，富丽堂皇，雪白的灯光展开了一片丰盈的家园。一个个勃发的面容，一张张脸上堆满幸福，正在越过秋夜的目光与河水的喧响，像粮食的清香蒸藤。这就是作者笔下今日的故乡。面对此景，怎能不把一腔沸腾的爱变为歌，化为美文呢？文章的脉络是清晰的，如涓涓清流，水到渠成，源于作者对故乡的情深义重，进而书写成一篇篇令人赏心悦目的美文。由此看来，白才的写作过程是由对生活的深切体验与感悟、敏锐的目光、深厚的生活底蕴、精妙的组织，再经过严谨的布局、遣词造句，最终

成就了用笔老道遒劲的文章，借以收到认识、审美、教育的作用。总而言之，文学的功能就是要奏出时代的强音，绘就辉煌的历史画卷。

生活成了文学创作的唯一源泉，生活的树是常青的。任何有责任感的作者要创作出无愧于时代的作品，就不能不无条件、有目的地深入生活：观察、体验、研究、分析一切人一切事，然后才能写出震撼人心的作品。这正是千百年来人们走过的一条路子。试想，李白的“蜀道之难，难于上青天，蚕丛及鱼凫，开国何茫然！尔来四万八千岁，不与秦塞通人烟”；杜甫的“峥嵘赤云西，日脚下平地，柴门鸟雀噪，归客千里至”；曹雪芹在《红楼梦》中的“满纸荒唐言，一把辛酸泪，都云作者痴，谁解其中味”……这些都是作者对生活的观察、思考、比较、分析，同时，融入了自己的喜怒哀乐，从而写出了世代相传的千古文章。这条路子，外国人在走，中国人在走，前人在走，今人在走，后人还要走。重彩浓墨地讴歌生活，是任何写作人都要走的一条金光大道吧！

白才的文章，往往通过筛选材料，再经巧妙安排，深度发掘，提炼出主题。有时看来是无关紧要的闲笔，却是突出主题不可或缺的材料。请看作者的叙述：“那些羊，那些吃饱了的羊，无事可干，懒洋洋地躺在地上，不紧不慢倒着嚼，仿佛一个夕阳下的老人，梳理记忆的呓语。小羊羔从石槽上跳上跳下，它们撒欢、顶架，脸上的表情，如玫瑰绽放，接近圣洁。家鸡们自由自在地在草滩觅食……”这些看似不起眼的记述，正好反映了社会的和谐、社会的安定、时代的特点：人们精神轻松、生活舒心、国泰民安、诸事顺心。用如此小材料表现这样的大主题，不能不说是白才的匠心独具。

这些散文在语言上，也很有特色。作者喜用简洁的句子、传神的勾勒，笔下的形象或粗犷豪放、或细腻静默，读后留下无限品味的空间。如作者笔下的扎萨克河岸：如静默的老僧入定，啜饮岁月残存的寂寞；写河上的芦荟：从河的上游一直漫向下游，如一痕墨迹，渲染了远处的沙丘，打扮近处的水色；写青蛙的鸣叫惊动了大雁：蛙鼓激昂……惊起了草丛中一行炭墨色的归雁……眼前这些鲜明的形象，任你品味，任你想象，任你欣赏。

白才是运用比喻的能手。他特别善于通感的修辞手法，几个词一经巧妙结合，往往取得出人意料的效果。例如，作者描写青蛙的叫声，本来是听到的，却这样写：蛙鼓激昂，硬邦邦地在赛乌苏河道上弹跳；写收了晚工回家坐在炕头的男子们：爽朗的笑声比春天的青草还要鲜嫩。青蛙的叫声本来是听到的，但作者用“弹跳”，而这个动作是看到的，这就把听觉和视觉连接起来了；笑声本来是听到的、青草是看到的、味道是嗅到的，作者把这些感觉贯通，用通感的修辞手法来感受事物，使描写的对象更加亲切，更加显明，更加传神……

掩卷细思，很为文章精巧的结构、深厚的主题而高兴。但也想说两句勉励的话：其一，希望白才能凭借自己的独特优势，写出主题更深的作品来；其二，望进一步炼句，借以取得更好的艺术效果和社会效果。真诚地希望作者有更多的好作品问世，以飨读者。

# 奋进者的壮歌
## ——读白才同志《一个人的年代》有感

### 一

白才同志以深厚的生活底蕴、敏锐的观察能力、传神的妙笔，写就了融记叙、议论、抒情于一体，令人震撼的叙事性散文——《一个人的年代》。

“年年岁岁花相似，岁岁年年人不同。”作者在文章中以第一人称从“我”的童年写到两鬓斑白。年代、年龄在变，生活的经历、感受亦相差甚远。作者把几十年的经历几乎是以回忆的形式精录下来。读着他的文字，有如身入宝山富矿，满目辉煌，美不胜收。读这样的文字只能是见仁见智吧！但读完整篇文章后，却使我马上联想到曹操的名句，“老骥伏枥，志在千里，烈士暮年，壮心不已。”可以强烈感受到作者通篇颂扬的正是在不同历史时期，在力所能及的范围内，抓住一切可能的机会与时光，坚持进取与奋斗，借以最大限度地实现其人生价值的奋进者的壮歌。

作者是按年代的先后安排材料的。就让我们顺着他的思路，先从“我”的童年说起吧！如果把少年比作花季，那么，童年则应当是含苞待放的花蕾，无疑是最娇嫩美好的。但“我”的童年恰逢中国历史上一个极特殊的年代，是在鄂尔多斯高原南部扎萨克河西那个偏僻的三里界小村中度过的。说它特殊，全因一个“穷”字。当时，村里是“羊圈里没有羊，猪圈里没有猪，鸡窝里没有鸡”，“村人夏天吃了秋天的粮，秋天吃了冬天的粮，到了冬天家家户户锅底朝天。”农家连买点灯油的钱都是眼巴巴等着鸡下出蛋变卖后再买来。身处这极端困难的年代，真的是穷人的孩子早当家。年幼的我面对饥寒，不哭不闹，不喊不要，一步跨越了童年的绚烂多彩，过早地幻化成早晨八九点钟的太阳，以自己特有的光和热，温暖着凄凉的家；以自己稚弱的躯体，支撑着生活的重担：顶风冒雪，忍饥挨饿，隔三岔五跟着姥姥去东大滩挖苦菜。对一个孩子来说，这本是极不情愿的苦差事，但作者在文中却极力赞扬姥姥掏苦菜的动作像舞蹈般优雅，掐沙葱的动作像艺术一样迷人，腌制苦菜的过程像变戏法般神奇。其实，这种非正常的悲凉情调，让人看了辛酸，但作者却表露出一种异常的欣喜。这种笑中带泪的情愫只能让人看了更感悲伤。这就是幼年的“我”在困境中的自觉奋斗。

随着年龄的增长，家庭困难的加剧，“我”只好跟着李毛匠去转毛线车。这种特定时期童工绝不比历史上任何时代的童工境遇好多少。请看作者的叙述：“黑瘦矮小的我穿着破破烂烂的裤头，光着膀子，早出晚归整日站在炎热的太阳下，干十七八个小时的活计，又苦又累又枯燥，大汗淋淋，头昏脑涨……浑身乏力，夜里常常做噩梦”……第二天起来之后，“继续转枯燥的那辆毛线车子。”面对如此持久、枯燥、繁重的劳动，年幼的“我”也只能是“潸然流下两行清泪而已”。这是一段极痛心的往事，也是“我”一生中极宝贵的财富。正因有了这段令人难忘却的经历，才使“我”在以后的生活中，不论遇到顺境，还是逆境，总是有一副压不屈的脊梁，顶住物质和精神的重压，遵循自己的理想，走自己的道路，直至两鬓斑白。

如果说以上提到的奋斗，是出于对延续生命本能的需要，那么，随着年龄的增长，为将来在社会上更好地奋斗，那就要上学了。就目前我国的教育而言，虽不能说尽善尽美，但办学环境、办学条件、办学经费，已能满足城乡孩子接受良好教育的需要。而“我”的上学经历则一言难尽：“转眼到了冬季，

饥饿更加难熬。破旧的教室里四面透风，像个冰窖，古旧的木头窗棂上的破纸被风吹得飒飒响。关着的门被风呼啦一声就推开了。教室的西边是坟地，夜里游走的饿狗声嘶力竭地叫嚣着，野外的磷火若明若暗。我常常一个人深更半夜坐在空荡荡的教室里忍受着饥寒、孤独、寂寞和恐惧，专心苦读……三年的寒窗，奋进的激情与理想为我插上了腾飞的翅膀，先前拉大的距离赶上了。”这是“我”走向社会前的自觉奋斗，是我生命中极重要的一步。这种抓住时机、坚定目标、持之以恒、奋斗不止的精神，是多么值得赞扬，多么令人崇敬，多么值得珍惜呀！看到这里，使人想起明代的翰林学士宋濂的求学经历：守信借书，艰难求学，恭敬从师，终成大器。这些活生生的范例，将给其后的有志者带来重要的启迪和鞭策。

“学而优则仕”，这是孔老夫子的教育思想。如果把“我”的上学当作人生奋斗的务虚阶段，那么在春节后的第二天就走西口，则是务实奋斗的开端。且不说路途多么艰辛，风雪多么威严，饥饿多么难耐，恶狼多么凶狠；也不说从六米高的粮垛上摔下来的险情，张瘸子可恶的卡把，单说身无分文的“我”伤口难愈、缺医少药，顿顿喝玉米糊糊。就在贫病交加的环境中，每天“凌晨四五点钟人们还在熟睡中时，我就起了床”，粮垛间成了“我”读书的地方。如果说，孩童时期的奋斗是出于对维持生命的需要，那么现在不计条件地苦读，则是为了彰显生命的价值，使奋斗更具意义。在这里读了多少书，作者没有说，只是特别提到一部《钢铁是怎样炼成的》，说它“包扎了我流血的伤口，抚慰了我苦难的灵魂”。在极端困难中，“我”抓住一切机会奋斗，持之以恒地勤学，“几十年来从不愿懒散地一任时光在空白中流走”，直至两鬓斑白，仍是“与那些心灵坦诚、志趣相投的文朋诗友们经常聚在一起，谈天说地……偶尔兴起，也写点什么”。这就是“我”奋斗的人生，实现自我价值的人生。《一个人的年代》高唱的是奋进者的壮歌。

## 二

作为一篇由很多骨干材料组成的叙事性散文，在结构上也是独具特色的。讲到散文的结构，有人曾形象地比喻说：一篇好的散文，其结构应当是虎头、猪肚、豹尾。所谓虎头，是指文章落笔不凡、气势夺人，既能达到恢宏的艺术境界，又有逼真的生活形象，能够紧抓读者的感情，层层深入进去。《一个人的年代》的开头正是具有这样的特点。请看作者的描述："夜幕低垂，落雪无声。炉火散出的热气，淡去了屋里的寒意。家人的咳嗽声渐次平息，鼾声均匀地响起之后，我就开始翻书，在文学的典籍中神游万仞。"这样的文字凝练概括，如诗如画。作者以演绎推理和电影蒙太奇的手法，层层推进，紧扣文题，突出了和谐、幸福、安康的年代。处在这样舒心时代，即使是两鬓斑白的过来人，也要抓住机会，奋发向上，永攀高峰。唯有如此，方能无愧于时代，无愧于人生。这是一个会有作为、能出成果的时代，一个日新月异的时代。处在该时代的人，既有对往事真诚的审视，又有对未来虔诚的追求。请看作者的叙述："炉火喷红。往事泛涌，历历如画，那些亲历的体验依然像光焰一样逼人，令我的心、毛孔、血液在融化。"这样的开头，不是难得的大手笔吗？

所谓猪肚，是指材料的兼收并蓄，容量超常。《一个人的年代》恰好具有这样的特点。作者把材料连缀成文时，采用了多种对比手法，使叙事更简洁，中心更明确。就这篇文章看，拉僧庙是"我"的福地。在拉僧庙前，"我"贫困交加，举步维艰；到了拉僧庙之后，"我"的第一反应是，"这里山清水秀，风景独美，与先前环境的冷漠与破败景象形成强烈的反差。我有一种脱离污浊和解脱压抑的新鲜感觉，就连呼吸的空气也感到湿润清爽。"在新的环境中，我有新的追求、新的奋斗、新的业绩。此时，"我"已是海南分局的一名刑警

了。请看作者的描述：“这些困难对我来说也算不了什么，最要命的是查办案子……在这个弹丸之地发生命案而久侦未破成了历史悬案，那将是永远的遗憾与耻辱。”为了办案子，“我”往往是“早上七点刚过，海南小镇还处在一片幽静之中，我驾着摩托风风火火行驶在崎岖蜿蜒的沙石路上”；甚至在住院之后，也总是惦着办案子的事，经过和医护人员的软磨硬缠，提前出了院，带着伤痛奔赴破案第一线。“我”之所以这样做，其深层次的原因是“为了母亲的微笑，为了大地的丰收，峥嵘岁月何惧风流”。这就是我追求的目标，就是我奋进的主旋律。为了广开破案的线索来源，“我”利用周末休息日去荒村走访，拜访老人，搜集证据，澄清事实，捉拿罪犯。作者这样安排材料的原因正是为了与河西口派出所刘清亮所长的行为做对比。请看刘所长的表现：“在他的办公室等到上午十点多钟了，还不见他上班的影子，办公室门口堆放着横七竖八的空酒瓶子，从玻璃窗往屋内看也是乱七八糟的。从对面一户不时传来吆五喝六、推杯换盏的嘈杂声，并跌跌撞撞出来一个人影，喝得醉醺醺的，正打算解开裤子撒尿，此人正是刘所长，嘴里还唱着小曲：‘骑上摩托挂上枪，村村都有丈母娘，白天吃喝走四方，晚上蹲点入洞房。’”刘所长其人挂着共产党员的牌子，打着为人民服务的幌子，走着花天酒地的路子。记得唐太宗李世明说过这样几句话：“以铜为镜，可以正衣冠，以人为镜，可以知得失，以史为镜，可以知兴亡。”希望我们的某些“公仆”，以刘所长为镜子，好好照一下自己的尊容。

作者除了将“我”与刘所长做了对比，还把“我”忙于公事和远在东胜的妻子临月生小孩而无人照料的家事做了对比：“一头是破案，一头是亲人，两边都让人牵肠挂肚，我像热锅上的蚂蚁急得团团转，不知如何是好。就在我进退两难时，贤惠的妻子在电话里带着哽咽表示支持我的工作……”

至于散文的结尾，《一个人的年代》确实给人留下了深沉思索的空间。结尾的议论凝练而精当，尤其作者在引用了法布尔在《昆虫记》中的一段话后写道："没有思维的生命竟然能为美好的生活而拼命歌唱，我知道我的骨子里需要这样的蝉鸣。"这样的话，怎能不给读者留下深沉思索的余地呢？

## 三

《一个人的年代》有不少精彩的片段和精美的词句。这些精雕细刻的描写使人物形象丰满逼真，呼之欲出，深深震撼着读者，也给人以身临其境的存在感。随着叙人议事的深入，读者的感知系统不断变换着喜怒哀乐，尤其文章的开头和结尾，简直是精雕细刻的精品、底蕴深厚的绝唱，值得反复品尝，越品越美，叫人爱不释手。这里再随手抄录原文中的一些佳句，与朋友们共赏：

1. 辽远空旷的天幕下，背着一卷破旧的被子和毡子的我望见送别的母亲，像一尊石像……

2. 滴水成冰的隆冬，坐在无篷敞车上，呼啸而过的寒风仿佛无数把锋利的刀子，从头到脚凶狠地解剖着我的每一根神经。

3. 不负责任的官僚主义者的面孔比冬天的石头还要冷，答复的腔调比哭丧还难听。

其实类似以上的精美句子不胜枚举。这大约是出自作者对生活深切的感受、深厚的写作功底和严肃认真的写作态度吧！

但就这篇文章而言，有两点想和作者商榷一二：其一，是否可以把材料选得更精练，借以织就精品中的精品；其二，某些句子可以再凝练一些。

# 呕心沥血吐华章
## ——读王茂荣先生的《世情诗话》有感

### 一

“遍地穷山饿石头，不堪回首往前走。”（《难忘故土》）

茂荣先生出生在粱荒峁硬、水瘦山穷的准格尔旗。在这块贫瘠闭塞的土地上，他像一棵不畏艰险、生命力旺盛的山榆树，在不同年龄段、不同境遇中，以不屈的心志、果敢的行动、坚韧的毅力、明确的目标，朝气蓬勃地抓紧一切机遇，努力奋斗，像一团熊熊燃烧的烈火，将自己美好的年华、闪光的生命，铸就成一番又一番光彩照人的事业。在年过半百的岁月，他被调入市文联这个“半文半官”的单位，又以敏锐的观察、深沉的思索、炽热的真情、精巧的用词，出版了令人振奋的《世情诗话》一书，实在是一件功在当代、惠及子孙的大好事。

在几十年的奋斗中，他总是在全新的起点上，展开一轮又一轮卓有成效的奋斗。在事业成就感的召唤下，“匆忙赶路程，生怕误光阴。”（《行路人》）这就是作者前进的人生、奋斗的人生、闪光的人生、无愧于生命的人生。正是在这种自强不息的精神激励下，他在寻常的岗位上、普通的环境中，做出了令人艳羡的成绩。这样的事实告诉了读者一个基本的道理：人应当怎样生，路应当怎样走；生活应当怎样过，事业应当怎样创。

这种酣畅淋漓的奋斗情怀在《行路人》《鹰》《观赛马》等作品中，都有鲜明的表现。如《鹰》这首诗，描写了其奋斗的心态，明察秋毫的眼睛、锋利的双爪、威猛的搏击、骄人的成果……作者以明快的字眼、赞叹的语调、传神的笔墨、高昂的斗志，热情地赞美道："俯冲如箭下，猎物早断魂。"展现了奋斗的精彩、生命的韧度。同时，作者在选词用字上传神凝练，惟妙惟肖。如诗中的旋、思、笑、掠、敌、冲、断等词，简洁干净，栩栩如生。面对多彩的生活，作者涌动的情思犹如井喷，字字珠玑，激情飞扬。

在人生这个大竞技场上，有各种各样的竞争。这种竞争日夜不停，激烈异常，真有点像达尔文所言："物竞天择，适者生存。"尤其是在市场经济全球化的今天，竞争更为现实，更为直接，更为激烈。作者在《世情诗话》中用传神的诗句形象地表现了这种思想："奔驰如风过，竞争拉距离。一马忽当先，全场欢声起。"（《观赛马》）

正因现实竞争如此激烈，因而作者在诗集中总是或隐或现重申着一个亮点：人生就是要抓住机遇，奋斗不息，让生命的价值最大化地凝固于所创造的业绩上，留在人间，留给子孙后代。《登山》无疑是这种思想的突出表现。这是一首托物言志、借景抒情之作。作者在诗的结尾嘹亮地唱道："一旦身临最高处，览得风光万万千。"这样的诗句表现了作者的时间观、奋斗观、人生观。读这样的诗句，如战鼓频传，激荡热血，如听号角声声，催上征程。字字铿锵，句句凝重，激励着人们在精力尚可的有生之年时刻牢记："平地起步望顶端，锁定目标只登攀。"这里的"锁"是何等的坚定有力！这里的"只"是何等的义无反顾！茂荣先生的诗是这样写的，这是他的"言"，他的"行"又何尝不是这样呢？一部《世情诗话》把自己对人生价值的追求，全部奉献给了广大读者。这无疑是一件功德无量的壮举。

## 二

从古至今，我国的知识分子不论身居高位或穷困潦倒，总有不少人一生抱定忧国忧民之情怀忠贞不贰。且不说范仲淹的“居庙堂之高，则忧其民，处江湖之远，则忧其君。是进亦忧，退亦忧。然则何时而乐耶？”其必曰：“先天下之忧而忧，后天下之乐而乐？”也不说在凄风苦雨中自身难保的杜甫，念念不忘的依然是：“安得广厦千万间，大庇天下寒士俱欢颜，风雨不动安如山？”且看“半文半官也安康”的茂荣先生的《五十感怀》之四：“最期国盛民安详，又恐世事化无常。若是吾侪奉国去，披肝沥胆驰沙场。”身处盛世，国泰民安，普通大众都分享到了改革开放带来的成果：农业税全免、义务教育阶段学杂费全免、合作医疗普遍推行、社会低保按时发放……中国人真的走进春天里，高唱东方红了。但作者总是居安思危，念及“又恐世事化无常”。如果国家真的遇到了不测，年过五十的茂荣先生不甘于只是动员青年上战场，而是自己投笔从戎，“披肝沥胆驰沙场。”这种高风亮节的爱国情怀、忠贞无贰的报国精神，充分展示了一个知识分子十足的社会责任感、使命感和爱国情怀。读到这里，我很自然地想到爱国诗人陆游的诗文：“僵卧孤村不自哀，尚思为国戍轮台。夜阑卧听风吹雨，铁马冰河入梦来。”此二者的爱国的情愫还真是不谋而合啊！

自有人类社会以来，就一直存在社会资源分配的问题。其间，经过大规模浩大的呐喊、厮杀、剧烈的社会动荡，终于不断取得了显著的进步。但这个影响社会进程的老问题，至今仍未获得根本性的解决。作者在诗中，以近乎白描的手法、格言式的至理，提出在创建和谐社会的今天，依然影响着人类社会的这一不和谐的基本因素：“贫穷妒富贵，富贵嫌贫穷。贫富相去远，何时近公平。”（《贫富吟》）作者在表现这一主题时，用词是极有分寸的，“远”“近”这对反义词相互对比，相互映衬，感情强烈，发人深省。作者呼唤社会应当加大改革的力度，使财物的分配趋于平衡，为创建和谐社会打牢基本的物质基础。

在经济转型的过程中，贫富差距骤然拉大。一些精于敛财聚财的高手财富急剧膨胀，生活水平急速拔高，吃穿用度之豪华、言谈举止之傲慢，达到了令人瞠目结舌的地步，一如作者笔下的文字："豪门后花园，疑是在梦宫。"（《无题》）再看"池塘清见影，鱼龟抒闲情"，优雅的环境、闲适的气氛、超高档的豪华，果然令人难以置信，这和普通百姓的生活"相距何其远，茫然起陌生"。该诗准确地揭示了当今社会一个不容小觑的问题，以期引起人们的关注。

然而，在物欲横流、金钱至上的心态驱使下，人们为了欲壑难填的私欲，将大量地占有金钱作为参与社会活动的终极目标。为了聚敛更丰厚的资财，其手段也是五花八门，天马行空，甚至不惜铤而走险，以身试法，造成极其严重的后果。作者在诗中推心置腹地告诫人们："纸里不包火，早晚为祸根。"（《制假者戒》）实在是语重心长的醒世良言。

## 三

经济行驶在历史快车道上的鄂尔多斯市，把高原古城东胜装扮得宛如一个风姿绰约、珠光宝气的少妇，日夜展现着独特的风采、迷人的魅力。拔地而起的精品高楼、景色宜人的街心花园、静默粗壮的道边杨树、相映成趣的双层路灯、金光闪烁的牌匾字幕、日夜漫涌的彩色车流，构成了一幅现代都市集合声、光、色的风景图。面对如此美景，作者写道："时晚无睡意，宛若在天宫。"（《夏夜街景》）多彩的生活激发着作者无限的灵感，怎能不把这"五光耀绚丽，十色不夜城"的和谐景象忠实地记录在诗篇中？

这些小巧玲珑、神形皆备的诗歌是十分令人喜爱的。如《河边小草》等，写得自然雅洁，极富情趣。作者以拟人的手法赋予小草特殊的心理和情态，通

过自然环境中小草的点头翘足，给读者留下了十分丰富的想象空间，启迪人们思索一些文学以外的东西。

茂荣先生通过作诗，追求多层次、多角度的美。这种美不是一时的快意，不是私欲的满足，而是一种自然的和谐与协调。在这种和谐与协调中，我们生活的这块土地既传统又现代，既是人类的天堂，也是鸟兽的乐园。而这一切的主宰者，无疑是高等动物——人类。在感官的陶醉下，人类自身融入了美的境界，因而自觉或不自觉地放弃了破坏人与自然和谐共处的恶行："猎物身边过，己无举枪心。"（《打猎》）这种美的感受，润物细无声，像甘甜的露珠，粒粒清亮，净化着人们的灵魂，升华着人们的情操。总之，作者的这些诗写得轻松、闲适、优雅，把读者引入如诗如画的境界，尽享生活之美好，并愿为创建美好生活而奋斗。

## 四

作者的五言或七言诗并没有冠以五律、七律或五绝、七绝之名，但仍是五或七字一句。如果是四句，每首仅有二十八个字，如《越"黄"越红》。在这样短的诗文中，集记叙、议论、抒情于一体，深刻地概括了作家张秉毅的身世、职业、特色、风格，以及他深受区内外、国内外读者关注的原因，指出他成功的基本原因是"唯君越'黄'越走红"。这样的概括实在是精妙至极，既体现了用字的精炼，也显得通俗易懂，朗朗上口，发人深省。这让我很自然想到他的《议诗》："诗歌重声调，朗朗上口巧。言情多寓意，易记流传好。"读茂荣先生的诗，常让我想起小时候读的杜甫："两个黄鹂鸣翠柳，一行白鹭上青天；窗含西岭千秋雪，门泊东吴万里船。"当时读后，虽说不出多少道理，总觉得余香满口，有声有色。二十八个字的一首诗能创设如此美妙的佳境，把读者引入如痴如醉的境界，真不愧是诗圣的精品力作。而读了茂荣先生的《越"黄"越红》，同样在感情上引起了强烈的震撼：短短二十八个字中，重用了六个“黄”字，但内容却精准深刻，高度概括了张秉毅作品引起社会广泛共鸣的基本原因，鼓舞一切想出成果、出精品的作家，沿着这条康庄大道，脚踏实地地走下去，必然会和张先生一样，取得“唯君越‘黄’越走红”的社会效应。看似寻常的字眼，却是字字千金，力透纸背，让人赞叹！全赖作者冷峻的观察、敏锐的思考、精要的概括和独到的用词功力。再看六个重用的“黄”字，重得精要，重得深刻，重得不同凡响，重出事情的本质，实在是一种让常人难以企及的高度，也是作者在七言诗写作中一种前无古人的创造。

此外，作者还有一部分自由诗，列在《世情诗话》的第四部分。这些诗大多写得豁达、闲适、轻松、自然，用近乎格言的形式，表现了一种高尚的情怀。如：因为尘世上/从来都是/行索取的人多/讲回报的人少/……付出是应该的/不过要省的淡化/懂得忘怀/……（《学会忘记》）作者以高尚的情怀，娓娓道来，使读者感受到一种零距离的亲近。他以挚友的心态、长者的关怀、学者的自信、过来人的成熟，引导人们正视生活中的荣辱成败、取舍得失，高唱：不必老是耿耿于怀/而甘愿一误再误/的警世忠言，与读者共勉。

# 舍生取义数风流
## ——读张秉毅的长篇小说《烽火美人》有感

### 一

读秉毅的长篇小说《烽火美人》，使我又想起抗日战争那段“山河破碎风飘絮，身世浮沉雨打萍”的艰难岁月。

近代，日寇发动的侵华战争是一场最野蛮、最血腥、最残酷、最泯灭人性的战争。在“中日友善，大东亚共荣”的破旗下，日寇的数百万铁蹄疯狂进犯、侵占我们的河山，掠夺我们的财富，烧毁我们的村庄；杀人不分男女老幼，放火不分城镇乡村，投毒不分军人平民，兽行不分白天晚上，手段之凶残登峰造极。中华大地狼烟烽火，血雨腥风。侵略者的暴行唤醒了广大民众在生与死、存与亡的危难时刻，紧密团结在以毛泽东同志为核心的党中央周围，打一场气壮山河的人民战争，并取得了伟大的胜利。秉毅的长篇小说《烽火美人》写的就是日寇入侵归绥、包头后，在大灾难、大冲突、大动员、大胜利的斗争中，土默特平原马兰滩村张二羊换等人，由普通庄稼人成长为舍生取义的抗日英雄的故事，读来令人肃然起敬。在日寇的三光政策面前，他们站得稳，顶得住，敢抗争，不动摇，生死不惧，威武不屈，生命可以舍去，鬼子不能容忍，成了我们这个多难民族压不弯的脊梁。

卢沟桥事变发生两周后，毛主席在延安发出“武装保卫华北，为保卫国土流最后一滴血”的伟大号召，并先后提出“抗日救国的十大纲领”及对日作战的战略战术、方针、政策，为最终打败日本侵略者奠定了理论基础和思想基础；并于1938年秋冬之际，派李井泉、姚喆等同志率领四千余名革命战士，深入敌后创建了大青山革命根据地，和全国其他地方的山地游击队一样，在平原青纱帐、河湖芦苇荡以及铁路沿线神出鬼没地打击日寇。大青山游击队的有效斗争很快成了日寇的心腹大患，成了高悬在敌人头顶上的一把利刃。秉毅的《烽火美人》以准确无误的史料、细致过硬的情节为素材，配以质朴的平叙手法，以普通庄稼人为主人公，在惊喜互现、起伏跌宕的叙述中，留住了那个风起云涌的时代和人民义无反顾的精神风貌。读后，让人心情久久不能平静。

名不见经传的马兰滩村民杨孝先，因儿子投八路而被日寇凶残杀害，临死前留下遗言：如果兰兰能在这场屠杀中活下来，恳求亲家张二羊换（兰兰的二舅）一天也不要误，赶快将她送到在大青山打游击的儿子石柱那里，务必要为杨家“留种”。小说以此为中心线索，展开了惊心动魄的历史画卷，字里行间饱含着作者强烈的爱憎情怀，用一支得心应手的笔，描述了马兰滩村那些抽旱烟，吃酸粥，老实本分的庄稼人，在日寇入侵的历史巨变中，拿起武器，义无反顾和鬼子殊死斗争的悲壮故事。

日寇为维系其罪恶的统治，在大青山南麓至铁路沿线制造无人区，划定隔离带。其间，建岗楼、设暗卡，进行空中与地面的立体巡逻，日夜盘查，使得村落杳无人烟，房舍烟火不断，田园荒芜，满目凄凉，沦陷区成了人间地狱。当地的三个农民就因带了一口铁锅，被鬼子咬定是“运送物资、私通八路”，当即被开膛破肚，杀鸡儆猴，震慑八路。落入鬼子魔爪的青年妇女，无疑都遭受到了惨烈的凌辱。《烽火美人》中集中的血腥场面就是鬼子清早在马兰滩村制造的集体屠杀事件：随着渡边鲜血淋漓的手举起指挥刀，十四个鲜活的生命（本来是十五个，兰兰因被公公推入枯井才躲过一劫）像针茅草一样纷纷倒地。野蛮的屠杀天地不容，人神共愤！有着五千年文明史的中华民族怎能不拼死反

抗、奋起抗争？

血腥的屠杀让百姓看清了鬼子的本来面目，用马氏的话说：“这日本鬼子哪里有一点点人性？杀人就如往死捻蚂蚁呢！”战争是个大学校，教人们勇敢去爱，也教人们拼死去恨。像张二羊换这样善良的百姓，连杀猪都不敢在前腿上压的人，竟能点燃山林大火，与鬼子同归于尽。这种惊人的壮举，令天地动容，激励着千千万万同胞誓把鬼子赶回老家。

张二羊换是小说中的英雄人物。作者通过典型的语言、行动、心理等细节描写，使土生土长的庄稼人成长为有谋略、有胆识，敢于斗争、敢于牺牲的铮铮铁汉。渡边面对大青山几十个手无寸铁的百姓，再一次抽出了指挥刀，在新的屠杀即将发生之际，张二羊换急坏了。他的心像从肚子里跳出来似的，眼睛紧紧盯着渡边那只握住刀柄的戴着雪白手套的手，嘴张得像个窑门，头上的汗也流个不停。就在这千钧一发之际，张二羊换选择机会，制造假象，哄骗鬼子，保护群众。最终，他把鬼子引到游击队设伏的山林，鬼子损兵折将，他则背着兰兰逃出了险境。普通的张二羊换成了一只火中再生的凤凰，把死亡带给日寇，把吉祥带给百姓。

这次上山，张二羊换是带着硬任务的，就是要兑现为杨家“留种”的承诺。这是表现其人格的重头戏。就当时环境而言，这是个祸患难测的险事，这次送兰兰上山是提着人头迈步，更何况还有马氏的眼泪、幼小的儿女、村人的议论，但张二羊换做人的准则就是：为人一世，要有情有义，受人之托，就要忠人之事，尤其对临死之人的遗言，更要不打折扣地去履行。肉可以没有肉味，菜可以没有菜味，但做人却不可以没有人味！就是在这种心态的指引下，他不顾一切劝阻，执意要送兰兰上山。

按理说，把兰兰平安送到石柱身边，已经是非同小可的功德，足以向世人交代了吧！但重情重义的张二羊换并不就此罢手，而是摆出一抓到底的架势。即使小两口已身处一室，即将圆房，他仍要暗中掌控，生怕落个功亏一篑的悔恨。请看作者以下的细节描写：

1．张二羊换将兰兰和石柱送进屋，伸手摸了摸土炕的冷热，吩咐说：“不早了，二舅今天跑得腿都快断了，我睡呀，你们小两口也早点睡吧！”

2．当舅舅的赶快出了门，又回身将双扇板门关好，很响地咳嗽了两声，离开。

3．一袋烟抽罢，那边的灯光还亮着，张二羊换心里就有些发急，自语：这还歪扭甚咧，有甚话睡下不能说？！

这是一段妙文，言辞间潜藏着情趣别致的意外之意、文外之文，细揣摩起来，余香满口，韵味十足，需读者仔细研读，反复品味。兰兰虽是过门半年有余的媳妇儿，但二人的婚姻关系是由长辈们确定的，即所谓的“父母之命，媒妁之言”。现在，送兰兰上山的长辈就是张二羊换，由他把小两口送到住所，兑现对亡者的承诺，显示出此事是长辈们的安排、长辈们的心愿，是顺天意合人心的吉祥与和谐，凸显了张二羊换为人踏实、重信义的作风。“摸了摸炕的冷热”和“吩咐小两口早点睡觉”的话是心灵的碰撞、神智的沟通，是在为两个年轻人创造一种宁静轻松的气氛。说自己“跑得腿都快断了”，夸张的修辞手法运用得多么娴熟，其潜台词就是：我现在头一挨着枕头就会沉沉入睡，根本没有妨碍你们的能量！你们两口子只管放心地把那事办好！这就是张二羊换上山以来明里暗里追求的目标，为实现这个目标，性命都可以舍弃，说两句弦外之音算什么？精诚所至，金石为开！出门又“很响地咳嗽了两声”，这种有声信号并非病变引发的症状，乃是特殊意蕴的暗示：院子周围很宁静，夜色沉沉，空无一人，小两口不干那事还等什么？其急不可耐的情态跃然纸上。这就是张二羊换的人品：应诺了的事即使舍上性命也要达成。在张二羊换的行动中，浸透着中华五千年的传统美德。

是的，在日寇杀人放火、奸淫掳掠无所不为的连天烽火中，张二羊换上山压倒性的硬指标就是保证兰兰和石柱为杨家“留种”。这件事甚至成了他的信

仰。为达目的，他协调各种关系，寻找各种机会。他找方队长，骂杨石柱，鼓动兰兰的情绪，结果导致兰兰和石柱也被鬼子抓走，兑现承诺的努力眼看就要打了水漂。残酷的现实让他认识到：自己游离于打鬼子这个大环境外的追求是完全错所的。在那样的年月，一切行动都要服从于消灭鬼子这个大前提，离开这个大前提，即使再纯洁、高尚、伟大的追求，也不过画饼充饥。张二羊换痛定思痛，深刻检讨上山以来自己犯的糊涂，“举起两只拳头，在自个儿的头上砸个风雨不漏，边打边喃喃着：‘石柱，看来你是对的，二舅错了，全错了呀！’”。由此，张二羊换的思想提高到了一个新的境界，他把满腔仇恨全部集中在了日本鬼子身上。秉毅用一段蹿着火苗的文字描写了他的内心世界：“张二羊换这会儿真恨自己不是一只狼，要是的话，他就会猛扑过去，把那些日本鬼子一个个咬死，一个个生吞了！活咽了！”

作为平常百姓的张二羊换，没有选择机遇的权力，而是历史机遇瞄准了他。在那个洪波涌动、激浊扬清、泥沙俱下的岁月，他为什么没有像四眼翻译官一样，在渡边面前趋炎附势，唯命是从？为什么没有像巴营长、吴有山那样，认贼作父，助纣为虐，欺压百姓？为什么没有像樊家虎那样，替鬼子站岗放哨，用刺刀直逼同胞的胸膛，打发着令人作呕的人生？为什么没有像某些庸碌之辈，只知道逆来顺受，任人凌辱？我想，除了骨子里未曾泯灭的血性和人性外，那个绵延不断影响着国人思维、行事准则的“义”字，在这里起着至关重要的作用。张二羊换的所作所为可以用“重情重义”“义无反顾”“义薄云天”“舍生取义”等词来概括。孟子云：“生，亦我所欲也，义，亦我所欲也，二者不可兼得，舍生而取义者也。生亦我所欲，所欲有甚于生者，故不为苟得也。死亦我所恶，所恶有甚于死者，故患有所不避也。”张二羊换用自己和鬼子同归于尽的行动证明了这一点。自古就有数不清的“义士”，当代亦有说不完的“义举”，将来必定还会有更多的“仗义”行为。源远流长的中华传统美德和现代生活的人文精神相结合，必将培养出更高大、更光辉、更具震撼性的人物。张二羊换舍生取义的英雄形象将永远鲜活在人们的心中。

## 二

秉毅的《烽火美人》从不同的侧面揭示了张二羊换的崇高品德与人格魅力，其表现手法是十分精到的。他死后第一个公开出来评价他的人就是马氏，她由着性子无所顾忌地一通痛骂。这是一段妙文，是张二羊换崇高品德另一个侧面的绝好佐证，这样的话让别人讲出来，显得分量不足，火候不到，只有由马氏讲出来，才最真实，最可信，最有说服力，使张二羊换的形象更丰满，更高大，给人以更强的冲击力。原话如下：

“说你不要走，你硬要走，像叫鬼催上咧，劝个劝不住，拉个拉不住！这下倒好，送了你的老命，还闹了个死不回家，做了大青山的孤魂野鬼！你歇心了吧！”

这段撕心裂肺的语言饱含着痛惜的情感，渗透着淋漓的血泪，是真情流露，是心灵告白，作者准确地把握住了人物的内心世界，倾吐出了人物的肺腑之言，其深度与力度是不容置疑的。其超常的毅力、超常的行动“就像叫鬼催上咧”，此刻马氏的心里是血泪痛爱水乳交融。她无法承受这份重压，只能用骂的形式，痛快淋漓地发泄出来，恰好彰显了张二羊换重情重义的精彩人生。后三个句子的悲伤程度是由张二羊换生前的重情重义说到死后的孤单凄凉，“做了大青山的孤魂野鬼”，不无酸楚。写死后的三个句子一句比一句揪心，一句比一句悲痛，一句比一句撕心裂肺，从一个侧面揭示了为历史、为人民做过贡献的人，是与天地长存，与日月同辉的。就马氏个人而言，痛丧当家主事之人，无异于石破天惊的灾难，让她在生不如死的伤痛中煎熬。张二羊换不仅是她的丈夫，亦是重情重义的忠实伴侣。这样的人转瞬间做了大青山的孤魂野鬼，这样的结局与中国人传统观念中的“善有善报”大相径庭。马氏只好通过

骂的形式来发泄胸中的悲痛和抑郁，在爱莫能救的骂声中，张二羊换的形象更显崇高、伟大。

再从马氏的骂词看，在送兰兰上大青山这件事上，夫妻二人的主张尖锐对立。在马氏看来，以下原因决定了张二羊换在当时的条件下不能送兰兰上山：其一，鬼子根本就没有人性，杀人就像往死捻蚂蚁，在这样的环境下送兰兰上山，要冒着极大的杀头风险，此行凶多吉少；其二，兰兰是杨石柱的媳妇儿，是令鬼子咬牙切齿的抗属，是敌人千方百计要搜捕杀害的对象，现在领着她上大青山，简直就是自投罗网；其三，兰兰是个绝色美人，是鬼子眼中的“唐僧肉”，她个人“魅力”也决定了这次上山势必九死一生；其四，张二羊换是有儿有女的人，是马氏心目中的“天”，如果因为送兰兰上山而遇险，马氏心中的“天”就塌了，往后的日子如何过下去？看眼前的环境，想往后的人生，马氏铁了心不让张二羊换走。她又拉又劝，又哭又闹，招数用尽，但张二羊换就真的“像鬼催上咧”，不为所动。这种刚毅守信的性格使他成为抗日战争大格局中果敢无畏的英雄和视死如归的斗士，成为世人心目中千秋敬仰的楷模。

## 三

秉毅的《烽火美人》具有生活底蕴，细节过硬逼真，人物形象丰满，语言准确传神。现就艺术特色略作探讨：

一、起伏跌宕，再现生活。抗日战争本身就是震惊中外的历史事件。不愿做亡国奴的抗日志士不屈不挠地和鬼子拼命，在中华大地打响了一场气壮山河的人民战争。小说具有如上特点，亦属意料之中。且不说张二羊换送兰兰上山时与日寇的周旋，单说上了大青山后的生活巨变。到了根据地，人们的安全感倍增，紧绷的神经相对得以放松，但在战争的大环境下，生活的节奏瞬息万变，不测的事件时有发生，在血与火的交替中，依然是险象环生。上山后，为了尽快找到石柱，张二羊换引着兰兰四处打听游击队的行踪。曾吃过敌探亏的民兵误认为此二人又是敌探在收集情报，尤其在张二羊换身上搜出“良民证”后，这样的推测便坐实了。于是，在月黑风高的晚上，钢刀架在了张二羊换与兰兰的脖子上，命悬一线。所幸方队长及时赶来，才弄清了原委，二人转危为安。这就是生活的真实，这就是文章的波澜，在起伏不定的变化中，突显了张二羊换忠人之事、不畏风险的人格风范。

张二羊换这次上山，就是兑现为杨家“留种”的承诺。为此，他想方设法尽快把此事办妥。兰兰和石柱总算住进了房东的小屋，此时的张二羊换美滋滋地躲在房外的土墙下抽旱烟，略放下的心中仍潜藏着几分疑虑，唯恐节外生枝，发生变故。谁知，还没等张二羊换多想，村子四周就响起了枪声——鬼子的清剿队来了！散乱中，兰兰差点被鬼子玷污，惊得张二羊换背起外甥女没命地逃。小说在起伏跌宕中再度丰睶了张二羊换舍生取义的英雄形象。

兰兰和石柱最终被鬼子绑在大树上，这对张二羊换近乎是毁灭性的打击。巨大的创痛汇成天塌地陷般的震惊，他猛烈地击打自己，这些都是他重情重义心理的真情发泄。鬼子以为此时的兰兰和石柱已是任人宰割的羔羊，但张二羊换竟然绝地反击，借东南风点燃山林，火烧鬼子兵，成功地救出兰兰和石柱，为杨家“留了种”，自己却在山林大火中与鬼子同归于尽。张二羊换用行动诠释了什么是“舍生取义”。作者在起伏跌宕的描写中，丰满了人物形象，凸显了张二羊换平凡而完美的人生。

二、前后照应，结构紧密。秉毅的小说体现了深厚的生活底蕴和浓郁的生活情趣，构思缜密，照应精巧，读起来浑然天成。如张二羊换送兰兰上山时，见兰兰身穿旧衣服，头摇得像拨浪鼓般，穿得灰头土脸怎好去见自己的男人？谁知到了庙沟门，就因兰兰穿得亮丽，被敌伪的巴营长看上了，不由分说将她关进了黑屋。一件小事照应得如此紧密，不能不说作者构思周到。到了大青山，民兵见新来的张二羊换和兰兰心存顾虑，加之兰兰穿着与众不同，徒生

疑窦。这一细节再三呼应，突出了时代特点，增加了生活的不确定性与文章的可读性。再如，上山前，马氏给张二羊换送来了“良民证”，才走到庙沟门，岗哨检查就要看“良民证”；上了大青山，民兵搜出张二羊换身上带的“良民证”，当即被定性为“敌探”。瞧，照应得滴水不漏。兰兰从大青山回来，马氏劝她不要抛头露面，结果她不听，引来敌伪人员吴有山没皮没脸的纠缠。这些精妙的照应读起来亲切自然，使人物形象变得饱满，使得整部小说绵密细致，浑然一体，不能不说作者匠心独具。

三、成功的方言创作。秉毅在《烽火美人》中，成功地用方言来表现发生在本地的重大历史事件，使作品具有极强的地域色彩。如“戴帽堆尖”“哈拉猪油”“害芥圪泡”等，由本地人读起来，无疑会感到亲切、准确、畅快，更容易理解书中人物的喜怒哀乐，从而引发强烈的共鸣。但如果把《烽火美人》放到国内南方诸省或国外读者群中，读者对“不吃球它啦”这样的语言或许会产生歧义，甚至是误解，造成情感上的障碍和理解上的困难。希望作者在今后的创作中注意此点。

关于《烽火美人》的艺术特色，简略提了以上三点，以期引起广大读者的关注。作为一部长篇小说，其特点绝不限于以上三点，例如作者在创作中成功地运用了烘托、对比、议论等手法，也是一些很独到的表现方法，这里就不一一赘述了。

目前，无论是秉毅的年龄，还是艺术实践或人生经历都已走向成熟阶段，正所谓“如日中天”。希望作者凭借日新月异的大好时光，抓住机遇，把握住人生的辉煌阶段，写出更多无愧于时代、无愧于生活、无愧于人生的好作品。

# 时代的呼唤
## ——读刘志成的《一条歌的河流》《陕北歌悠悠》有感

### 一

志成写了一系列珠圆玉润、振奋人心的散文。以陕北民歌为素材写就的力作《一条歌的河流》和《陕北歌悠悠》，给人们以艺术的享受和心灵的净化。

文章以翔实的材料、大开大合的气势、鲜活的语言、喷涌的激情，揭示了陕北民歌的历史，这也是黄土高原的发展史、陕北民歌的传承史、陕北人民坚强性格的锻铸史，体现了当地百姓不屈的抗争精神和对生活、对爱情的坚定追求。“山曲本是没梁梁斗。甚时候想唱甚时候有。”“它就生长在陕北的河洼洼，崖畔畔，长在陕北人民的骨髓里。”“是父老们用镢头镌刻在黄土高原上的不朽诗篇。”他们心头有爱，心底有伤，苦处唱它，甜处唱它，山曲成了释放情感的窗口，成了平衡生活的精神支柱。“男人伤心唱曲子，女人伤心哭鼻子。”这样的山歌一旦在山隔峁阻的黄土高原上唱起来，人们往往就进入浑然忘我、天人合一的境界。千古流传的陕北民歌成了陕北文化厚重的积淀，在人们内心树起了一座万民景仰的丰碑。借它，可以深刻地审视过去，牢牢地把握现在，清醒地规划未来，是祖国文化殿堂里一颗璀璨夺目的明珠。下面，试从两个方面探讨一下《一条歌的河流》：

一、散文的笔调，学者的严谨。作者以陕北民歌为写作素材，笔触所及就

是陕北民歌带给人们的陶醉与痴迷。“一声信天游，八尺汉子热泪流，出嫁的婆姨也回头。”生在陕北这块神奇土地上的志成，就像是一棵清醒鲜嫩的小白菜，从小浸泡在民歌味道纯正的汁液中，周身散发着浓浓的民俗味道。坎坷的人生道路上，不论命运把他支配在哪里，一声悠扬的《兰花花》就能使他神游陕北，梦回故乡，见到亲切的秃尾河……眼前就能出现散漫的乡村、稀疏的枯柳、山坡上下来的三哥哥、崖畔上站着的四妹子……这样的歌涌动着情，这样的歌喷涌着爱，这样的歌是绵绵的恨，这样的歌就是命。唱起这样的山歌，悠悠荡荡，丝丝缕缕都牵着魂。这样的歌，男也唱，女也唱，老也唱，少也唱，贫也唱，富也唱，大喜大悲时唱，大痛大爱时也唱；不分季节，不分时间，唱太阳，唱月亮，唱泪蛋蛋抛在沙蒿林……真实的生活艺术化成一条令人感奋不已的河，翻波涌浪，滔滔不息，混合着色彩浓重的酸甜苦辣，涌动着撕心裂肺的生离死别。面对如此浩瀚的民歌海洋，作者以学者严谨的态度，寻根究底，探其活水源头。从公元前五至三世纪起，这片土地上先后出现了熏育、鬼房、楼烦等部落。他们为巩固、扩张生存的领域，不断发扬中原文化的醇厚、晋文化的细腻、草原文化的豪放，形成了一种璀璨独特的文化，借以抒发人们的喜怒哀乐。秦始皇统一六国后，派蒙恬带三十万大军北击匈奴，“却匈奴七百余里，胡人不敢南下而牧马，士不敢弯弓以抱怨。”到了汉代与赫连氏建大夏后的几次民族大融合，及1472~1501年的陕北大移民，逐步形成了这块土地上独树一帜的文化现象——陕北民歌。人们借助于这种灵活自由的形式，把横压在胸口的郁闷无拘无束地唱了出来，唱给陕北的沟岔崖畔。陕北民歌成了人们心头流淌不息的清泉，民歌手就是才华横溢的诗人。

二、激情的喷涌，不息的河流。通过作者的描述，让人真切地感受到听陕北民歌就是心与心的碰撞、情与情的汇流，是生活化的艺术，是永不止息的追求。志成在文章中深情地写道：听陕北民歌，“如喝用玉米面酿做的黄酒般甜美”，它陶冶了陕北人如“盛产的软糜子般柔韧的性格”。作者把它分为“芦花公鸡窗台上卧，不图喝酒图红火”的酒曲与“纸糊顶棚苇子绑，我也时常把你想”的山曲。其主要内容一是反复咏唱生活的酸甜苦辣，二是叹息爱情的波折缠绵。当人们历尽煎熬却依旧险境迭出、苦苦挣扎后依旧迷茫暗淡时，他们就把艰难的生活演化成掏心掏肺的民歌，变成人人唱、人人听，经久不衰的艺术长河，恒久地回荡在黄土高原上。

志成对陕北这块散漫而无度的荒原总是怀着难以言表的大爱。这是因为他的生命、他的真性情、他的坚强执着、他的文学道路，都是这块浑厚的土地养育出来的。怀着对生命真谛的独到理解与感悟，作者责无旁贷地写道：“土地的事情就是我自己的事情，我会一个人慢慢地干下去，不因孤独而放弃，使我的孩子的身影中也不缺乏这种亢奋……”“我像一只鹰，滑翔在陕北的山山峁峁里，在三年多痴迷的搜集中，那望不到头的山梁时常令我热泪盈眶地看不够。”对生命，作者有着清醒而负责任的定位：自己的生命是这块浑厚的土地给予的，但“人的生命不过是短暂的过程，不可能像河流一样万古奔流，怎样才能抓住一生，做一些感兴趣的事情，这才是最重要的”。人的生命是一个易逝的过程，过程过去了，生命就终结了。获得了宝贵生命的人，就应当在有生之年，抓住机遇，选中目标，倾其智慧，全力以赴，做好几件应当做的事情，这才是充实的人生、奋斗的人生、幸福的人生、闪光的人生。这种信念，在《陕北歌悠悠》中有更明确的表述：在和爷爷的对话中，深谙世事的爷爷对人生、对艺术，有一段切骨入髓的至理名言：“艺术不仅是艺术家的生命，而且是他生命的延续……他们活着叫‘名家’，死了叫‘丰碑’，这样的艺术生涯才会令人无憾哪！否则，人死了，就连这遍地的石头都不如。”爷爷的话是艺术旅途的警示路标。作者热爱文学艺术，更执着于精品文学的创作。

志成崇敬这块神秘的土地，历朝历代，这块土地上涌现了不胜枚举山一样高大、挺拔、有厚度、有力度的人物，而且在这块山连山的荒寂土地上，令人信服地树起了大山一样的文化骨架，耸起了一座令人万世景仰的文化丰碑——

陕北名歌。它是生活的一剂调味品，是物质贫穷、精神富有的陕北人自由放达、不屈不挠性格的展露，是它伴着苦难中的普通民众，书写了自己的生活史，丰富了他们的文化史。作为续写历史的后来人，作者怎能不用倾情崇敬的笔墨来讴歌这块土地呢？

“歇时平地歇，不要靠崖头，恐怕崖头倒，压你崖里头。过河座船舱，不要座船头，恐怕风摆浪，闪在河里头。”这两节古老而感人的唱词同样是以饱蘸情感的笔墨来描述捉摸不定的恐惧与期盼的。聚无定期的牵挂、山隔水阻的遥远、天各一方的思念，无可奈何的年轻妻子，把自己的悲伤、思念、恐惧、冷寂的心情，凝在几句朴实、沉重的知心话里，是朦胧希望的寄托。这样的语言胜似捶胸顿脚的狂乱发泄，胜似以泪洗面的忧戚悲伤，渗透在其中的那份痛苦离情才是越品越美的艺术，越品越痛的人生。

志成怀着崇敬的大爱，写下了听老妇人唱《走西口》的这段文字：“依然是补丁摞补丁的衣裳，依然是在毒热的太阳下锄旱蔫了的糜子，依然是声泪俱下的悲诉，尽管那是老人的陈年往事，尽管老人可以做我的祖母了。但深层次的情感依然是重创难平，伤痛难愈，唱起来依然是情意绵绵、热泪抛洒。听这样的歌，犹如沉重的铁锤砸在心上，飞溅的是赤诚的碧血和滚烫的真情。”作者就是怀着这样的情感来书写事件，书写人生的。

## 二

试从两个方面对志成的《陕北歌悠悠》略作探求：

一、大山的颂歌。《陕北歌悠悠》是一篇展现实力的作品。作者仿佛是站在庄重的历史门槛上，怀着深沉的忧患意识，向世人细数陕北的人文历史，借以充实人们精神硬度，令骨架保持永不锈蚀、永不溃烂，其潜台词就是赵大地演唱的《陕北人》：“都说咱陕北人是座山/出门是山/在家是山/陕北人说话都带着山/男人真/女人憨/陕北人祖祖辈辈爱大山/说也是山/唱也是山陕北人就爱喊大山/站着是山/躺下是山，陕北人他生出来就是座山/山连着山/山套着山，龙的故事代代传/山连着山山套着山/黄土地上的儿郎个个是好汉。”这歌呼唤着山的挺拔、山的高度、山的骨骼，超越了时空的阻隔，召唤人们认真审视山的品德、山的特色。时下，在波澜壮阔经济大潮的冲击下，在金光灿烂货币的诱惑下，不少人满脑子都是：钱！钱！钱！拜金主义成风，享乐主义成瘾，明里暗里挖空心思去捞钱。为了获取金钱，坑害国家，祸害人民，甚至铤而走险，谋财害命，成为社会的公害，甚至孕育出欺行霸市的黑恶势力，严重干扰着社会的和谐与稳定。在不少人的头脑中，金钱成了万能的金钥匙，几乎没有打不开的锁。于是，在一些人的眼中，一切都是市场运作，一切都要遵循市场规律。

二、面对如此的社会现实，志成怀着深沉的忧患，但终是无力回天。于是，他在自己的散文中请出陕北的第一位人文始祖——即生于斯，长于斯，奉献于斯的轩辕黄帝，为世人指点迷津。他是陕北第一座亘古的大山。这山不是屹立在自然的风雨中，而是屹立在世世代代炎黄子孙的心上，屹立在他们的骨血里。人们无论走到哪里，只要提到黄土地上的始祖轩辕黄帝，心头的血液就会陡然升温。这座永恒的大山在人们心灵上巍然耸立，时间的流水冲不退他的伟岸，地域的阻隔模糊不了他的崇高；他对中华文明的贡献实在太伟大了，是他开启了人类吃、穿、住、行的新纪元，甚至延伸到文字、冶炼、医药、铸造等领域。志成站在历史门槛上，激情四溢向世人介绍轩辕黄帝，其真诚而庄重的潜台词就是：都说咱陕北人是座山！以此来校正物欲泛滥中那种不顾人格、立不起志气的软骨头们。

历史上，陕北高原的民族关系一度吃紧，亦曾狼烟四起，军旗猎猎，战马嘶鸣，刀光剑影。在惊心动魄的较量中，生于黄土高原的杨家将，以山一样的雄姿屹立在边关。他们身怀超人的绝技，血管里流淌着与国土共存亡的忠烈之

血，演绎了一个又一个催人奋进的英雄故事：父亲倒下儿子上，儿子倒下孙子上，丈夫倒下妻子上，男的倒下女的上，甚至连一个烧火的丫头，在时局艰险时，也高举武器挺身而出。试问：在捍卫国土完整、捍卫民族安定的拼死决战中，世间能有多少像杨家将这样的满门忠烈？他们永远都是黄土高原上令人崇敬的大山！“山连着山\山套着山\黄土地上的儿郎个个是好汉！”志成的叙述让我们热血沸腾。

在历史的长河中，陕北数不胜数的英雄人物，“站着是山/躺下是山，说不完，写不尽，景仰不止”，李志成、张宪忠、韩世忠、刘延庆……在新中国成长历程中涌现的刘志丹、谢子长、闫红彦、张达志、贾拓夫、李子奇……把红旗辉映在人民的心中！文坛巨子马汝骥、张秀鸾、王雪樵、柳青、路遥、刘成章、史小溪……他们都是陕北高原上独领风骚的大山，是文学天空恒久耀眼的星辰，以自身素雅的清辉，照亮多彩的生活、多彩的人生。陕北人祖祖辈辈热爱大山——志成满怀激情地呼唤山的崇高、山的伟岸。

三、《东方红》民歌艺术丰碑上璀璨的明珠。在《陕北歌悠悠》中，志成把一支挥洒自如的笔深入到久远纷繁的历史事件中，以翔实的资料、崇敬的感情，记述了民歌艺术丰碑上的明珠——《东方红》的诞生。

《东方红》赞颂的是历史上的伟大人物、伟大事件，是历史的最强音、是时代的忠实记录、是艺术殿堂里令人仰止的丰碑。它永远是陕北大地的骄傲、陕北人民的骄傲、陕北民歌的骄傲。志诚的笔深深探入这块神奇的土地，抓住历史的巨变和人心的走向，以崇敬的情感记叙了李有源作词、以陕北名歌曲调演唱出来的《东方红》。这首歌顺应潮流，顺应民心，唱出了民意，一经面世，风靡大地，获得了非凡的轰动效应：人人唱，到处唱，天天唱；越唱人心越红，越唱前程越亮。《东方红》成了新中国诞生的冲锋号，以鲜明的形象、磅礴的气势、强大的震撼力，横空出世。伴随着朝阳，伴随着革命战争，回荡在祖国的大地上，激励着人民奋勇前进。

伟大的时代必将伴随着伟大的艺术作品问世。志成用他的笔揭示了举国轰动的《东方红》的活水源头：在这块古老的土地上，世代贫穷的广大农民终于迎来了共产党带来的历史巨变：翻身解放，当家做主。他们知恩必报，将感激之情毫无保留地回报给共产党、毛主席，祈盼着他们掀起的历史巨变如红日东升，照暖天下。

清晨，李有源挑粪走在山道上，看到一轮红日，喷光吐炎，霞涌东方，温暖了大地，照亮了四方。这种雄浑敞亮的自然景象和贫苦农民对现实的感受是一种神奇的巧合，达到了天衣无缝的境界，一下子激发了李有源的艺术天赋，激活了他的艺术灵感，精神与现实的正负电流轻松自如地交融，激情喷涌的《东方红》瞬时就回荡在陕北高原的山道上，展开神性的翅膀，飞过黄河，飞过长江，飞向全中国，飞向浩渺的太空。令人震惊不已的是，如此充满震撼力的歌词，不是出自高楼林立、窗明几净的文化机构，也不是出自才气横溢、学富五车的文豪之手，而是出自陕北山沟里挑大粪农民李有源之手，这件事留给人们的启迪与思考是长久的，全方位的。

政治家和艺术家对现实的观察、对历史发展的规律总结、对发展结果的预见，其方法是不同的，本质却是如出一辙。这一点在历史上也是不乏先例的。例如一九三零年，当中国革命处于低潮时，有人就提出“红旗到底能打多久”的问题。毛主席在《星星之火，可以燎原》一文的结尾处，预见了中国革命高潮出现的时间，并指出：“它是站在海岸遥望海中已经看得见桅杆的一只航船；它是立于高山之巅远望东方已见光芒四射，喷薄欲出的一轮朝日；它是躁动于母腹中的快要成熟的一个婴儿。”在毛主席预言后的第六个年头，爆发了震惊中外的西安事变，最终促成了联合抗日的政治局面，中国革命的高潮到来了。而李有源观察社会现实、判断社会发展、感知发展的结果用的是形象的文学语言，即“东方红”三字来概括的。我们惊奇地看到：在他“预言”七个年头后，天安门升起了新中国的第一面五星红旗。这难道仅仅是一种历史的巧合？

《东方红》这首歌留给人们的启示是多方面的。仅就艺术而言，有一点甚当记取：即艺术家为了创作出无愧于时代的艺术品，就必须真诚地沉在生活的底层，体察民众的愿望、渴求，摸准时代的脉搏，在群众乐于接受的形式中，融入自己的艺术生命，才能产生顺应时代，创作出引起广泛共鸣的好作品。这就是志成在《陕北歌悠悠》中给我们最基本的感悟。

## 三

志成的文章是很有特色的，试从以下四方面略作粗浅的探讨：

一、传神的叙事能力。作为文学作品，尤其是散文，叙事是一项重要的基本功。志成散文中那些精致的叙事往往是几笔下来，让读者如见其人，如闻其声，如临其境，呈现出生活原汁原味的姿容，令人拍手叫绝。如《陕北歌悠悠》中叙述乡村文化生活的三个场景：

1. 闹社火："几百人的队伍踢踢踏踏地过来了，人没有到，遮天蔽日的黄尘先到了，漫天的黄尘，把日头染成了一片金黄……"大境界、大手笔、大气魄，大起大落，大开大合，声与形、形与色、色与情和谐地融于一体，给人们以心驰神往的艺术享受；

2. 吹唢呐的汉子："几百条汉子迎风而立，手端冲天的唢呐，古铜色脸上充满了力度与淳朴的开怀之笑，腮帮子一鼓，惊天动地，如泣如诉的唢呐响起来了，汉子们双眼眯缝着，豆粒大的汗珠，滚滚而下，古铜的脸庞真如天神下了凡……"虔诚昂扬的神态、庄重本色的力度、动人心弦的乐曲、滚滚抛闪的汗珠，留下了粗线条、大轮廓、动人心弦的美姿——绝！

3. 工笔叙事：作者在一些特定的场合，用工笔叙事的手法，收到了令人惊叹的艺术效果。如写到戏台上的演员，志成用了"伸出的双手十指乱斗，须发散乱"，就是这样现场实录的几个字，却准确地揭示出人物的形、神、情、境。如此简洁而高超的叙述，却显示出了大手笔的功力。

二、精辟的议论。志成的散文中往往伴随着孤光耀眼的议论，一串连着一串，形成闪烁不断的亮点，令人目不暇接。如《陕北歌悠悠》中，写老妇人从旱蔫的糜子地里传来声泪俱下的《走西口》时，作者有这样议论性的文字："它是妹妹的红布衫，它是哥哥的白羊肚手巾，它是满山摇曳的山丹丹花，它是思念，是追求，是满足，是宁静，是奔放，是天真，是淳朴，是我们今天年轻人无法企及的梦……"作者以排比的修辞手法展开精辟的议论，对读者的情感展开一波又一波的冲击，有如决堤的江河，洪波滚滚不可遏止，只能随着作者的激情翻滚起伏。

三、炽热的真情。在志诚的散文作品中，或叙述、或议论、或描写、或抒情，总是倾注着炽热的真情。那些激情涌动的文字，如山巅飞泉，清醒、飘逸、洒脱、可爱，带给读者以心灵的净化和艺术的醇香。如《陕北歌悠悠》中见到"梅"的一段文字："她在短短的时间内，就盛满了我的心，仿佛西天上的那轮夕阳，深藏在心底，让我通体清澈，忍不住回头看她：看到远处站着的妹妹像是一株兰草，或是一枝芙蓉，气质高雅，神态恬静，秀美的长发缀满了飘逸，明亮的眼睛闪着聪慧。我仿佛虔诚的教徒站在阔大的教堂里，听到了长长的赞美诗……"炽热的真情、甜蜜的期望、无限的倾慕、燃烧的激情……此时，将举手投足的高雅、兰草一样的清秀、赞美诗一样的气质，伴随着作者喷珠泻玉的激情，洋洋洒洒落在纸上，化成美不胜收的文字。

四、诗的语言。志成在散文中，不时流露出诗的凝练、诗的哲理和诗的耐人品味。如《一条歌的河流》中，写陕北名歌的一段话："我觉得每首酒曲就是陕北人生活的一剂调味品！每一首山曲就是生活贫困、精神富有的陕北人自嘲自娱、大乐大欢的超然与人生态度之折射。那优美的内涵、诱人的内容，犹如陕北这块纯朴土地上生生不息的沙打旺、沙竹一般，年年发芽，年年疯长，绿油油，水嫩嫩。它带着暴雨狂风的激越、人生的悲欢，在陕北人的口里久唱

不衰，辈辈相传……”多么精炼的概括，多么深邃的哲理，多么优美的语言，多么鲜活的激情。把这样的文字当诗读，同样令人感奋不已。而这些句子本身就具备了诗的境界，越品越美，越品越香。如《一条歌的河流》中有这样的句子：“把孤独逼出门外，剪雪成诗……”这样的句子熔铸了多少诗的飘逸？呈现出多少令人垂爱的诗魂诗骨？这样的句子常常闪亮在志成的散文里。

以上的文字，算是抛出去的一块砖头，希望能引出令世人惊叹的美玉。

# 生命的祥光
## ——读钟祥《乡村里的路》有感

钟祥先生怀着对故土的绵绵挚爱，对人物命运的真挚关怀，以故乡熟悉而亲切的生活为素材，写就了令人耳目一新的《乡村里的路》。

以这样的文题著书立说，着实不是个轻松的工程。乡村里的路，是天底下平淡、荒凉、简易至极的生活遗迹，绳子一样弯曲在漠漠的大地上，从远古的蛮荒时代延续到日新月异的今天。

作者面对荒山野岭，内心始终关注着西北黄土高原上默默用铁锹、镰刀、镢头开创生活的农人的精神风貌、思想感情、志向愿望、理想追求，把一腔的爱心倾注在他们身上。他看到日复一日，那些“牛羊吃草的羊肠小路，通向集镇的柏油马路，田间纵横交错的农路，拉庄稼和粮食的车路，甚至是一个农民心上的思路。”路，成为生活中的神经、脉管，成了他们相通的气息。正是路，把命运的不确定性和无尽的追求连了起来，把纷繁的历史演变和日新月异的生活连了起来，把厚积的文化底蕴和自我心灵的考量连了起来，把人在不同思想境界指引下的社会活动和生命的终结价值连了起来，甚至把多彩的现实生活与指引时代发展的方针政策乃至人的精神风貌、道德层面连了起来。其深远的用心、丰富的内涵和不可估量的影响，是无法回避与漠视的。作者深情地写道：乡村的路，是“人与人之间的坑坑洼洼，是历史与现实的长长短短的牵挂”。

不论《乡村里的路》，或《犁》《土豆》《镰刀》，其文章最本质的要素是写人，由路的变化带来人们生活和命运乃至社会效应的变化。通过典型的标志

性的语言，使文章犹如水乳交融的诱人美餐，让人们分享到颜色纯正、口感香甜、原汁原味的精神食粮。把农村题材写至如此境界，钟祥先生也算是个中高手了，这好有一比：把故乡的土豆烧制成不同形式的精品菜，让品尝者余香满口，不住叫绝。

作者的故土是穆斯林聚居区。他对那些受人崇敬的阿訇和普通的信教群众充满了敬意。尽管这里是大西北的黄土高原，环境条件艰苦，生活质量平平，农民日夜操劳，常常省吃俭用，但集市散了后，信教群众都会集中在清真寺，由阿訇们讲瓦兹儿，讲《古兰经》，引导信教群众为人正直，多做善事好事，即使行走在乡村的路上，也随时注意产高垫低，修桥补路。修好脚下路，留于后人走，这是一种境界、一种追求、一种信念、一种修养、一种为人处事的方式。凡是有人的地方就会有矛盾，穆斯林兄弟们有了矛盾怎样处理呢？面对某些不和谐因素的干扰，他们脸上显得别别扭扭，心里觉得疙疙瘩瘩，见面彼此无话，但会自觉地以伊斯兰教义为准则，对照自我、检查自我、规范自我、校正自我；如果自身行为有悖于教义，“就备上一份厚礼：冰糖、桂圆、茶叶什么的，提了重重一大包，来到对方家中赔礼道歉，求得原谅。”如此一来，人与人之间再度融洽。故土的乡亲能有如此胸怀，能如此大度包容，作者怎能不为之热情洋溢地高唱赞歌呢？

他们的所作所为，是厚重历史的传承，是和谐社会的缩影，是新农村更好的起点，是大有作为的惊叹。他们正精力充沛地彩绘着当代人的奋斗与追求、起点与目标、希望与梦想。“比如谁家的后生做黄金生意发了，赚了不少钱，给自己的母校捐了款；谁的儿子考上了北京一所重点大学，亲朋好友都来贺喜，鞭炮噼噼啪啪地响了半天；谁家的婆媳关系很好，亲生闺女似的；谁的儿子建筑学院毕业，在外地承包了一项大工程，带着村里的十多个人去赚大钱，说回来要修洋楼呢！”这就是作者热爱的故土，这就是当地百姓祥和的现状，这就是他们精神的亮度和理想的追求。作者借山药、苞谷、苜蓿等家乡植物，把散发着爱故土的情节，写成一篇篇美文，呈现在读者面前。

作者在书中以关爱的视角来审视人生，审视人的生老病死，认识到生命是那么短暂，那么易逝，那么不可逆转，甚至是一转身就走向衰亡。作者惊诧而诚实地写道：“一个人老了，力气用完了，眼睛变得浑浊，骨头散了架，就与农活断绝了关系，拄一根榆木棍，坐在屋檐下晒太阳。此时，想得最多的就是这辈子走过了怎样的路？在路上有没有留下脚印？还有多少路要走？今天的路又将通向何方？想着想着，上眼皮不由自主地耷拉下来，合在一起，不知道正在发生和将要发生的诸多事情。”可见，人生真正的财富不是厚重的金银纸币，不是高官厚禄的诱惑，不是前呼后拥的显贵，而是生命，宇宙中最宝贵的生命。人若是真正关爱生命，就要在精力充沛的有生之年，抓住机遇，选中适合自己的路子，一步一个脚印，踏踏实实地走下去，留下厚重的脚印。使生命得以闪光，故土因而变新，生命的价值获得最大化的体现，为短暂的人生画上精彩的句号。这也许就是钟祥先生在《乡村里的路》上闪现的生命祥光吧！

# 泯灭的人性
## ——读刘志成散文《殉祭的童婴》有感

志成以坦诚的心态、冷静的观察、缜密的思考、深沉的文笔、诗一样的语言，绘就了令人震撼不已的妙文《殉葬的童婴》。

作者以剥笋的手法，层层展示，描述了一个来到人世不到二十四小时，没吃过奶、没沾过水、没挂过丝、没披过线，没被母爱润泽过的童婴，竟然在光天化日之下，在围观人群的“缄默不语，表情如腾起的轻烟一样的迷蒙”中，被干柴烈火化为一缕带着焦煳味的青烟。这是天字第一号的人间悲剧，是人性泯灭的悲剧，是愚昧的悲剧。正是愚昧的蒙汗药，麻木了人们的神经，才使得他们善恶不分、是非不辨，该爱的不敢爱，该恨得不敢恨，糊里糊涂充当了滔天罪恶者的帮凶。这种令人欲哭无泪的创痛，真是惨绝人寰啊！

这种悲剧如果是发生在世界混沌之初、茹毛饮血之时，或还能让人理解，然而事情偏偏发生在当代中国，发生在我们的父老乡亲之中，这就不能不叫人胆战心惊了。传承了几千年文明的礼仪之邦，为什么会发生如此天地难容的恶性事件？文章开头有一节民歌式的文字，准确地回答了这个问题：

挽起黄蒿带起沙，
狐仙狐仙你走吧。
留下一枝无根花，
七零零呀，八啦啦呀。

天长大日怎办呀。

又听见一片焦苦的声音。

天长大日怎么办呀，

狐仙狐仙你走吧。

这是一节妙文，是这篇文章的总纲，其作用有点像《红楼梦》里的《好了歌》，定下了文章的基调，揭示了人物的必然命运。既然童婴是“狐仙”造就的“无根花”，而不是有名有姓、有血有肉之人的后代，在愚昧者看来，“不烧死的话，是会给村里带来灾难的。”因而，第一句说的“挽起黄蒿带起沙，狐仙狐仙你走吧”，就是要烧死童婴、送走狐仙，求得村子安宁。

这种愚昧思想的根源，是文化遗产中的糟粕部分。以往的文艺作品中，这类人物也是屡见不鲜：鲁迅在《祝福》中写的祥林嫂、赵树理在《小二黑结婚》中写的三仙姑，都是此类人物。在《殉祭的童婴》中，人们因弄不清楚狐狸变白的原因，而冠之以“狐仙”的光环，进而以此为禁忌，规范人们的行为准则，这就埋下了残害生命的祸根，就要“挽起黄蒿带起沙”，借喻处死童婴的必然结果。婴孩是二蛋叔外出三年后生的。几个月来，二蛋婶家里，白日里偶见狐影窜窜，夜里时闻狐声飘荡，人们认为男人不在时出生的孩子无疑是“狐种”。白狐已修炼成仙，这样的“狐种”长大后，村子里还能有安宁吗？为了村民的安宁，答案只有一个：烧死童婴！有了愚昧的思想做指导，荒唐的恶行就层层加码：谁敢反对烧死童婴，谁就是被“狐仙”迷住心窍，对这样的人就要以群众的力量、行政的权威，坚决制裁。放羊光棍三彪子就是这样的典型。就这样，烧死童婴的惨剧在人们惊恐万分中拉开了帷幕。

行文至此，作者以纤手剥葱、层层深入的手法，展示了烧死童婴的全过程。首先触目惊心映入眼帘的是：“一个浆水干渍裹身的赤体婴儿，躺在柳上，右腿肚已被柳枝划破，有淡血浸出，染出了一片狰狞的仙人掌在干柳上开放，

上身两侧，也被柳枝划了数十道血痕，血粒子如同被赶出家的孩子滴的。”饥饿已把他锋利的啼哭声锈蚀成参差不齐的音符……在孩子的周围，人们围成了一圈，像在古战场上排兵布阵似的……这就是童婴所处的社会环境。人心的恶毒凶冷，使他命悬一线。围观者的麻木让人强烈地感受到什么叫“人性的泯灭”。

戏还在往下演。作者在大火再次燃起之后，连续四次以精雕细刻的文字，记录了童婴被疯狂毁灭的全过程。火苗再次从神倌的手中亮起时，是揪心的四个字：“火焰弥盖。”骇人的红打开了一个悲壮的舞台，这是死神紧紧扼住童婴的咽喉，向着死亡的不归路飞奔的第一步。我们在为舞台上被毁灭的生命痛心疾首的同时，更清晰地看到了愚昧行动导致的恶果：不需要别人来毁灭，我们自己就可以毁灭自己！这是一种多么惨痛的认知啊！鲁迅先生面对麻木的国民，曾怀着无比悲愤说：“沉默啊，沉默啊！不是在沉默中爆发就是在沉默中灭亡。”这种面对火烧童婴而保持沉默的怪事，竟然能保持到当代，实在是匪夷所思。作者怀着冲天的大悲、大痛、大爱，用一支惊天动地的笔，刻画了童婴被毁的肖像：烈焰升腾，状如环堵，婴儿青草样娇嫩的面孔被巨大的火蛇所扭曲，宛若呈现的沟壑，嘴巴微微张开，形成一个看不见的深洞，一阵接一阵哀号。然而，更令人惊惧的是，“就在此时，童婴的眼睛奇迹般地张开，目光没有任何目标地对着无边的天。”这是生命的伟大、生命力的顽强，是对生命的礼赞，也是让人刻骨铭心的创痛。随着火焰的燃烧，生命的毁灭在即，“婴儿的目光散乱无神，眼睛的瞳孔再向上飘着。”这就是婴童来到人间后，被冠以“狐种”的怪名后，短暂得不能再短暂的人生路。随着悲剧的落幕，留下的是“一股焦煳味在空气中泛涌”。然而，最终揭穿“狐仙”荒诞之说的却是一个中学生。这画龙点睛的一笔，在我们面前点开了一片光亮。

志成的文章确实有其高明之处，往往把散文的手法、小说的情节、诗歌的意境融合在一起，用富有冲击力的传神词语表现出来，绘就一篇篇让人爱不释手的精品，带给人们心灵的净化和美的享受。在《殉祭的童婴》中，他的构思更是独具匠心，不仅文字令人错愕不已，而由阅读的空间组合成的文外文，更给予读者以强烈的冲击感和深沉的思考。且试从三个方面略作讨论：

一、作者以生活的琐事、现实的例证，突出了母爱的温暖、幸福、纯洁、伟大，是生命中不可或缺的基础元素。文章第一句提到的“我”，作者没有点明当时有多大。但“我”的美梦是被“太阳的金液从窗棂上流入”惊醒的。睁开眼皮的第一个本能反应就是急切地呼喊：“妈妈！”暂时得不到母亲的音讯，“像一只迷途的羊羔嗷嗷叫，无助的目光焦急散落在院子里的地头，像牛尾巴一样的小路上。”母爱的光分分秒秒温暖着“我”。母爱是不可或缺的，母爱就是“我”的一切。相比之下，童婴之所以遭到令人扼腕的厄运，其最基本的原因就是他的母亲让“血迷死了”，孤苦伶仃地留下他这枝“七零零呀八拉拉”的“无根花”，方才遭此烈火烧杀的厄运。如果他能得到母爱的光照，不是和我一样温暖幸福吗？

二、童婴当然不是以神倌为代表的愚昧者说的“狐种”，而是牧羊光棍三彪子和二蛋婶生的孩子。三彪子在童婴化作焦煳的一缕青烟后，就疯了。可见，三彪子和神倌在火烧童婴现场的激烈对抗，是正义和邪恶的较量，是人性善良和人性冷酷的较量，是父爱的集中体现。“就在神倌掏出火柴要点燃浇了煤油柳枝的刹那，牧羊光棍突然扑出去，推倒神倌，将厚实的两手同时伸进腾起的火苗中，一把抓住柳枝扔出去，抛出的柳枝像断线的佛珠，四散崩落……”这里依次出现的几个动词：扑、推、伸、抓、扔，正是正义与邪恶的正面交锋，而老实巴交的羊倌在特定的场合，通过以上动词，将人性善良的一面、父爱果敢的一面，表现得酣畅淋漓。连密布的乌云中都闪出一丝温暖的亮光，“我”的父亲看了童婴的毁灭后，“从父亲干涩的眼眶里流出了鲜嫩欲滴的青草，在春天里疯狂……”这是人性善良的自然流露，惨剧撕裂着充满父爱的心。假如这个童婴是父亲的孩子，他势必会和三彪子一样，激烈地抗争。至于

那个始作俑者的神倌，如果发生冲突，未必是三彪子的对手。他不是被羊倌一把就推倒在地，一副手无缚鸡之力的惨样吗？

三、然而，童婴最终还是被神倌亲手点燃的烈火化为迷蒙的轻烟。这里有一个深刻的教训必须指出：其一，普通群众被神倌那句“这是狐种，不烧会给村子里带来灾难的话”而蛊惑，进而糊里糊涂地站到愚昧迷信的一边，导致三彪子无论怎样抗争、求情、下跪，都得不到大家的同情，成了真正的孤家寡人；其二，在场的最高行政长官“村长”在关键时刻亲做决断，嘴里蹦出了雷鸣电闪的两个字——“烧吧”，随即麻木地挥了挥手。“人群中走出几个后生，死命地挽住牧羊光棍，并掰开他的手，夺下婴儿撂在干柳上……”这就是愚昧与政权联姻酿成的千古惨剧。

志成的文章在语言上也很有特色，独到的组词、新颖的比喻、逼真的肖像描写、充满诗化的意境、冲击力旺盛的情感，在此就不一一赘述了。

# 生活的礼赞
## ——读万里的诗集《高原青枫》有感

穿着母亲在油灯下熬神费力、一针一线精心制作的铁壳一样的实纳鞋，怀着对前程的迷茫与探索精神，万里从故土的豁口小路上，艰难跋涉，一路前进，终于走到了生命的亮点和事业的辉煌处：由一个声名显赫的企业家，再被冠以“诗歌创作实力派战士”的桂冠。面对生活，他激情喷涌，佳作迭出。继2012年6月出版了第一部诗集《松风万里》之后，今年又出版了视野更宽广、格调更高洁、意境更深远、思想更深邃、艺术造诣更成熟的力作——《高原青枫》。

作者的这部诗集，涉及面相当广泛。毫不夸张地说，生活中的人和事都是他关注的对象、审视的对象、探究的对象、讴歌的对象。即使是一些司空见惯的社会现象，如无力夜归的街头醉汉，在万里的笔下也能点石成金，化腐朽为神奇，借此揭示出一个带有普遍性的社会矛盾。在引发感叹与深思的同时，读者也接受了艺术的熏陶。

作为企业家，他经营的酒店要有宜人的环境、浓郁的亲和力、优质的服务、素质过硬的员工队伍，这是参与市场竞争的基本条件，做起来并不容易；作为诗人，他要抓住生活不同层面的亮点，在夜深人静后，挤出属于自己的时间，凝神伏案，与灯光相伴，徜徉在文学创作的海洋中，与自己表述的对象坦诚相见。那是一种心与心的碰撞、情与情的沟通，作者时而被逗得开怀大笑，时而被感动地热泪抛洒，凭借真情的涌动，把诗篇挥洒在稿纸上，把真善美奉献给读者群。如《年根》，作者深切地感受到时光的紧迫、时光的珍贵，于是，发出报警式的热切呼唤："心智召唤我觉醒，不要迟疑，不要懒惰、迈开大步追赶远去的夕阳，挥笔书写时代的华章！"这既是自醒，也是醒人，要人们爱惜光阴，抓住时机，哪怕是"天幕压低的夕阳"，还是年根时节马路上快步匆匆的大爷大娘，都要正视"风卷走了春、夏、秋、冬"的无情，因而，人生在世，只能争分夺秒，以积极的精神、乐观的态度、奋发有为的步伐，走好生命的分分秒秒，把一次性的生命物化成有价值的业绩，留给子孙，留给后人，留在这个多姿多彩的世界上。

生活是个多棱镜，折射出多侧面的风采；万里的诗也是多姿多彩的。有些诗，看似信手拈来，不雕琢、不粉饰，恰如清水芙蓉，婉约可爱；似潺潺流水，清明透彻；若雪花飞来，飘飘洒洒；像蜡梅初绽，娴静动人。《等你》就是这样一首令人爱不释手的精品独白：

我走着你走过的路，
寻找留下的足迹，
走了千里万里，
只能在合影的地方等你。

我看你看过的花，
花开花落彩蝶纷飞，
薄纱编织的翅膀，
怎能把思绪承载？

我听你听过的风，
鸣唱着凄苦的悲哀；
从三月刮到蜡梅盛开，

把厚厚的流沙沉在心底。

从来没有什么永久，
虚荣的大词是一抹空气；
清瘦的月亮已从头顶溜走，
等待还是留在心底。

这是心的承诺、情的炽热、爱的分量！这种元素合成生命的分子，是一种无法逃避、无法阻绝的延续，因为“等待还是留在心底”。这样的诗，说小了，若有若无；说大了，翻江倒海，其功夫力气全在读者的静心品味了。

有些诗写得浑厚深邃，闪烁着生命的亮点，留下了历史的叹息。如《山村记忆》中的这段：“没有这石磨，哪有他寻求苦难的场所！没有这转不完的长路，哪有他度命的口粮！石磨转动着山村，历史在阡陌小路上珍藏。”诗中没有纵马沙场的冲天豪气，也没有历史碰撞的暴烈火花，有的只是先人生活的故土、寻常的村落、狭小的土窑洞，那些被历史涤荡过的石碾、石磨在现实面前显得羞涩和落寞。然而，正是这种原始的求生工具，转动了中国的历史，转动了五千年的辉煌。这就是历史。看似寻常的琐事孕育了多么深沉的思考，释放出多么震撼的力量。对低贱者的同情与关爱，有如划破云层的闪电，闪亮在散发着泥土气息的诗行里。

如果要找出整本诗集的代表作，首推作者的近作《煤海航母》。这是一首有亮度、有力度、有深度，情感炽热、文字传神的作品。伊泰，这个改革大潮中催生的时代骄儿，是由一批鄂尔多斯高原上有理想、有抱负、有作为、有担当的热血汉子组成的创业集团。他们的领军人物，就是众望所归的张双旺。这个在鄂尔多斯高原的大山深处专门从事开掘“太阳魂”的群体，十分引人注目：“你就是火，你就是电，你就是光，你等待着把世界照亮！”国家级的标

杆企业，地方经济腾飞的龙头老大，灾区人民的可靠后援，医疗、教育方面的有力资助者，贫困老人的热汤热饭，干部职工的工资、补贴，都和伊泰密不可分。“背着大山踏遍大江南北、伊泰号巨龙飞驰阳光。”“鄂尔多斯的大山吆，染红了没有太阳的夜景！”“鄂尔多斯的五彩光环吆，在神州大地嗖嗖鸣响！”歌唱这样一个英雄群体，不用《煤海航母》来概括，还能用什么呢？伟大的业绩需要伟大的团队，伟大的团队需要统揽全局的统帅。作者在诗中写道：“休眠几万年，做了漫长的梦”。在伊泰号舵手张双旺“深思熟虑的神钟定准了方向”以前，历代的先贤名士中也不乏开采利用者，但那是一种零敲碎打的功夫、驴驮肩挑的规模，其目的无非是取暖、做饭，唯有生逢其时的张双旺，“你听到了大山下煤海的呼唤、你瞅准了紧缺的能源市场、你自信，孕育了理想，深思熟虑的神钟定准了方向！”由此，才使得鄂尔多斯的煤田，“有多少深沉的黑夜，就会开放出多少灿烂的光明！”对于这样的轰动性效应，国家和人民都做出了热烈的回应：“你听着东西南北送来的赞歌、全国优秀企业家的功名，那是煤海绽放的彩虹、全国劳动模范的勋章，那是太阳的一粒火星！航母的舵手啊，张双旺，人民甩开臂膀为你鼓掌！”这就是伊泰号的社会效应，这就是伊泰号收获的民心。金杯、银杯，不如百姓的口碑！这种厚积的民心、潜在的能量，是任何高超的计算机都无法计算的。把它用在伊泰号航母上，那就是无法估量的核动力。有了如此安全、高效的核动力航母，伊泰号的辉煌只会与时俱进，与日俱增。

万里的诗不是做出来的，而是流出来的，是生活的佳酿、情感的波澜、关爱的暖流。现实生活中的人和事汇聚成情感的激流，冲击着他写作的闸门，那支不愿闲置的笔，听任情感的驱使，把汇聚在胸口富有冲击力的素材，用文字一点一滴倾注在稿纸上，为读者津津乐道。

其实，他的创作过程就是“知”和“行”的过程。敏锐的头脑捕捉到生活的亮点，再经过思索、探究，深化出一个好主题，这就是“知”；把这样的材料书写成艺术品的过程就是“行”。“行”并不等同于简单粗暴的“做”，“做”是在艺术品中留下凿痕斧印，造成情感断裂、脉络不通，会影响作品的美感和社会效应。

生活中的一些凡人琐事经过万里的艺术点化，都鲜活生动起来，充满了昂扬向上的精神。他们渺小而伟大，寻常而超群，粗俗而深刻，清淡而醉人，让读者无不感到眼前一亮。《雨夜》《夏夜》《流淌的思绪》《在松林里作客》《岩松》等诗篇，都是这方面的精品。

万里作为文艺战线的一名新兵，在实践中正成长为合格的战士。作为思想前沿的哨兵，他关注着生活，践行着使命，书写着诗行。他的创作特点，我曾在《喷涌的激情，多彩的人生》一文中做过探讨，读了《高原青枫》，再增补两点：

一、恰到好处的夸张，构成了浪漫主义的基本格调。读他的诗，给人以豪迈洒脱、不达目的誓不休之感。如“我的脚步匆匆忙忙，很想让鱼竿套住太阳。”“我想把时光锁进一个皮箱，驾着美好的希望同时开放。”“我还要把时光提在手上，让光明的声音慢慢掠过。”作者用这种大胆的想象、浪漫的手法，把内心的真实情感准确无误地熔铸在诗的字里行间，奉献于读者面前，通畅、放达、天人合一，展示出深层次的感染力和社会的轰动效应。

二、经典性的议论，起到了揭示人物内心世界、深化主题的良好作用。如：“烦恼与缺憾，无聊与庸碌，权位与名利，享乐与懒惰，永远与你天各一方”。“鄂尔多斯的大山吆，染红了没有太阳的夜景。”“鄂尔多斯的五彩光环吆，在神州大地嗖嗖鸣响。”这些短小精悍、形象到位的议论，像大功率的电机喷吐出的串串银亮的火球，晶莹、亮丽、耀眼、可爱，既有光的亮度，又有热的温度，让读者在光与热的和谐中，品味着诗文的真善美，感受着作者心中的正能量。

步伐已经迈出，道路已经打通，期待作者开拓新境界，迎来新辉煌，为时代的主旋律增添强劲的音符！

# 黄土地的情歌
## ——读万里的诗集《北方的时光》有感

### 一

时间对年近古稀的万里来说，并不是富足的奢侈品。集董事长、总经理于一身的他，无论节日、假日，都在自觉的忙碌中度过：近三万平米的精装酒店需要管理好；几百人的员工队伍需要带领好；酒店形象要营造好；经营的品牌要维护好；对外要展示当代鄂尔多斯的新形象，对内要协调好相关部门融洽的关系；在经营活动中要替客户着想，在日常运转中要替员工着想……总而言之一句话，一年到头从早到晚连轴转。就在这样紧张琐细的忙碌中，他却毅然巡游在诗歌的最前沿，一旦进入创作状态，就如战士上了哨位般忠诚与坚守。佳作迭出，频频登上地方、省市、中央级的各类报刊，随处可见他带着热度的诗作。2012年以来，他三年出了三本诗集，并于2014年，加入了中国作家协会。难怪，连著名诗人敕勒川目睹这一切后感慨道：奇迹的另一个名字叫王万里！

这样的勤奋和丰收，不论从那个角度讲，都是令人吃惊和赞叹的。他的诗作涉及面十分广泛，凡是摄入视野的人和事，都是他审视的对象、探究的对象、发掘的对象、讴歌的对象。古老的万里长城、历史古都西安、革命圣地延安、如诗如画的草原，无不是他倾慕的对象、赞美的对象、书写的对象；即使一些生活在社会底层的人物，如看工地的农民工老大爷、拾破烂的大嫂，或是擦皮鞋的姑娘，也是他歌颂的对象。这些人虽然地位低下，却为点亮生活的瑰丽和提升城市的品位做出了不小的贡献。

字里行间，作者饱含寻根意识和黄土地情结，探寻先祖、父辈扎根的艰难困苦、落寞凄凉，揭示出他们背负着大山一样的重量和苦苦挣扎的人生画卷：

跪拜黄土地
祈祷田野山林
我血液中的因子
来自古老的根
——《郝家畔塔小村》

没有名字的山路
走着父亲的青春
每一个脚印
刻下生活的沉重
每一声咳嗽
震伤大山的肺腑

简单的生存
破窑洞那盏干涸的灯
不发光的哑巴
细碎的日子缝补枯萎的心
破瓷碗的豁口
残缺了几代人的梦
清汤里飘着的几粒小米

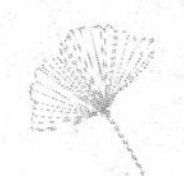



是一个孩子眼里发光的星星
顺着一粒小米的黄
我就能回到故乡
——《小米故乡》

如果说，《郝家畔塔小村》是作者在追寻远祖的根，那么，《小米故乡》则是寻找父亲为培育我们成长而扎在黄土地上的根。作者描摹这一素材时，情真意切，虽然只有两节内容，笔墨却很有力道。诗歌以父亲青春年代走的是没有名字的山路为话题，直白地告诉人们：父亲的生活环境是闭塞的、荒凉的、贫穷的、困苦的，他就在这看不见希望的荒山野岭扎下了养育我们的根。这样的诗句刻画出这样的画面，让人窒息，让人心痛，让人叹息不已。然而，更令人感到沉重的是，不仅是父亲一人在青春岁月走着这样的路，生活在旧中国成千上万的贫苦农民都在走着同样的路；不是一代农民走着这样的路，而是历朝历代贫苦农民共同在走这样的路。他们不分昼夜地出力流汗，风里雨里忍饥挨饿，苦苦挣扎，却永远看不到尽头，过一天算一天，走到哪步算哪步。这就是父辈的青春，这就是旧中国的农民，这就是残酷的历史。

在诗的第二节里，作者像一个高超的内科医生，用一支善于传情达意的笔，把父亲困苦的生活一点一点剥离出来，让人们看后不由倒吸凉气。父亲的生活环境极为恶劣：土窑洞是破的、麻油灯是破的、粗瓷碗是破的、梦想是破的、人心也是破的，清汤里飘的几粒米是一个孩子眼里的星星，孩子的心，也是破的。这样的根多么可怕！这样的根会长出怎样的苗？这样的苗会长成怎样的植被？作者饱含沉重地写道：

故土总有一把刀
让我心头滴血

故土总有那么些事
让我欲断肝肠
我一次次离开故乡
又一次次依依回望

苦水里长就的新苗牢牢地被打上了社会底层的烙印，这烙印恰如定格在星空的导航卫星，引导着作者关爱黄土地，关爱百姓，关注下层，和弱势群体心心相印。

## 二

草原是英雄的摇篮、剽悍的竞技场、北方民族古老的家园。万里在《北方的时光》中，带着投入的情怀、赞美的心态、昂扬的格调，写了一组草原诗，大气磅礴，清醒可爱：

与绿草亲吻
与星星对视
与牛羊一起
吞咽青草上的月光

这是一幅和谐的风景画。画面展现了一幅充满灵性的画卷：天地四方，无边无际，有亮点，有色彩，有情感，有梦幻，缥缈却又逼真。鲜嫩的花草、皎洁的月色，统统送入牛羊的胃袋，神奇而又诙谐。这就是作者创设的艺术境界。

草原是辽阔的，草原是神奇的，草原是美丽的，但最美的灵魂还是草原上

的人。作者在此处描写了一位马背上的姑娘，凸显了草原民族豪迈、勇敢、豁达、剽悍、乐观的民族特性和时代精神。需要特别指出的是，作者在描写该人物时，没有着力于外形的描写，也没有过细的文字雕琢，更没有运用夸张和比喻的修辞，而是以动态的形象为摹本，以抢眼的细节为抓手，以传神的文字为工具，如实记录："风甩碎了头发，你甩碎了宁静。"两句诗写活了飞驰在马背上的女骑手：她如风似电，一往无前；勇敢乐观，技艺高超，风甩碎的头发，就是动态的亮点！她把自己的形象定格在马背上，定格在草原上，定格在人们的心里。马背上的姑娘彰显着民族的特点、时代的风貌、草原的壮美。

《巴特尔的琴声》是作者以相同的手法写就的另一篇力作。巴特尔是乌审草原上的牧民，生在草原，长在草原，熟悉草原，热爱草原，他用心爱的马头琴赞美草原。草原是博大精深的：蓝天白云，广阔无垠，花红草绿，百鸟鸣唱，牛羊肥壮，骏马飞腾，要在琴声里表现这样丰富多彩的生活，绝不是一件轻而易举的事。而万里要把这样的演奏写成诗，更不是一件容易的事。作者在他的诗中，依然是把诗的灵魂种在生活的泥土里，方开出灼目的花朵："他的琴箱里装着疯狂的马群，和蓝天一样安详的白云。"这文字何等传神，何等有力，何等动人。希望作者在这条路上迈出新步伐，迎来新辉煌！

## 三

万里在《北方的时光》中，有一组写得很别致的情诗，深邃精微，入情入理，给人以有益的启示，不能不说上几句。爱情，是人类情感上最瑰丽的一颗宝石，具有敏感性、隐秘性和排他性，亦是各类艺术青睐的永恒主题。万里在处理该题材时，不躲闪、不回避、不忸怩作态，而是忠于生活，表现生活，并力求做到形象、深刻、准确、传神。这自然需要作者拥有创作勇气和极深的艺术功底。

顾名思义，相恋的场所，即为情场。情场的一切景物都渗透着男女双方的柔情蜜意，不论树木、荒草、微风、月光，在相恋者的心中，都是充满诱惑而神秘的。如果能捕捉到对方存在的线索，不论是脚步声、背影，抑或眼神，都是让人心旌荡漾的。

从形式上看，这些诗篇幅短小，相对独立，每首诗仅由三小节组成；句式明快，结构紧凑，内涵却异常丰富，需要认真研读，仔细品味，才能理解诗的深意。如《守住爱》这首诗，起始是："关闭世界，给太阳再穿衣一条短裙。"作者以积极浪漫主义的手法，把人类的爱情活动扩展到世界范围来考察它的普遍性和重要性。因为人类的情爱活动具有排他性和隐蔽性，因此，作者写青年男女相恋的基本条件是"关闭世界"。如果说，这四个字是从人类社会存在的广度上来考察爱情的，那么，诗的第二句则是从时间的长度上来检阅爱情的持续性。爱情在人类社会一刻不停地延续下来，没有爱情活动，就没有人类自己。为了保持爱情的温度与持久力，作者关切地写道："给太阳再穿一条短裙！"真是浪漫至极，又不失诙谐啊！至于诗行中间的句子，同样需要仔细琢磨，这里不一一赘述了。

人类应当怎样相爱？这是作者在诗中展现的第三个亮点，也是爱情的至理名言："要一寸光阴一寸金地爱！"这是爱情的底线，也是人品的底线，彰显了作者坦率的爱情观。

以上几首诗都是独立成篇，但仔细思索，彼此却又一脉相承，融为一体，透着一股的凝聚力。如果说，《守住爱情》是几首诗的诗眼，或者说，是几首诗的总纲，鲜明提出了爱情的三大亮点：一、爱情是人类永恒的主题；二、爱情是心与心的交流；三、真的要一寸光阴一寸金地去爱。《你的身影》似乎和上一首诗存在着自然的衔接，写的是青年男女的恋爱过程。诗中出现了他们约会的场景，静默的树林、茂密的野草，晶亮的星星、素雅的月光伴着他们火热的情怀。他们彼此寻觅，苦苦等待，猜测、焦虑、判断、多疑，这种种情愫伴随

漫长的相恋过程，此时的甜蜜则需要用心体会。《那句压在枕头低下的话》写的是男女双方对婚后生活的珍视和深情表白。这里有娇羞、有倾诉、有期待、有梦幻，巧妙地呼应了《守住爱情》中标出的三大亮点，使得一组爱情诗互相衔接，完美紧密，收到了很好的表达效果。

如果把《北方的时光》和已出版的诗集做比较，不同处自然不少，其中最明显就是在《北方的时光》中，作者往往把生活中的人、事、物直录为诗句，排列在诗行中，成为一首诗的有机组成部分：

少年、青年、中年、老年，
都是一闪而过的无名小站。
——《走进秋天》

火红的是桃花、杜鹃花，
雪白的是梨花、山茶花，
金黄的是油菜花、松树花
粉红的是菜籽花、樱桃花
——《田野》

废纸片、塑料杯
破布条、矿泉水瓶
垃圾堆说“没用”
她却当珍品
——《拾荒的大嫂》

这些诗句颇接地气，亲切自然，公信力强，可信度高，贴近读者的思想感情，人们爱读、爱议、爱背、爱记、爱品味，影响大，效果好，甚至茶余饭后也要读上几行，是最好的精神消遣。

万里的诗能写到现在的水平，究其原因，还是其受到现实主义创作手法的影响，在正确的文艺理论指引下，艺术功底日见扎实，驾驭材料的能力日见提高，对诗歌艺术更加热爱，充满自信，就现在的创作势头而言，相信万里会拿出更让人眼前一亮的好作品。

# 第五辑　探微

造一座恒久的桥梁，
把文字的手工艺，
从古人手中接过来，
传递给后人，
这就是教学研究的探索。

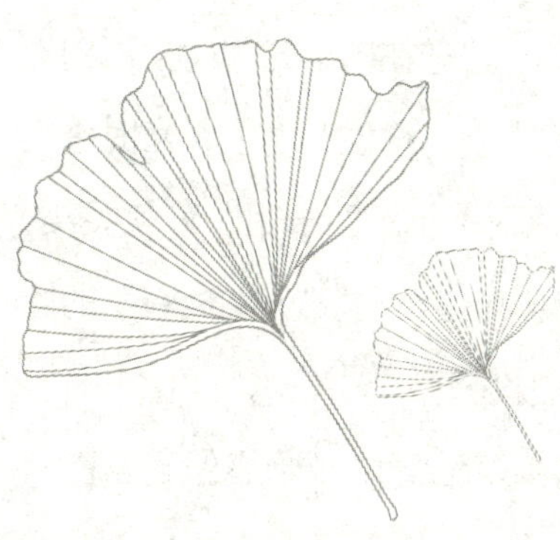

# 对比突出中心，细节丰满人物
## ——《鸿门宴》教学琐记

司马迁的《史记》被鲁迅先生赞为“史家之绝唱，无韵之离骚”，影响了历代的炎黄子孙。人以文传，也稳稳定格了其备受尊崇的历史地位。

作为文学家的司马迁，在写人叙事、表现重大历史事件方面，可谓技法精妙独到。这里仅以《项羽本纪》中的《鸿门宴》为例，略作说明。

该事件发生在公元前二〇六年的十二月，是秦王朝灭亡后，刘项两个军事集团斗争的必然产物，亦是长达五年之久的楚汉相争的序幕。政治斗争常常涌动着难以觉察的暗流。就在双方关系微妙的关键时刻，暗藏在刘邦集团内曹无伤给项羽送来一条爆炸性消息：刘邦要在关中称王，以子婴为宰相，珍宝尽归他占有。这是一根导火索。作为反秦主力军统帅的项羽，自视英武盖世，人莫出己，一肚子的踌躇满志。听了这样的消息，当然要把这一苗头扼杀在萌芽中，于是立刻下令：“旦日飨士卒，为击破沛公军。”就这样一句话，项羽的地位、实力、志向、性格活生生地呈现在读者面前。刘项之间的权力斗争骤然浮出水面，大战一触即发。当时，项羽的军队四十万驻守在新丰的鸿门，项羽本人又是“力拔山兮气盖世”的最高统帅，以他的实力、地位、性格，当时应无人能阻止他的行动。刘邦的十万军队驻在坝上，两军相距四十里。危急关头，司马迁以对比的手法突出了中心，用细节丰满人物，达到了“无韵离骚”的妙境、“史家绝唱”的巅峰，为后人留下了宝贵的史料。

先看刘邦集团，在危机的发生、发展、高潮、结局中，始终做到君臣一致，众志成城，有勇有谋，配合默契。刘邦的危机公关也做得好，务实细致，不拘礼节，只要是有利于平息战火，保存自己，求得发展，逆耳的忠言也听得十分上心。他善于抓住项羽的弱点，因势利导，步步为营，最终化险为夷，清除了隐患，求得生存与发展的空间。再看反秦主帅项羽，面对重大事变，显得简单急躁，拒纳忠谏，妄自尊大，遇事不决，为人利用而不醒，白白错失了除掉刘邦的天赐良机，导致了可悲的下场。现具体地分析一下刘项二人：

在灭秦战火硝烟初散之际，项羽接到刘邦要在关中称王的情报后，当即下令：明日发兵，击败刘邦。项羽作此反应合情合理，问题是，这样带有全局性的大事，他既没和文臣武将商讨，也没制定相对应的具体战略、战术，甚至在最起码的战略部署都没有的情况下，贸然下令，发动战争，项羽简单短视、独断专行、不顾后果的性格可见一斑。性格决定命运，在“上兵伐谋”的战争年代，项羽的失败是必然的。

再看鸿门宴。本来这是除掉刘邦绝好的机会。这一点，连一介武夫的樊哙都看得真切，愤然出言：“人为刀俎，我为鱼肉，何辞为？”而项羽受了刘邦的蒙骗后，在范增“举所佩玉玦，以示之者三”的紧要时刻，当断不断，“默然不应”，尽显妇人之仁，直至刘邦逃回军营，项羽还糊里糊涂地追问：“沛公安在？”如此细节充分显示项羽此人优柔寡断，在关键时刻坐失良机。这也预示着他最终将吞下失败的苦果。

刘邦成功脱逃后，为进一步麻痹项羽，稳住局势，留下张良给他送的“白璧一双”。当确切得知刘邦已虎归深山、龙游大海，除刘计划彻底破灭时，项羽竟毫无反应地接受了礼品，放在座上。这些细再次反映了项羽轻信谎言、被人利用、一错再错、大梦难醒的弱智心态。可惜怀有盖世武功，最终只能是个悲剧人物。

反观刘邦。当张良把项羽攻打过来的消息告诉他时，刘邦的第一反应就是：“为之奈何？”张良首先想到的是军事抵抗，问刘邦自觉军事实力较之项羽如何时，有一个很好的细节透露了刘邦的心理：“沛公默然。”刘邦的这种“默然”和项羽在宴会中的“默然”绝不是一回事。他在自己谋划的同时，再次急切地问张良：“且为之奈何？”这极好地表现了刘邦在危急关头，始终保持头脑清醒，充分信任战友，化不利为有利，终于迎来一个有利的局势。

再看刘邦在宴会中的表现。座次排定，谈话中他只说和项羽共同作战的战斗友谊，敬畏对方，约束自己。谈到夺取政权这个要害问题时，他也是文过饰非，欺骗对方：“今者有小人之言，令将军与臣有隙。”轻飘飘几句话，瞒天过海，麻痹对方，从根本上解除了项羽对自己的警惕。由此看来，刘邦此人城府极深，善于抓住对方的弱点，最终毫发无损地保全自己，赢得发展的时间与空间。

宴会后，刘邦仍担心项羽心生疑窦，遂留下张良给项羽送礼，自己回到军营，“立诛曹无伤。”这样的细节表明这场完全由项羽掌握主动权的宴会，最终被刘邦成功逆袭。其原因正如兵法上所说：“知己知彼，百战不殆。”这也和最高统帅的综合素质、决策水平，以及基本性格等息息相关。鸿门宴，这场看似给刘邦带来灭顶之灾的危机，却带来了料想不到的结果。楚汉相争以此为始，不正昭示了必然的结局吗？

再看刘项两个集团的主要谋士。

先看项羽集团的范增。此人权位高、谋略深，对当时的国内矛盾洞若观火，也深谙解决之道，被尊为“亚父”，足以看出他在项羽集团中的地位和影响力。得知项羽发出马上攻打刘邦的作战命令时，范增感到此举抓住了一战定天下的核心问题：解决了刘邦集团，就是解决了夺取全国政权的最大障碍，是一个事关全局的举措；但他深知项羽的性格弱点：此人勇则勇矣，但在很多关键时刻，当断不断，坐失良机，甚至一失足成千古恨。为坚定项羽攻打刘邦的信念，他选了两件极典型的小事劝谏项羽：其一，“沛公居山东时，贪于财货，好美姬，今入关，财物无所取，妇女无所幸，此其志不在小。”此言揭示的本质和曹无伤密报的内容如出一辙，坚定了其速灭刘邦的决心；其二，范增曾派

人看到刘邦头顶的云气，“皆为龙虎，成五彩，此天子气也，急击勿失。”两件小事极具煽动性，项羽要夺取全国政权，必须尽快决战，干掉刘邦，掌控全局，否则后患无穷。范增的精明、老练、坚决、果断，由此可见一斑。他牢牢抓住了事情的本质。唯一的悬念就是项羽如何采纳忠言、处置大事了。

灭刘战争没有及时地打起来，使范增的谋划受挫。随着局势的发展，更好的机会降临了。精明的范增觉得借宴会之机杀掉刘邦，比在战场上兵戎相见更省力省时，容易得手。于是，他约定暗号，埋伏下刀斧手，选定时机，只要项羽点头，范增摔盏，就立即杀掉刘邦。这一计可谓天衣无缝，用心良苦。宴会的座次刚刚排定，范增就觉得事不宜迟，果断给项羽发暗号：“举所佩玉玦，以示之者三。”形势突变，杀气腾腾，只要项羽点头，刘邦就退出历史舞台了。而此时的项羽轻信谎言，难以决断，面对生死抉择，居然“默然不应”。这段描写生动展现了项羽当断不断的妇人之仁，如此心态，岂能不败？紧急关头，范增果断行事，径自找来项庄，以舞剑为由，“因击沛公于坐。”此时，宴会之上，刀光剑影，杀气腾腾。范增已十拿九稳，力除刘邦。谁知，项羽集团内的另一个重量级人物项伯也拔剑起舞，在浓浓的血腥味中用身体处处护住刘邦。范增再精明，怎么能想到这一层？范增可以杀掉刘邦，但不能杀掉项伯。在瞬息万变的鸿门宴上，刘邦到底如漏网之鱼成功脱逃了。范增的谋略彻底失败，这也为项羽的最终失败埋下了伏笔。

宴会后，范增如何也接受不了这功亏一篑的失败。当张良把“玉斗”一双送到项羽面前时，一个细节极好地表现出范增的愤怒与失落：“唉，竖子不足与谋，夺项王天下者，必沛公也。吾属今为之虏也。”看似安排得滴水不漏，却落了个竹篮子打水一场空，老谋深算的范增怎能不怨愤呢？

再看这次事件中张良的表现。项伯来送信，说项羽要来攻打，劝刘邦尽快离开时，张良巧妙地以项伯的为人准则封了他自己的口：“臣为韩王送沛公，沛公今事有急，亡去不义，不可不语。”简短的两句话巧妙地刻画出一个抓准要害、善于周旋、顾全大局、以身相许的谋臣形象。面对危机，张良协助刘邦结识项伯，并保持彼此融洽的关系，这对刘邦太重要了：其一，可以从项伯口中得知项羽集团的军事机密；其二，只有项伯这样重量级人物才有可能扭转战争的走向；其三，只有项伯才能把刘邦那些奸诈欺骗的谎话传给项羽。事实上，项伯回去后，除如实背诵了刘邦的谎言外，自己还补充了两条："今人有大功而击之，不义也，不如因善遇之。"就这样，峰回路转，经张良的运筹帷幄，巧妙周旋，终于扭转了局势，取得了出人意料的初步胜利。

张良在宴会中的表现也可圈可点。其他三个重量级人物都是坐着入宴的，唯有张良是"西向侍"。会场明里暗里都是项羽的人。刘邦身边的这个"侍者"就是侍卫总长。座次刚定，范增就连出奇招，美酒宝剑相继奉上："其意常在沛公。"危急关头，张良果断招来猛士樊哙。樊哙入宴前，刘邦的处境堪危；樊哙入宴后，项羽集团的人同样受到威胁。连在场的最高统帅项羽都是"按剑而跽"，只差一步跳起来参战了。就在杀气腾腾的乱局中，樊哙成了关注的焦点，刘邦乘机以上厕所为名，和张良悄然撤出宴会，脱离险境。这时的张良沉着老练、滴水不漏，闯过了范增设下的重重杀机，夺回了宝贵的转圜余地。张良最大的成功就是保全了刘邦的性命。

宴会后，君臣商议停当：刘邦逃回坝上整顿内部，张良留下继续灭火。确保刘邦已回到军营后，张良才回到宴会。项羽追问："沛公安在？"张良继续迷惑他："沛公不胜杯勺，不能辞。"并语带反击道："闻大王有意督过之，脱身独去，已至军也。"巧妙地把刘邦逃离的责任完全归于项羽的"有意督过"，这正是张良推脱责任、消除口实、稳住项羽的重要一环。凭着过人的机敏、巧妙的安排，张良出色地完成了任务，彻底扭转了局势，取得了完全的胜利。

再看项庄和樊哙。作为斩仇杀敌的项庄，就其在《鸿门宴》中的表现来看，心不能说不忠，礼不能说不到，对刘邦不能说不恨，剑术不能说不精，但在项伯的翼护与威猛的樊哙面前，终功亏一篑，饮恨败北。樊哙呢？人未入

场，先声夺人。这里有一组极好的细节，声情并茂地展现了他勇猛刚毅的性格、文武皆备的情怀：一、樊哙到了军营门，“交戟之卫士欲止不纳，樊哙侧其盾以撞，卫士扑地。”传神的文字展现了其超常的勇猛，令人咋舌；二、进入宴会场的樊哙正好面对项王，作者描绘其形象是“头发上指，目眦尽裂”，一副威风凛凛、无敌金刚的架势，见状，连项羽都吃惊地准备参战了；三、听了项王“赐之卮酒、赐之彘肩”的命令后，侍酒的故意给他拿了一大盅，樊哙毫不谦让，举着大酒盅，“立而饮之”，又给了一条生猪腿，樊哙也是拔剑“切而啖之”，举手投足彰显着豪气与刚毅；三、他怒斥项羽对刘邦的谋杀是“劳苦而功高如此，未有封侯之赏，而听细说，欲诛有功之人，此亡秦之续耳。窃为大王之不取也”。这段话酣畅淋漓，义盖云天，置项羽于不仁不义之地，最终协助刘邦脱离险地，回到军营，其功难以估量。

在这次宴会中还有两个人物，值得一提：曹无伤和项伯。两人都出卖了自己集团的最高机密情报，是事情的始作俑者。曹无伤身居刘邦集团左司马的高位，却把刘邦“欲王关中”这样的绝密情报送到项羽手上，险些送了刘邦的人头，对项羽来说，功劳可谓不小。但项羽为人粗疏直率，不懂策略，轻信刘邦的巧言，竟把曹无伤给出卖了，致使刘邦脱逃后办的第一件事就是“立诛曹无伤”。项伯是刘邦以卑辞下礼、拉拢欺诈的手段，在项羽集团内搞定的一个举足轻重的大眼线。他直接扭转了战争的走向，救刘邦于虎口，事后仍然活跃在项羽左右，发挥着巨大作用。

两个密探的命运也受大局的影响。而左右大局的是双方决策层的最高统帅。最高统帅对全局的掌控、认识、判断以及不同的处事风格，不仅决定着具体人物的命运，也决定着国家民族的兴衰、社会的走向、个人对历史的贡献和历史对个人的定位。这一切都由司马迁通过缜密的细节、对比的手法、传神的妙笔表现出来。我们不能不赞叹其兼具思想家的深邃与文学家的高明，并融会贯通，自成一派。

# 连接巧妙，细节逼真
## ——《群英会蒋干中计》教学琐记

三国的人物已成为历史的美谈，三国的争锋已融入时空的云烟。然而，由于一部《三国演义》的存在，使得其中的历史人物永恒地定格在人们的心中，或赞美不绝，或贬斥绵延。究其原因，就在于罗贯中揣透了生活，揣透了事件，揣透了人物，然后以虔诚融入的心态、爱憎分明的情感，过硬逼真的细节、准确无误的语言，或记、或议、或评论，使那些久远的人与事，世代鲜活于民间。现在就以《群英会蒋干中计》一节为例，略做说明。

本文出自《三国演义》第四十五回，原题为《三江口曹操折兵 群英会蒋干中计》。这次战役中，曹操用兵的基本特点是先文后武，先礼后兵，先以外交手段胁迫，无效则大兵压境，刀枪杀戮相见。

此前，曹操兵临襄阳，刘琮水陆兵将二十八万人，不战降曹。此时曹兵势大，号称拥兵百万，水陆并进，顺江而下，欲吞并东吴，完成南北大统。吴主孙权听从诸葛亮和以周瑜为代表主战派的劝告，决心抗曹。

当时的曹操是“挟天子以令诸侯”，声威并重；不少争锋者对其则耿耿于怀，认为他“托名汉相，实为汉贼”，就是要和他较劲抗衡。

罗贯中把群雄争锋的重大事件以时间先后为顺序，以典型的细节为材料，编织成诱人的故事，展现了剧烈的矛盾冲突和社会动荡，塑造了一大批有血有肉有思想的人物，产生了广泛的社会共鸣。这是三国人物常看常新的一个重要原因。且看《群英会蒋干中计》中的情节安排：

大战在即，曹操派人给周瑜送来战书。且不说内容如何，单就信封，赫然写就“汉大丞相付周都督开拆”之字样，曹操的骄横狂妄可见一斑，其意在震慑周瑜，逼他束手就擒，不战降曹。周瑜接了来信，深知其用意，深感震怒，对来信“不看”“扯碎”“掷于地”“喝斩来使”，并将人头送与曹操。连续的动作体现了周瑜誓败曹兵的决心，遂爆发了三江口战役。

战前，盛怒的曹操命蔡瑁、张允等一班荆州降将为前部，自为后军，催督战船，进军三江口。大战在即，此时东吴的战船是“蔽江而来”，其势、其众、其威、其猛，令人望而生畏。作者以精雕细刻的手法来分写这场决定中国前途命运的战场较量：东吴的三路战船中，首先亮相的是甘宁。面对水陆并进的曹军，他稳坐船头，威风凛凛地大呼曰：“吾乃甘宁也！谁敢来与吾决战？”刀兵阵前，神态自若，精神面貌占尽上风；蔡瑁见此阵势，须知下死力作战，便命其弟蔡熏迎战。两船相近，甘宁拈弓搭箭，蔡熏应弦而倒。战船初交，先杀大将，挫敌锐气，令敌胆寒。随着甘宁的一箭毙敌，接踵而来得是吴兵的万弩齐发，曹军不能抵挡。在此紧要时刻，作者又写了东吴的另外两路战船：左边蒋钦，右边韩当，直冲入曹军队中。三路战船令曹军挡不胜挡，防不胜防；千钧一发之际，周瑜又亲自催船助战，其勇猛的气势完全压倒了不可一世的曹操。从巳时一直杀到未时，大战五六个小时，曹军大败，中箭着炮者不计其数。

三江口战役重创了曹军，也打击了曹操骄横的心态。在外交与正面战场均告失利的情况下，曹操找不到取胜的途径，开始向谋臣讨主意：“吾当何计破之？”此时，蛰居曹营幕宾的蒋干抱着出人头地的梦想，以为眼下正是露脸的好时机，凭着自己与周瑜的同窗之谊，壮着胆子面禀曹操：“愿凭三寸不烂之舌，往江东说此人来降。”这正是曹操所喜、蒋干所望、周瑜所盼的一件妙事。由此，又展开了双方新一轮斗智斗勇的外交战略。

《三国演义》总是用典型的细节来突显人物的性格。这一特点，在这次外交活动中也得到淋漓尽致的体现。此次外交从三个层面展开：一、周瑜帐外的初次相见；二、群英会酒宴交锋；三、周瑜卧室内的较量。三个场合的叙述看似平常，却蕴藏看不见的刀光剑影、听不到的雷鸣闪电。在这场较量中，周瑜胸有成竹，谋略过人，处处掌握着斗争的主动权，给人以深刻启示。

首先，看帐外相见时周瑜眼中的蒋干："引一青衣小童，昂然而来。"这样的细节活画出蒋干背靠曹操的雄兵百万，腰杆硬、胆子壮、底气足，一副居高临下的气派，一腔不屑一顾的狂妄，妄图在精神上压倒周瑜，进而施展劝降谋略，蒋干的志气不可谓不大。再看蒋干眼中的周瑜："引从者数百，皆锦衣花帽，前后簇拥而出。"这样的描写是在给蒋干传递一个信息：此时的周瑜已不是"同窗好友"时的周瑜了。再看两人见面后，干曰："公瑾别来无恙。"这句话既陈旧又迂腐，也包藏着顺势而进的祸心。面对蒋干"犹抱琵琶半遮面"的试探，周瑜的两句话如闪电穿云般干净利索地揭穿了蒋干的真面目：其一，"子义良苦，远涉江湖，为曹氏做说客耶？"其二，"吾虽不及师旷之聪，闻弦歌而知雅意。"此种外交交锋，分量极重，震撼力极大，犹如两个角力的斗士，刚交手就让周瑜一推一拿，横掼在地，慌乱惊愕，不知所言，只好急不择言地冒出了一句："足下待故人如此，便请告退。"其委琐无智的形象令人哑笑。如此韬略，岂是周瑜的对手？瑜笑而挽其臂曰："吾但恐兄为曹氏做说客耳。既无此心，何速去也。"这句话连得极巧：其一，大战在即，周瑜对任何来充当说客的人都予以坚拒，这是一个基本的立场。其二，蒋干想以老同学的关系为掩护，远道而来利用周瑜，周瑜同样想以老同学的关系利用蒋干。因而，在谈话接近破裂时，"笑而挽其臂。"这样的表现对双方来说都十分必要。斗智场上，周瑜的头脑何等清醒，手腕何等灵活，进退何等自如！其三，蒋干心存侥幸，想使尽手段，取得成功；而周瑜更是想借此机会，下死功夫，达到除掉蔡张、打败曹操之目的。因而，这句话为双方深层次的较量做了坚实的铺垫。

第二个重要的外交场合是周瑜欢宴蒋干的群英会酒场。表面看，周瑜对远道来访的老同学情深义厚，礼节隆重，相待真诚，气氛融洽；实际上，他对蒋干的所作所为洞若观火，心知肚明。饮酒前交锋的三个细节犹如三条绳索，把蒋干的手足结结实实地捆了起来，叫他有口不能言，有手不能动，有脚不能走，乖乖听任周瑜的摆布。且看酒宴的安排：其一，本是欢迎老同学的酒宴，周瑜却叫来江东的群英作陪。表面看，规格高、面子大、情意重，实际上，周瑜是要借此举封死蒋干的口，让他的劝降计划胎死腹中。其二，用语言封蒋干的口："此吾同窗契友也。虽从江北到此，却不是曹家说客，公等勿疑。"如此先发制人的言语，逼得蒋干如鲠在喉，只好落个听天由命，一任周瑜的摆布。其三，遂解佩剑付太史慈曰："公可佩我剑做监酒，今日宴饮，但叙朋友交情，如有提起曹操与东吴军旅之事者，即斩之。"如果说，前两条还是"软约束"，蒋干说不准还和他的老同学有耳语暗叙的机会，那么，这一条就是"生死硬件"了。这条酒规意在警告蒋干：说话前，先想想自己的脑袋。如果说这是一场绝妙的好戏，此时的蒋干不是戏中的主角，而是一名不懂戏文、呆头呆脑的看客；如果说这是双方暗中的较劲，蒋干表现的是既无胆识，也无猛力，更无智慧，自己想要的不能到手，却对别人丢给自己的诱饵如获至宝。

在眼花缭乱的外交场合，周瑜打着"同窗友谊"的虚名和蒋干喝酒。觥筹交错中，同样以三点明白无误的事实告诉蒋干自己绝不降曹的底线：其一，"酒至半酣，瑜携干手，同步出帐外"，看威武的军队，看如山的粮草。这是在告诉蒋干：我兵精粮足，实力雄厚，绝不降曹。其二，用语言告诉蒋干自己为什么不降曹："大丈夫处世，遇知己之主，外托君臣之义，内结骨肉之亲，言必行，计必从，祸福共之，假使苏秦、张仪、陆贾、郦生复出，口似悬河，舌如利剑，安能动我心哉！"其弦外之音是：免开尊口！其三，周瑜以舞剑作歌的形式袒露自己人生的追求："丈夫处世兮立功名，立功名兮慰平生，慰平生兮吾将醉，吾将醉兮发狂吟。"实际上，这也是周瑜的人生座右铭、社会活动的底线、抗击曹操的准则。此诗的要害就在首句。在周瑜看来，人生短暂，要珍惜生命，生命的光焰绝不能像流星一样，在长空轻轻一划就永恒沉寂于消亡，而要在有生之年，利用条件，抓住机遇，建功立业，名垂青史。建什么样的功名呢？就当时形势而言，就是要坚决打败曹操，保卫东吴；就在当时的酒场而言，就是要严密地控制蒋干，借其来访巧用反间计，借刀杀人，除掉蔡张。愚蠢的蒋干对此浑然不知，只是在周瑜成套组合拳的攻击下，面如土色，招架不住，推脱说“不胜酒力”，并把外交斗争转到第三个场合：“在周瑜的卧室抵足而眠。”

如果说前两个情境下的斗争，蒋干还使了些花拳绣腿，是务虚阶段的探底与暗示，那么，在周瑜卧室的交锋，则是刺刀见红的近距离格斗。对双方来说，此役至关重要。蒋干希望借此在曹操面前能够自圆其说，力挽狂澜，不能有丝毫的漏洞与破绽；周瑜则希望以假乱真，借蒋干除掉蔡张。此前，周瑜的组合拳招招老道，那么在关键时刻，则又更加显得果断逼人。且看他们的表演：其一，“此时的周瑜佯装大醉之状……呕吐狼藉。”军中鼓打二更时，鼻息如雷。这是周瑜留给蒋干盗书的天赐良机；迂腐的蒋干不识是诈，乘机动手：“干见帐内桌上，堆着一卷文书，乃起床偷视之，都是些往来书信。内有一封，上写‘蔡瑁张允谨封’。”蒋干见了，吃惊不小，如获至宝：终于拿到了立功的绝密！其二，蒋干盗了此信，欲检看他书时，床上的周瑜有了动静，口内含糊曰：“子翼，我数日之内，叫你看曹贼之首！”这些醉后真言更令蒋干深信不疑，也显示出周瑜深厚的谋略功夫和恰到好处的策略。其三,四更后酒醒的周瑜懊悔曰：“吾平日未尝饮醉，昨日醉后失事，不知可曾说甚言语？”这种酒场前后连贯合理的表演，使蒋干更加确信搞到手的是真家伙，当务之急就是安全地把它尽快送到曹操面前，求得大功告成。其四，周瑜出帐说话，“干窃听之，只闻在外有人曰：张蔡二都督道，急切不得下手……”此时的蒋干喜出望外，急急忙忙跑回去，成为周瑜密谋之借刀杀人妙计的神助攻。

以上细节，或是人物的只言片语，或是生活中的举手投足，或是随意的一颦一笑，无不准确传神地刻画出人物的情态、素质、抱负、性格、追求，以及

韬略，再加上作者把那些重大的历史事件跌宕起伏地联系起来，在读者心里留下重重悬念，因而使得三国故事、三国人物在读者那里常看常新，世代相传。这是值得广大文学爱好者思索、总结、传承、发扬的。

# 环境描写与林冲的忍
## ——读《林教头风雪山神庙》有感

长久以来，文学界把人物、环境、情节作为小说的三要素。在《水浒》这部作品中，有不少环境描写占有特殊重要的地位，甚至左右着人物的命运走向、性格的转变，以及斗争结局。这里仅以《林教头风雪山神庙》为例，略做说明。

《水浒》这部反映北宋末年农民起义的小说描述了一百〇八位有名有姓、性格分明的英雄。尽管他们的性别、年龄、身世、观念各有不同，但共有一个基本点：都走上了一条“官逼民反”的无奈路。其中身为东京八十万禁军教头的林冲，更是走了一条“欺、忍、逼、反”的不归路——不反也得反，给人留下了太多的沉思与感慨。在敌人必欲置其死地的毒害中，自然环境，也就是文题中的“风雪”二字，直接改变了斗争的地点、斗争的结局、人物的命运，很值得我们借鉴、继承、发扬。

林冲这位响当当的水浒英雄，就其人品、武功、声誉而论，都值得世人敬重有加。然而，在他身上最无法理解的就是在奇耻大辱面前，表现得过分宽容、过分退让、过分委曲求全。且看书中所叙：其一，林娘子于二月二十八日在岳王庙被人公然调戏，使女急得四下里找林冲。就在妻子疲于招架之际，林冲赶到，“把那后生肩胛骨只一扳过来，喝道：‘调戏良人妻子当得何罪？’”恰待下拳打时，认得是本管高太尉螟蛉之子高衙内，先自手软了。这是普通百姓都无法容忍的耻辱，林教头居然忍了。其二，林冲被诬为刺客下狱之后，高

俅要置林冲于死地的阴谋没有得逞，陆虞候又买通押送的公人，要在半路害死林冲。危急时刻，只听松林背后雷鸣似的一声，一条铁禅杖飞将而来，把董超薛霸的水火棍一隔，丢去九霄之外，跳出一个胖大和尚来，喝道："洒家在林子里听你多时！"疾恶如仇的鲁智深当即要杀掉两个恶吏，林冲却先自求情，一再为其解脱，要留下他们的性命。对敌手这样宽容，令常人难以理解。其三，高俅集团对野猪林逃脱性命的林冲并不松手，刺配沧州后，买通管营和差拨，要密谋害死林冲。这样的讯息是李小二分为五点准确地传递给林冲的：一、东京来了两个尴尬人；二、请管营和差拨吃饭；三、口中呐出"高太尉"三个字；四、差拨说：只管在我两身上，好歹结果了他的性命；五、莫不是与恩人有些干碍。由此看来，敌人在紧锣密鼓中已密谋就绪，目的明确，手段狡诈，结果凶险。在如此险境中，林冲和老军交割草料场时，仍然在说着："火盆、锅子、碗、碟，都借与你。"这究竟是为什么？细想，似乎可以归结为两点：其一，根深蒂固的忠君思想主导着林冲的人生：《水浒》中，写其落草前后身上的闪光点时，始终围绕着他超群的武功、震敌的搏杀，以及必胜的战果。每临战场，不论对手是谁，他那杆神枪总是虎虎有生，八面威风，然而细察其言论，既不像武松那般浑身是胆、疾恶如仇，亦不像鲁智深那般善恶分明、义盖云天，更不像李逵那样，京城敢闯，高官敢杀，皇帝敢骂，通身洋溢着一反到底的豪情。之所以有这样的不同，是因为林冲严格按照"君君臣臣、父父子子"的封建思想行事，不仅不敢反皇帝，就连高俅这样的恶官，在他到了沧州后仍对其敬重有加，说自己"恶了高太尉"，委曲求全，逆来顺受，让人满肚子的不舒服。其二，立场不同。犯事前的林冲有较高的社会地位、稳定的收入、温暖的家庭、贤惠的妻子，虽不像扬志是三代将门之后，只能效忠朝廷，求个封妻荫子，但林冲的行动受制于已有的生活规则，难以逾越。基于以上两个原因，导致林冲形成一忍再忍的精神状态和性格特点。

这种委曲求全会得到怎样的结果呢？事实证明：林冲不死，逼害不止。林冲九死一生刺配至沧州后，陆谦与富安尾随追来，用厚礼重金为钓饵，封官许愿为手段，买通了管营和差拨：好歹要结果林冲的性命！然而，真如《三国演义》中诸葛亮所言："谋事在人，成事在天。"就在阴谋即将得逞之时，"正是严冬天气，彤云密布，朔风渐起，却早纷纷扬扬，卷下一天大雪来。"作者这里用的是立体描述，由上到下，由近到远，由静到动，将风雪的严寒和人事斗争交织在一起，构成一幅苍凉、悲壮的画卷。风雪骤至，环境发生了改变：一、林冲仰面看草屋时，四下里崩坏了，又被朔风吹撼，摇振得动；烤了一回火，觉得身上寒冷，寻思："却才老军所说，二里路以外有那市井，何不去沽些酒来吃。"林冲在明处，敌人在暗处。敌人密谋要在草料场烧死林冲，只因风雪紧逼，才使得林冲因草屋倒塌来到山神庙。环境改变了人物的命运、生活的道路和忍辱负重的心理。二、行不上半里路，看见一所古庙，林冲顶礼拜道："神明庇佑，改日来烧纸钱。"林冲的虔诚再次表露出"忍"的心态。然而，这场风雪使得荒寂的山神庙成了林冲爆发的起始点、审判仇敌的公堂、报仇雪恨的战场、新生里程的转折点。三、林冲在酒馆里牛肉加烧酒的馋饮为其后一对三的较量中杀死仇敌、报仇雪恨，做了必要的物质准备；非如此，不足以孤身奋勇，消灭敌人。四、待林冲出了酒店，"飞也似奔到草料场门口，那两间草厅已被雪压倒了……恐怕火盆内有火延烧起来，搬开破壁子，探半身入去摸时，火盆内火种都被雪水浸灭了。"终于，生死斗争转移到了山神庙。林冲终于听到庙外三人说的九句话："这条计好吗？""端得亏管营、差拨两位用心，回到京师，禀过太尉，都保你二位做大官。这番张教头没得推辞了！""林冲今番直吃我们对付了，高衙内这病必然好了！""张教头那厮，三回五次托人情去说，你的女婿没了，张教头越不肯应承。因此衙内这病患看着重了。太尉特使俺两个央浼二位干这件事。不想而今完成了！""小人直爬入墙里去，四下草堆上点了十来个火把，待走那里去！""这早晚烧过八分了。""便逃得性命时，烧了大军草料场，也得个死罪！""我们回城去罢。""再看一看，拾得他一两

块骨头回京，府里见太尉和衙内时，也道我们能会干事。”这三人的九句话极符合人物的身份、地位、追求和理想。其中一、五、七句话是阴谋执行者——差拨的话。他自以为害死林冲功大，疯狂纵火有力，断其归路周密，因而踌躇满志，原原本本道出了密谋的全过程；三、六、八句是富安的话。这个见风使舵的小人，其主要职责是不失时机溜须拍马、鞍前马后逢迎效劳，借以掠取自己的私人利益；二、四、九句是陆谦的话。这个曾是林冲朋友的人，为让高衙内得到林冲的老婆，不惜背叛陷害朋友，还要捡上林冲的几块死骨头，回去向高求交差，其心之毒，常人难及。阴谋集团计算得很周到，就是没算到那场纷纷扬扬的大雪，没算到大雪把林冲逼到了山神庙。在三个人自鸣得意时，反让林冲清楚意识到，即使自己忍上一千次，敌人还会有一千零一次更加恶毒的暗害。此时的林冲忍无可忍，奋起斗争，杀死了仇敌，走向新生。自然环境为人物性格的涅槃，提供了最为有利的助燃。

# 《红楼梦》的人物描写
## ——《林黛玉进贾府》教学琐记

曹雪芹以其深厚的生活积淀、本色的人物描写、深刻的思想性、高超的艺术性，使《红楼梦》在世界文学史上独树一帜。书中塑造的不同层次、不同年龄、不同性别、不同身份的人物，无不神形兼备，呼之欲出。这些人物，有的详写，有的略写，有的单个写，有的集体写，有的实写，有的虚写，有的一笔带过，无不收到点石成金之效。这里就以《林黛玉进贾府》为例，略做说明。

本文选自《红楼梦》的第三回，原题为《托内兄如海荐西宾 接外孙贾母惜孤女》，以林黛玉进贾府为线索，第一次向人们敞开了贾府的大门，众多人物纷纷亮相。

贾母是贾府的精神领袖。出于她对外孙女的格外青睐，黛玉初入贾府便赢得万千宠爱于一身，尽管众人见她年貌幼小，却个个不敢怠慢。就在这种高规格的接待中，作者以电影特写镜头的方式，多层次、多角度，突出了贾府的实权人物王熙凤，将其恍若神妃仙子的外形和诡诈莫测的灵魂，毫厘不差地定格于读者面前。“我来迟了，不曾迎接远客！”人未出场，声音先至。这随意放纵的一声显示了王熙凤在贾府与众不同的地位、身份，以及和贾母不同寻常的关系，亦让黛玉吃惊地感到：“这些人个个屏声敛气，恭肃严整如此，这来者系谁，这样放诞无理？”其实，这是曹雪芹的精心安排：其一，精明乖巧的王熙凤明知贾母心里是极疼爱黛玉的，在黛玉已入贾府后才出场的她，唯恐自己在贾母心里失了分量，遂通过这一句响亮的暖话，显示了在疼惜黛玉这件事上，她和贾母是心意相通的，进一步博取贾母的好感；其二，她要让所有在场的人都知道，即使她在小事上有失当之处，也敢于在大庭广众公开认错，借以显示自己的胸襟坦荡；其三，随心所欲的语言显示了她在贾府的超然地位，进一步抬高了自己的身份。真的是一箭三雕，机关算尽，常人难及。再看王熙凤的肖像。作者以总分的手法，精雕细刻地描绘了其珠光宝气的外表和庸俗浅显的审美情趣。“彩锈辉煌，恍若神妃仙子。”这是黛玉对王熙凤的总体感受，再分层细看：“头上戴着金丝八宝攒珠髻，绾着朝阳五凤挂珠钗。”金光的亮丽、宝气的闪烁、奇巧的配料、超常的迷人，令人瞠目结舌。“项上带着赤金盘螭瓔珞圈。”头上是金饰玉，项上是玉饰金，显示了王熙凤狂热的拜金主义情趣与难以满足的私欲，这样的人手中的权力越大，为自己捞得就越多，不榨干贾府是不会罢手的。“身上穿着缕金穿花大红洋缎窄褃袄，下着翡翠撒花洋皱裙。”色彩迷人、质地轻软、图案雍容，若神仙下凡。通身金光灿烂、宝气迷离的王熙凤，其面貌也是极有特点的：“一双丹凤三角眼，两弯柳叶吊梢眉。”“丹凤”本是美丽的信号，而“三角眼”又给人以心术不正、阴险狠辣之感。“柳叶”本用以形容温婉大方，“吊梢眉”则给人深藏不露、凶险难测的惶恐。“粉面含春威不露，丹唇未启笑先闻”则活画出王熙凤当面一盆火，背后一把刀；当面说好话，背后使绊子的狡诈性格。不能不佩服曹雪芹的神来之笔。

这样一个年纪轻轻的少妇为何能爬到贾府的管理高层，手握实权呢？请看王熙凤的举止言谈。当黛玉弄清她的身份，以“嫂”呼之后，王熙凤有一系列小动作：一、携了黛玉的手；二、细细地打量；三、送至贾母身边坐下。三个小动作展示了王熙凤善于逢迎拍马的内功。她深知贾母疼爱黛玉，因而看似随意的几个小动作却收到了意想不到的讨好效应。贾母爱黛玉，怎么能不另眼看待王熙凤呢？随后，王熙凤又讲了三句话：一、天下真有这样标致的人物，我今儿才算见了；二、况且这通身气派，竟不像老祖宗的外孙女儿，竟是个嫡亲的孙女；三、只可怜我这妹妹这样命苦，怎么姑妈偏偏去世了呢？接着便用帕拭泪。三句话一句紧似一句地讨贾母的喜欢：因为贾母喜欢黛玉，王熙凤就乘机逢迎说黛玉是天底下才见到的标致人物；第二句话锋一转，由赞扬黛玉直接来恭维贾母，话的本意就是老祖宗才是天底下的标致人物；因为深知贾母痛惜黛玉母亲的去世，紧接着第三句就是悲语，并用手帕拭泪。这种机关算尽的溜须手段、滴水不漏的拍马硬功，贾府上下，谁人能及？

令人意想不到的是，面对王熙凤的精彩表演，贾母却说了三个“才”：一、我才好了；二、你妹妹远路才来；三、也才劝住了。这三句话一出口，王熙凤立刻“转悲为喜”，马上改口说：“正是呢！我一见了妹妹，心都在她身上了，又是喜欢，又是伤心，竟忘记了老祖宗。该打，该打！”逢场作戏的功夫、变换脸谱的本领，贾府众多人物，谁能比得上？难怪年纪轻轻的王熙凤能爬到贾府当家人的实权位置。下面回王夫人的两句话就是王熙凤身份的潜台词：一、“月钱已经放完”；二、“才刚带着人到后楼找缎子，找了半日，也并没有见太太昨日说的那样，想太太记错了。”可见，贾府的财权掌握在王熙凤的手中，只有她，才是贾府的实权人物。同时，这两句还语带机关：王熙凤要凭借手中的权力与王夫人的裙带关系，靠着贾母的庇护，一步步把贾府的财产据为己有。看似家大业大的贾府却涌动着腐败的暗流。

以上作者详写了王熙凤，对贾母、王夫人、邢夫人、李纨等人是略写，对迎春、探春、惜春三姐妹则是集体写，对贾赦则用虚写。

再看其笔下宝玉的形象。作者多层次、多角度地刻画了这个豪门大院中的异类角色。首先，他是通过黛玉的所见所闻来写的。王夫人对黛玉说：“我有一个孽根祸胎，是家里的混世魔王……”王夫人是拥护封建思想、封建礼教的代表人物，在她看来，自己唯一的亲生儿子是给贾府带来彻底毁灭的恶魔。他这种叛逆性格是与生俱来、不可教诲的，是不可雕琢的朽木，不可再造的废物：“他嘴里一时甜言蜜语，一时有日无天，一时又疯疯傻傻，只休信他。”其中的“日”和“天”在封建社会专指封建帝王。皇帝自称是“真龙天子”，说

宝玉"有日无天"，言外之意，就是说他连皇帝都敢反。即便是亲生母亲，仍认为这样的人终究要给贾府带来彻底的毁灭。宝玉人未登场，叛逆的性格已昭然若揭。黛玉的母亲也就是宝玉的亲姑姑贾敏对他的评价是"顽劣异常"，虽不似王夫人口中的"混世魔王"狠毒，但基本坐实了宝玉的天性。因此，当宝玉出现在黛玉面前时，作者采用的是先抑后扬的手法："这个宝玉不知是怎生个惫懒人物，懵懂顽童，倒不见那蠢物也罢了。"待见到宝玉时，作者又采用了总分的写作手法，总写是："头上戴着束发嵌宝紫金冠，齐眉勒着二龙抢珠金抹额……穿一件二色金百蝶穿花大红箭袖，登着粉底小朝靴。"出现在黛玉眼中的宝玉，富贵高雅、潇洒气派，散发出无限青春活力，着实招人喜爱。黛玉由不得细看宝玉的容貌："面若中秋之月，色如春晓之花。"黛玉是没见时不想看，见了面还想看，因而分开来一点一点细看："鬓若刀裁，眉如墨画，面如桃瓣，目似秋波，虽怒时若笑，即嗔视而有情。"在黛玉眼中，宝玉通体上下都是说不尽的迷人。因此，在宝玉换了衣服之后，从头到脚，再看第二遍："头上周围的短发，总编一根大辫，一串四颗大珠，用金八宝坠角。身上穿着银红撒花半旧大袄，下面半露松花撒花绫裤腿，锦边弹墨袜，厚底大红鞋。"这时的宝玉和外出回来时相比，别有一番俊美，而且是一种本色美、自然美、朴素美、青春美。

第三次对宝玉的描写则是通过两首《西江月》来概括的：

其一

无故寻愁觅恨，有时似傻如狂，纵然生得好皮囊，腹中原来草莽。潦倒不通世务，愚顽怕读文章，行为偏僻性乖张，那管世人诽谤！

其二

富贵不知乐业，贫穷难耐凄凉，可怜辜负好韶光，于国于家无望。天下无能第一，古今不肖无双，寄语纨绔与膏粱，莫效此儿形状！

这两首彰显了宝玉对封建礼教之虚伪性、欺偏性的彻底背叛，亦是封建阶级对贾宝玉彻底绝望的判决书。在他们看来，贾宝玉是疯子、傻子、狂徒，是不可雕刻的朽木。如果说这两首词和王夫人的评论有什么不同的话，一个偏重于家，一个是家国兼顾，一个是口头语言，一个是书面语言，就其本质而论，如出一辙。

作者对另一个悲剧人物林黛玉的描写，则采用了由总到分、由形到神的手法。从她那“娴静时如娇花照水，行动处似弱柳扶风”的形，写到她“泪光点点，娇喘微微”的神。在宝玉眼中，黛玉同样是一个机敏过人、多愁善感，既有丧母之痛，又有饱受封建礼教束缚的灵魂。她细心观察着贾府的人事，随时矫正自己的言行，令自身“态生两靥之愁，娇袭一身之病”。宝玉认为这样的志同道合者可遇而不可求，遂以“颦颦”二字做她的表字，感喟幸遇知己。

《红楼梦》中刻画了众多呼之欲出的人物，全赖作者和生活中的人物朝夕相处，耳濡目染，其秉性为人、情趣爱好，悉记于心。刻画人物时，或突出其个性，或交代事件因果，或厚重有力，或让人神思畅想，采用不同的手法，写活了贾府里里外外、上上下下、男男女女，众多的人物，让读者慨叹，让文学史为之惊艳。

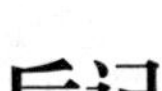

# 后记

岁暮时节，我将自己平生写就的文字，合成一册，取名《耕耘》，出版付印，算是对社会、对后人一个负责任的交代，也了却了我久积于心头的一桩心愿。从文章体裁看，除戏剧之外，其他形式一应俱全，足以看出我写作的持久性、业余性、试探性：每一种体裁都有涉及，每一种都难成气候，但它们是我的精神感悟、情感寄托，不忍随意轻贱，因而催生了这本书的问世。

出版前，借着老花镜的帮助，我对文稿细细过了几遍，力求文字能表达我的思想，有益于读者的理解，实际效果如何，就看以后的社会效应了。书中必然还有不够准确、不够成熟之处，但只要能使读者有所收益，我就会为此番的“抛砖引玉”而欣慰不已。

对文学的爱，于我是生命中仓促之事，也是终生坚守之事。不论身处顺境还是逆境、忙碌还是闲暇，钟爱文学的情结从未改变。从二十二岁在寂寞中写下了《别巴盟师专》，到2016年写的《夕阳赞》，中间经历五十五个年头。在这漫长而宝贵的时光中，我始终和文学形影不离，相互厮守，一道前行，虽然一直未成大气候，但我对文学是爱了一生的！

对文学的爱，其实还呼应着我对生命、对社会的爱。不论是社会的大发展、大变化、大进步，或是家庭的柴米油盐、儿女情长、生老病死，其记录和传承的功能，除了文学谁还能堪当此任？留下这个文集，也就是留下我的部分生活印迹。

在本书成书过程中，家人出力不少，尤其小东，始终尽心尽力，一有机会就上手代劳；万里也鼎力相助，给我带来诸多方便。这里要说一句：谢谢所有为此书出力的人！

是为后记。

王万珍

2017年9月2日上午

# 附录一

## 一路耕耘
### ——献给父亲的《耕耘》

前段时间协助父亲出版文集，朋友建议我："你应该在书后写点什么。"此前，父亲曾希望我帮他写一下书名，虽然我的毛笔字实在拿不出手，倒也准备硬着头皮上，但给父亲文集写东西的想法从未有过。试着征求父亲意见，他是如此强烈地希望我们能为他的文集贡献哪怕只言片语，这多少让我有点意外。

早在八九年前，父亲就准备出版一部文集，那时，我对此并不十分理解。国家和地区经济高速发展，大家常年奔波在经济高速路上，满脑子都是经济效益、公司发展、个人前途，哪里有时间去读一本书？即便读书，又怎么会去读文学类的作品？即便读文学类的书，又怎么会去书店里买一本不知名作者的书？许是受了我这番话的影响，出版文集的事搁置了下来。

父亲的写作如常进行，有了新作照旧会拿出来让我们品读。我每次读罢照旧提意见，父亲照旧不接受。我已记不起从什么时候开始给父亲的作品提意见了。据父亲讲，他从1964年就开始发表文章，那时我还没有出生。儿时，我很为父亲的写作感到骄傲。有一回，父亲手里拿着一个邮局的汇款单，说是他发表文章的稿费。我急忙向小伙伴们自豪地宣布这一消息，让他们好好地佩服了一回。在我的少年时代，父亲依然写作，也指点文学青年，记得当时还有从其他旗县来的文学爱好者和父亲交流写作，有的后来取得了不小的成就。有段时间，家里常来一些编辑。过去，“编辑”二字只在书上见过，能在自己家中见到真人，感觉很厉害，觉得父亲真是了不起。我没弄明白的是，那个时候又要教书、又要种地，日子过得捉襟见肘，父亲怎么会有时间写作且从未放弃？我到东胜工作成家后，除了节假日回去探望父母，回家的时间很少，对父亲的文学记忆随之少起来，只是每次回家，父亲总会让我们欣赏他的得意之作。父母退休之后搬到东胜，写作占据了父亲的大部分时间。为了写作，年近七十岁的人居然学会了使用电脑。虽然报纸杂志时不时还能看到父亲的文章，不过给知名报刊的投稿大都没有回音。然而，这并不影响他的写作，他似乎也并不完全是为了发表而写，写作似乎已成为父亲生活的一部分，虽然并未伴有掌声与喝彩。有时候，我觉得父亲就像黄土地上孤独的老农，在文学的土壤上就这么不知疲倦地耕耘，耕耘，然而收获甚微。

去年，父亲自言自语道：“明年，我把我那点东西整理整理，出个集子。”这回我是赞同的，因为我突然觉得父亲老了，我希望父亲的生活能充实一点。在他年近八旬的时候，对自己的作品做一个总结，做一点自己喜欢的事，当然再好不过。之后，每次回家，我总看到父亲在电脑前戴着老花镜修改文稿，有时会把改后的文稿让我们读一读，偶尔也会谈一谈文集整理的状况。

今年十月份，父亲告诉我，集子整理得差不多了，准备到印刷厂付印。原来说是出版，怎么成自己到印刷厂印刷了？父亲说：“我和你妈商量了，不要出版了，印好给你们留几本就行了。”我完全不同意，坚持要正式出版，因为我觉得，唯有正式出版才可以对父亲一生坚持不懈的写作做一个最好的总结，才可以对父亲一生默默无闻的文学付出做一个最大程度的安慰。

随后，我着手协助父亲做一些力所能及的出版准备工作。让我没有想到的

是，当我集中面对这二十余万字的书稿时，一种历史的厚重感强烈地压迫着我的胸口，我第一次感到文字背后的分量，第一次体味到精神财富的真正内涵。这是年复一年的坚守、是从不放弃的耕耘，也许没有远方，然而耕耘本身就是奋斗的信念、生活的态度。这信念和态度早已超越了文学范畴，春雨润物般悄无声息地滋养着父亲和家人。只是我太愚钝，之前从来都没有感觉到罢了。

我才明白，我是被功利蒙住了双眼，从来没有父亲“只问耕耘，不问收获”的淡定从容，也没有那种“咬定青山不放松”的执着坚定。文集的出版哪里是对父亲的安慰？分明是对我精神世界的一场洗礼，我才是最大的受益者。

接过父亲的犁铧，一路耕耘！

王小东

2017年11月28日于东胜

附录二

# 岁月，花开
## ——献给爷爷的文集《耕耘》

当我打开父亲发给我的邮件里的这部文集时，坐在我电脑旁边的小伙伴惊讶地张大了嘴：“这么多页！这是什么文件？”“我爷爷写的书。”“二十多万字，那得写多长时间呀？”我被问得愣了一下，思考了片刻道：“大概是从年轻时一直到现在吧！我也不太清楚。”此事已经过去两三天，小伙伴的这个问题依旧回响在我脑海里。我从未想过，若要是把爷爷写作的时间加在一起，是多长的一段时间呢？

在我还很小的时候，爷爷就经常跟我和姐姐说要我们每天写点日记，而当时的我们自然不以为意。日记这东西在老师的规范下成了一种任务，而不是发自内心的意愿，因此总是嘴上答应得很好，回家后忘得一干二净。但爷爷每天保持着记录文字的习惯，诗也好，散文也好，甚至书评，并且写了之后不是放到一边等着日后回忆时拿出来翻阅，而是不断地修改，让文字变得更加精致，更加符合自己的思考。“日积月累”一词每个人都很熟悉，但很少有人会真正去践行，直到我看到这部文集，才真正意识到这个成语的力量。爷爷的大部分

文字我都看过，却没想到这些年已然看了一本二十多万字的书。

写作源于生活，爷爷的生活是丰富而有规律的。写作之余，他还喜欢下象棋，每天准时收看国内外新闻，保持午休的好习惯，有时早起了还跟奶奶去打打乒乓球。从小到大，爷爷经常给我讲他们小时候的故事。我小时候听过的那些故事现在都变成文字，放在这部文集里，那些过去的故事值得我们后人永远铭记。在我看来，爷爷的文字不仅是他个人的想法和感受，更能反映出每个不同时期的社会面貌。我一度不喜欢中国近代史这门课，在那段历史里，有爷爷他们那代人的记忆，而将我和历史联系在一起，让我对历史真正产生感情的，是爷爷写的每一篇散文、每一首诗。

在这么多年的漫长写作过程中，爷爷起初也是用笔在纸上记录文字，随着信息技术的发展和电脑的普及，爷爷有了把文字记录到电脑的打算。那时候，爷爷找我借了我以前的电脑课本，开始自己钻研计算机的使用，起初有什么不明白的问题还会向我们这些小辈讨教，到现在已经驾轻就熟了。每周六到爷爷家，他总是笑眯眯地问我："爷爷又写了点东西，吃完午饭要不要看一看呀？"每次我看着爷爷的新作品，他就站在我身后，观察我的表情，再看看自己写的文章，有些特定段落怕我不能理解，还会给我解释解释。因此，对我来说，每一次看文章的过程其实都是一个充实自己的过程。爷爷在写诗的时候用到的典故很多都是我不曾听说的，而写散文时背后所暗含的特定历史背景又是我所不熟悉的，所以每次在边看文章边听爷爷讲解的过程中，我的确增长了不少知识。

我更愿意把爷爷当作一位朋友，一起看文章的过程中总是有一种互为知己的感觉。偶尔，我给爷爷改动一两个字；偶尔，爷爷给我讲讲特定字词的特殊用法，总是和谐且有意义的。爷爷经常问我："今天这篇写得怎么样？有没有上一篇好？"我总是回答："这两篇都很好，但我比较喜欢今天这篇。"这句话是发自内心的，我打心底觉得爷爷的每一篇文章都比上一篇更好，因此，我每周都非常期待爷爷这一周又写了什么新的文章，又有什么新的知识能和他交流交流，这已经成了一种惯性思维。

这么多年坚持做一件事而且把它当作爱好真的不易，爷爷做到了，做得比很多人都好。我曾多次看到爷爷的文字发表在报纸杂志上，到现在，他写过的文字都可以出一本文集了。我是真的钦佩并为他感到高兴。不积跬步无以至千里，时间可以证明一切，过去的努力总有一天会开出一朵美丽的花，我闻到了这花香。

王雅晶

2017年11月28日于英国布里斯托